한미동맹의 진화

THE EVOLUTION OF THE SOUTH KOREA–UNITED STATES ALLIANCE

한미동맹의 진화

초판 1쇄 인쇄일 2019년 7월 1일 **초판 1쇄 발행일** 2019년 7월 5일

지은이 허욱 · 테런스 로릭 | **옮긴이** 이대희
펴낸이 박재환 | **편집** 유은재 | **관리** 조영란
펴낸곳 에코리브르 | **주소** 서울시 마포구 동교로 15길 34 3층(04003) | **전화** 702-2530 | **팩스** 702-2532
이메일 ecolivres@hanmail.net | **블로그** http://blog.naver.com/ecolivres
출판등록 2001년 5월 7일 제10-2147호
종이 세종페이퍼 | **인쇄 · 제본** 상지사 P&B

ISBN 978-89-6263-196-8 03340

책값은 뒤표지에 있습니다. 잘못된 책은 구입한 곳에서 바꿔드립니다.

한미동맹의 진화

허욱 · 테런스 로릭 지음 | 이대희 옮김

에코리브르

감사의 글

이 연구는 한국 정부와 한국학중앙연구원에서 기금 지원(MEST)(AKS-2012-AAZ-2101)을, 그리고 위스콘신 대학교 밀워키 캠퍼스에서 행정 지원을 받았다. 우리는 이 책이 일부를 차지하는 '세계화 시대 한국의 부상: 국력과 경제 발전 그리고 국제 관계(South Korea's Rise in the Era of Globalization: Power, Economic Development and Foreign Relations)' 프로젝트에 연구 기금을 지원한 한국학중앙연구원에 감사를 표한다.

또한 우리는 이 책을 완성하는 데 도움을 준 많은 이들에게 고마움을 전한다. 먼저 뛰어난 연구 조교 최윤희(위스콘신 대학교 밀워키 캠퍼스 박사 과정)에게 감사하고 싶다. 그녀는 남다른 도움을 우리에게 주었다.

우리는 케임브리지 대학교 출판부의 편집자 루시 라이머(Lucy Rhymer)에게 직무상 감사를 표한다. 그녀는 이 책을 완성하도록 처음부터 우리를 격려하고, 모든 과정 내내 도움을 주었다. 또한 출판 과정에서 친절하고 효율적인 도움을 준 리자 카터(Lisa Carter)에게도 감사하고 싶다.

허욱은 살아오면서 하염없는 도움과 격려를 주신 부모님 허만식과 장순옥에게 감사드린다. 또한 자녀 허민〔헨리(Henry)〕과 허지은〔헬렌(Helen)〕 그리고 아내 송수호에게도 깊은 사랑과 고마움을 전한다. 특히 서로 지지하고 사랑을 나누면서 일생의 여정 동안 함께해준 아내에게 감사한다.

테런스 로릭은 수년 동안 지지를 아끼지 않은 많은 이들에게 가슴 깊이 감사드린다. 특히 끊임없는 격려를 해준 아내 에이미(Amy)에게 빚을 졌다. 아울러 훌륭한 가족과 친구들의 지원에 감사한다. 멘토가 되어준 많은 선배 학자들로부터 여러 해 동안 지원과 지도를 받는 혜택을 누렸으니, 다른 이들에게도 최선을 다해 베풀어왔기를 바란다. 이 책에서 설명한 견해는 테런스 개인의 것이고 미국 해군성이나 국방부 또는 미국 정부의 공식 입장을 대변한 것이 아니다.

차례

그림

표

서론

2018년 한국과 미국은 한미동맹 65주년을 맞이했다. 한미동맹은 한국전쟁 후에 시작되었는데, 미국 지도자들은 남한을 방어하고 공산주의의 확산을 막겠다는 의도를 담은 신호를 좀더 확고하게 제공할 필요가 있다고 믿었다. 북한이 1950년 6월 25일 남침하기 전, 트루먼(H. Truman) 행정부는 미국의 이익에 대한 위협과 남한의 전반적 중요성을 감안할 때 남한을 방어하겠다는 미국의 공약은 충분하다고 생각했다. 전쟁이 발발하자 미국 지도자들은 남침이 소련과 중국의 배후 조종으로 일어났고, 제2차 세계대전 후 단일 대오를 이룬 공산주의의 위협에 의한 최초의 도전이라고 확신했다. 그 결과, 북한의 침략으로 남한 방위의 중요성이 전쟁 이전보다 즉각 훨씬 더 높은 우선순위를 차지하게 되었다.

전쟁과 휴전 협정 체결 후, 미국은 남한에 네 가지 차원의 안보 공약을 실천했다. 첫째, 남한과 미국은 상호방위조약을 체결했다. 3조에 포함되어 있는 안보 조항은 한 나라에 대한 무력 침공이 있을 경우 양국은 "공통한 위험에 대처하기 위하여 각자의 헌법적 수속에 따라 행동할 것"을 선언했다.[1] 둘째, 미국은 남한의 전후 재건을 위해 대규모 군사적·경제적 원조를 제공하고, 남한이 스스로 방어할 능력을 개발하도록 도왔다. 1955년부터 1967년까지 남한은 미국으로부터 군사적·경제적 지원으로 58억 달러 이상의 보조금과 차관을 받았다. 남한의 경제가 성장하자 미국의 원조는 직접 신용과 차관으로 바뀌어 군사 장비를 구입하는 데 24억 달러를 제공했다. 셋째, 미국은 비무장 지대 인근에 있는 2개의 가능한 남침 통로를 따라 2개의 전투사단을 배치했다. 남한의 군사 능력이 증대하자 미국은 주한미군을 축소해 이 책을 집필하는 시점에는 남한에 2만 8500명의 미군이 주둔하고 있다. 덧붙이자면 현재 주한미군은 2개의 허브 지역으로 통합되었고, 50여 곳의 기지와 수천 에이커에 달하는 값비싼 부동산을 남한에 반환했다. 마지막으로, 1958년 미국은 남한에 전술 핵무기를 배치하고 남한을 미국의 핵우산에 포함시켰다.[2] 이에 따라 미국은 동맹국을 방어하기 위해 핵무기를 사용할 것이라는 의지를 천명했다. 시간이 지나자 미군 지도부는 핵무기를 남한에 배치하는 것이 현명한 일인지에 대한 문제를 제기하기 시작했다. 게다가 냉전의 종식과 북핵 위기의 확산으로 핵무기를 철수할 또 다른 동기가 발생했다. 결국 1991년 12월 미국은 한반도에서 모든 핵무기의 철수를 완료했다.

한미동맹은 또 다른 침략에서 남한을 방어하고 동북아시아의 평화와 안정을 유지하기 위한 안보상의 관심으로 탄생했다. 그 결과, 전쟁 억지는 동맹의 최우선 목적이었다. 미국이 제2차 세계대전 이후 압도적인 세계적 행위자였다는 점을 감안하면, 한미동맹은 미국이 대한민국의 안보에 많은 몫을 부담하는 후원자-고객 관계의 성격을 띠었다. 하지만 빠른 경제 발전과 더불어 남한의 역량과 야심 그리고 자신감이 커졌고, 남한은 자국 방위에 더 많은 몫을 부담하기 시작했다. 남한은 또한 지역적으로 그리고 국제적으로 폭넓게 주도권을 행사하는 세계적 행위자의 대열에 동참해 자국의 이익을 증진하면서 국제적 집단 안보에도 기여했다. 몇 가지 예를 들자면, 유엔의 평화 유지 작전과 해외 원조 계획에 대한 기여, 2012년의 G20과 핵 안보 정상 회의 개최, 아덴(Aden)만에서의 해적 퇴치 작전 참여 등이 그것이다. 이러한 변화와 함께 한국과 미국은 동맹의 성격을 동반자 관계로 전환하려 노력해왔다.

이런 열망을 반영한 것이 버락 오바마(Barak Obama) 대통령과 이명박 대통령이 2009년 서명한 공동 비전(Joint Vision) 선언이다. 이 선언은 "한반도와 아시아-태평양 지역 그리고 세계의 평화롭고 안전하며 번영된 미래를 보장하기 위한 동맹의 구축"을 촉구했다.[3] 공동 비전은 지역 안보에만 초점을 맞추는 것을 뛰어넘어 정치, 경제, 안보를 아우르는 "세계적인 포괄적 전략 동맹"으로 나아갈 강력한 동반자 관계를 선언했다. 따라서 이 책의 주목적은 한미동맹이 지난 60년에 걸쳐 어떻게 진화해왔는가를 다음의 세 가지 핵심 영역에 초점을 맞추어 분석하는 것이다. (1) 북한의 위협에 대한 평가와 전쟁 억지. (2) 남한의 민주화 과정에서 미국의 역할과 동맹에 대한 민주화의 영향. (3) 남한의 경제 성장과 그것이 한미 경제 관계에 끼친 영향.

한미동맹은 안보 관심사로 출발했고, 미국은 공산주의 확산에 제동을 걸고 싶어 했다. 하지만 시간이 지나자 위협의 성격은 변했다. 한국전쟁 중에 그리고 방위 공약 초기에 미국 지도자들은 한국에서의 위협을 소련과 중국 그리고 북한을 포함한 공산주의 연합의 일환으로 간주했다. 해가 지남에 따라 중소 분쟁이 단일 대오를 형성한 공산주의의 위협이라는 인식을 약화시켰고, 소련은 한국에서 일어날 수 있는 또 다른 분쟁에 더는 관심을 보이지 않게 되었다. 1960년대에 미국 지도자들은 중국을 여전히 심각한 우려의 눈길로 바라보았지만, 1970년대에 이르러 중국조차 덜 걱정스러운 존재가 되었다. 아울러 자국의 동맹국에 대한 북한의 신뢰가 약해지기 시작했다. 1970년대에 한미동맹의 주요 관심사는 북한의 재래식 무기였다. 북한의 재래식 무기는 지역의 평화를 뒤흔들 능력은 확실히 갖추었지만 미국 본토에 다다를 능력은 갖추지 못했다. 따라서 북한이 미국을 직접 공격할 것이라는 우려 없이 미국은 북한의 공격에 대응해 보복할 것이라는 위협을 얼마든지 남발할 수 있었다. 북한은 재래식 로켓과 미사일로 남한과 일본에 주둔하고 있는 미군 기지를 사정권 안에 둘 수 있었지만, 이는 미국 본토를 사정권 안에 두는 것과 전혀 달랐다. 북한의 핵무기 프로그램이 발전해 핵탄두를 적재한 대륙간탄도미사일(ICBM)이 개발되자 이제 미국 대륙에 대한 핵 보복 가능성이 무대 위에 올라왔고, 이것이 확장 억지 개입의 역학을 변화시켰다. 그에 따라 미국이 핵 보복을 두려워해 대북 공격을 주저할지도 모른다는 동맹 분리의 가능성이 동맹 분석가들 사이에서 다시 쟁점이 되었다.[4]

동시에 냉전 종식과 함께 남한은 소련/러시아 그리고 중국과의 관계를 정상화했고, 중국과 러시아가 한반도에서 또 다른 전쟁을 원하지 않는다는 것이 명백해졌다. 남한과 중국은 경제 관계를 확대해

2003년부터 중국은 남한의 가장 큰 무역 파트너가 되었다. 그 결과, 남한의 대중국 수출 의존도는 증가하고 있지만 동시에 남한은 안보를 위해 미국에 의존하고 있다. 따라서 미국과 중국 관계의 미래가 한미동맹에 상당한 영향을 끼칠 것이다.

남한은 또한 1987년에 민주주의로 이행했다. 민주주의로 이행하기 전에 미국은 민주화를 도울 여러 번의 기회가 있었지만, 불안정을 초래할까 우려해 이를 돕지 않는 선택을 했다.[5] 남한의 민주화는 한미 양국이 유사한 정치적·경제적 체제와 가치로 정렬된다는 것을 의미했고, 이로 인해 협력은 더욱 용이해졌다. 동시에 민주화는 언론의 자유를 도입하고 리더십을 변화시켰다. 이것이 보수 정부와 진보 정부가 교체되고 미국과의 마찰 또한 초래하는 결과로 이어졌다. 민주주의는 한국인들에게 반미 감정을 더욱 쉽게 표출할 수 있도록 했고, 남한의 진보적 정치인들은 국익을 보수주의자들과는 다르게 해석하고 한미동맹에 가치를 덜 부여했다. 그 결과, 미국에서 공화당 대통령이 집권하고 남한에서 진보적 대통령이 들어섰을 때, 남한과 미국은 심각한 불화를 겪기도 했다.

결국 급속한 경제 성장은 남한의 이익을 확장시키는 효과를 낳았고, 남한 지도자들은 목적을 달성할 수 있는 다양한 외교 정책 수단을 갖추었다. 예를 들면, 남한은 경제적 부를 통해 더욱 강력한 군사력을 구축하고 국제 무대에서도 역할을 확대할 수 있게 되었다. 동시에 경제 성장은 미국의 무역 적자와 같은 예기치 않은 문제를 초래했다. 이 문제를 다루기 위해 양국은 한미 자유무역협정(Korea-US Free Trade Agreement, KORUS FTA)을 체결했고, 이 협정은 2012년 3월에 발효되었다. 하지만 협정에 대한 논란은 여전히 남아 있다. 자유무역협정이 발효된 이후에도 미국의 무역 적자가 계속 증가하자 트럼프 행정부는 협정의 개정 또는 재협상을 모색하고 있다. (2018년 1월부터 한미 자유무역협정을 개정하기 위한 협상을 진행했고, 그해 9월 합의에 도달해 2019년 1월부터 개정 의정서가 발효되었다—옮긴이.)

요약하자면, 한미동맹은 과거에는 주로 지역 안보 관계였으나 변화를 거듭해 이제는 한반도 안보를 유일한 초점으로 삼는 관점을 넘어서고 있다. 양국은 지역과 세계적 안보 문제에 협력하고 있을 뿐만 아니라 중요한 무역 상대국이다. 양국의 관계가 60년 이상 되었다는 점을 감안하면, 양국 사이에 변화가 있어왔다는 사실이 놀랍지는 않다. 그 결과, 한미동맹은 광범위한 목적과 이익을 공유하는 동반자 관계에 더욱 가까워져서 한반도의 안보를 넘어섰고, 남한은 자국 방위에 더 많은 부담을 지게 되었다.

이 책은 이론적 틀로 동맹 이론과 억지 이론 그리고 발전 권력 이론을 활용하면서 한미동맹에서 발생한 변화, 그 변화의 원인과 동기 그리고 동맹의 미래 방향을 검토할 것이다. 특히 이 연구는 다음과 같은 문제를 다룬다.

- 지난 수십 년에 걸쳐 한미동맹은 어떻게 변화해왔는가? 그리고 어떤 요인이 이런 변화를 촉진했는가? 이런 변화가 동맹 이론에 갖는 함의는 무엇인가?
- 대한민국과 미국의 위협 인식은 어떻게 변화해왔는가? 그리고 이런 평가가 동맹에 어떤 영향을 끼치는가?

- 남한의 경제적, 정치적, 군사적 능력의 성장은 한미동맹 관계와 역학의 변화에 어떤 역할을 했는가?
- 한미동맹은 어느 정도까지 안보를 초월하는 관계인가? 경제는 동맹 관계에서 어떤 역할을 하는가?
- 대한민국과 미국의 지도자들은 동맹의 미래에 어떤 비전을 갖고 있는가? 양국 지도자들의 비전은 양립 가능한가?

동맹에 대한 문헌은 방대하다. 많은 연구가 동맹 형성의 원인과 동맹이 존속 또는 해체되는 원인을 분석해왔다.[6] 이러한 연구들의 핵심 결론은 동맹 형성과 존속의 동력은 외부 위협에 대한 대응이고, 동맹 종식의 경우에는 위협 환경의 변화라는 것이다. 냉전 시기 미국의 동맹들은 유용성이 다했으므로 폐기해야 하는 정확한 이유가 바로 이것이라고 라잔 메논(Rajan Menon)은 주장한다.[7] 현실주의 학자들에게 동맹의 행태는 외재적 위협에 직면해서 균형을 이루려는 행태라는 것이 주장의 핵심이었다.[8] 동맹을 연구한 문헌에는 동맹 행태를 사례 연구한 개별 동맹에 대한 것들로 넘쳐난다. 학자들은 북대서양조약기구(NATO)와 바르샤바조약 동맹 그리고 미일 동맹에 특별히 관심을 보여왔다.[9] 어떤 연구는 대규모의 다자 동맹 대신 동맹 관계가 집적되어 있는 아시아에서 미국이 맺고 있는 양자 동맹 체계를 분석하기도 했다.[10] 이러한 많은 연구는 현재 상태의 동맹 관계와 그 미래를 지역 안보 구조의 일부로 분석하는 정책 연구다.

이 책의 연구에 가장 의미 있는 것은 한미동맹에 관한 문헌들이다. 한미동맹의 다양한 측면을 다룬 책들이 최근 출판되었는데, 그중에는 스콧 스나이더(Scott Snyder)의 《한미동맹: 새로운 안보 도전》, 신기욱의 《하나의 동맹, 두 개의 렌즈: 새 시대의 한미 관계》 그리고 캐서린 문(Katharine Moon)의 《미국에 항의하기: 민주주의와 한미동맹》 등이 있다.[11] 이러한 연구는 각각 정체성과 인식이 동맹 관계와 동맹 정치의 모습을 어떻게 형성해내는지, 그리고 한미동맹의 미래 방향과 연결된 중요한 쟁점을 다루고 있다. 그러나 이러한 연구는 주로 한미동맹의 특정한 차원에만 초점을 맞추고 있다.

동맹, 특히 한미동맹에 대한 광범위한 연구가 있지만, 우리는 이 책이 두 가지 방식으로 중요한 기여를 할 것으로 믿는다. 첫째, 이 책은 한미동맹의 특수한 측면에 초점을 맞추고 있는 많은 연구들과 달리 포괄적인 연구여서 역사, 경제, 안보, 동맹 구조, 정치 그리고 동맹의 미래를 다룰 것이다. 우리가 알기로는 이런 중요한 문제를 모두 다룬 연구는 최근에 없었다. 둘째, 우리는 이 연구가 동맹 이론에 중요한 기여를 할 것으로 믿는다. 이전의 많은 연구는 왜 동맹을 형성하는지, 동맹이 지속 또는 해체되는 원인은 무엇인지, 동맹이 안보 환경 속에서 어떻게 작동하는지를 다루어왔다. 이런 분석 대부분은 외재적 요인에 초점을 맞출 뿐 동맹이 어떻게 변하고 내재적 요인의 결과로서 어떻게 적응하는지는 거의 검토하지 않았다. 특히 하위 동맹국의 경제 성장과 정치 발전으로 추동된 권력 관계가 동맹에 어떤 영향을 끼치는지—우리는 이것을 '발전 권력 이론(development power theory)'으로 개념화했다[12]—를 분석한 연구는 거의 없다. 남한의 경우 민주화와 경제 성장 그리고 국제 관계에서 더욱 적극적인 행위자가 되려는 열망이 동맹의 변환에 중요한 역할을 했다. 한미동맹은 비대칭적 동맹으로 시작했지만, 남한은 발전하면서 더 많은 자율성을 열망하게 되었다.[13] 중국의 부상과 북한의 핵무기 프로그램 또한 동아시아에서 미국의 국익에 대한 남한의 전략적 중요성을 제고하게끔 만들었다. 그 결과, 한미 관계는 후원자-고객 관계에서 전략적 동반자 관계로 진화했다. 이 책에서는 이러한 변화를 이론화해 내재적 성장과 정치 발전이 어떻게 비대칭적 동맹에서 협력적인 동반자 관계로 변환하는 길을 터주게 되는지를 설명할 것이다. 또한 한미동맹을 분석해 관계의 변화를 이끌어낸 역학을 설명하는 한편, 한미동맹을 사례 연구로 활용해 동맹 이론에 대한 연구에도 기여할 것이다.

책의 개요

1장에서는 이 책의 이론적 토대를 제시한다. 이 책은 동맹 이론과 억지 이론 그리고 발전 권력 이론에 기초하고 있다. 동맹에 관한 많은 문헌은 동맹 형성의 동기로 외부 위협의 역할에 초점을 맞추고 있다. 위협에 대한 인식이 변하면 그 반응으로 동맹의 역학과 구조도 많은 경우 변한다. 그러나 약소국이 동맹에서 수행하는 역할 그리고 약소국의 경제적·군사적·정치적 역량이 동맹 기간 중 증대한 결과, 동맹의 역할과 역학이 어떻게 변하는지에 대해서는 별로 관심을 두지 않았다. 게다가 한미동맹은 근본적으로 확장 억지 관계로 시작했고, 미국은 이 관계에서 남한의 안보를 위해 많은 부담을 졌다. 시간이 흘러 한국과 미국이 여러 차례 위협에 대한 인식을 달리하면서 억지 관계는 변화해왔다. 군사적 역량 또한 변화해왔는데, 특히 남한의 부상으로 남한이 자국의 방위 책임 부담을 더 많이 질 수 있는 능력을 갖추었다. 하지만 다른 한편으로 강력한 양자 간 방위 관계는 계속 유지되어왔다.

2장에서는 초기의 한미 관계와 동맹을 형성하게끔 만든 사건들을 검토한다. 공식적인 한미동맹은 1953년 시작되었고, 이 관계는 오랜 기간 이어지면서 상당한 변화를 겪었다. 이 장에서는 한국전쟁 종료 이전의 한미 관계를 간략하게 살펴본 다음 동맹 형성 과정을 자세하게 설명할 것이다. 한국전쟁이 발발하자 미국 지도자들은 남한 방어에 대한 자신들의 의도를 알리는 데 소홀했다고 믿었다. 전쟁이 끝난 후 남한과 미국은 공식적인 동맹을 수립했다. 이 동맹에는 상호방위조약과 남북한 국경 부근에 미군 전투 부대의 주둔, 대규모 경제적·군사적 원조, 전술 핵무기의 남한 배치와 함께 남한을 미국의 핵우산 아래에 두는 것도 포함되었다. 이 장에서는 한미동맹의 기원을 탐구해 현재의 동맹 관계를 검토하기 위한 맥락을 설정하고, 또한 동맹 관계에서 초기의 변화를 이끌어낸 요인들을 알아볼 것이다.

남한은 수십 년간의 권위주의 통치 후 1987년 민주주의로 이행했다. 3장에서는 일본의 식민 통치에서 해방된 1945년부터 시작해 민주화를 이끌어낸 결정적인 사건들에 이르기까지 이러한 이행에서 미국의 역할을 분석할 것이다. 이와 함께 민주주의로의 이행이 남한의 정치 발전뿐 아니라 한미동맹에서도 얼마나 결정적이었는지를 분석할 것이다. 미국은 남한의 민주화를 지원하는 데 중요한 역할을 수행할 기회가 여러 번 있었지만, 냉전과 지역 안정에 대한 우려로 인해 민주화를 지원하지 않기로 결정했다. 그러나 1987년 미국은 전두환 정권에 노골적으로 압력을 넣어 민주주의를 위한 저항을 무력으로 탄압하지 못하게 했으며, 정치적 자유화를 진행하도록 함으로써 비교적 순조롭고 평화롭게 민주주의로 이행할 수 있게 도움을 주었다.

민주화로 좀더 긴밀한 정치적 결속을 방해하는 장애물이 제거되자 한국과 미국은 이제 유사한 정치적 가치를 보유하고, 안보의 이해관계를 뛰어넘는 동반자 관계로 더욱 발전할 수 있게 되었다. 미국은 안정을 유지하기 위해 남한의 권위주의 정부를 수년간 어쩔 수 없이 지지하기로 결정했었고, 이는 민주주의 확산을 도모하려는 미국의 노력에 거북한 상황과 부조화를 초래했다. 하지만 민주화는 또한 새로운 엘리트들이 집권하는 선거를 의미했고, 그들은 한미 관계에서 미국의 엘리트들과는 종종 다른 견해를 내보였다. 이 장에서는 민주주의에 이르는 남한의 여정과 그 과정에서 미국이 수행한 역할 그리고 대한민국의 민주화가 동맹에 끼친 파급 효과를 분석할 것이다.

동맹은 많은 경우 안보를 위해 국가들의 단결이 요구되는 공동의 위협에 대한 대응으로 시작한다. 4장은 대한민국과 미국의 위협 평가에 대한 기원과 진화를 재검토한다. 한미동맹은 한국전쟁 후, 북한과 북한의 동맹국인 소련과 중국의 계속된 위협에 대한 대응으로 공식화되었다. 북한의 위협은 오늘날까지 계속되고 있지만 시간이 지나면서 위협에 대한 인식은 변화해왔다. 1970년대에 이르자 중국은 물론 소련도 한반도에서 전쟁이 재발하길 바라지 않는다는 것이 명백해졌다. 냉전의 종식과 함께 남한이 러시아와 1990년에 그리고 중국과 1992년에 관계를 정상화하자, 러시아와 중국은 이제 더 이상 위협의 원천으로 간주되지 않았다. 게다가 남한이 '햇볕 정책'을 펼치고 (2000~2008) 김대중 대통령과 노무현 대통령의 집권 동안 남북한 관계가 개선되면서, 대한민국과 미국의 지도자들은 북한의 위협과 관련한 평가에 대해 그리고 북한을 어떻게 다루어야 할지에 대해 상당히 다른 견해를 보였다. 그 결과, 한미동맹은 이 기간 동안 심각한 긴장을 드러냈다.

오늘날 한미 간에는 북한이 제기하는 위험에 대해 훨씬 더 강력한 합의가 존재한다. 한반도는 북한의 핵무기 야심과 장거리 미사일 시험, 그 밖의 도발적 행동들 때문에 정기적으로 위기를 겪고 있다. 하지만 선거는 위협에 대한 인식과 정책 선호에서 상반된 견해를 지닌 새로운 지도자를 항상 내세울 수 있다. 수년간에 걸쳐 남한과 미국은 자유주의/보수주의 정치 스펙트럼에서 서로 상반된 행정부가 출범했고, 그래서 항상 의견의 일치를 보이지는 못했다. 때로는 두 정부 사이에 심각한 긴장을 초래하기도 했다. 한미동맹은 또한 핵무기 비확산, 해적, 기후 변화 등 한반도를 뛰어넘는 안보 위협으로 관심을 옮겨가기 시작했다. 이 장에서는 안보 동기와 그것이 한미동맹에서 어떻게 변화해왔는지를 검토할 것이다.

한국과 미국의 관계에서 중요성이 커지는 차원은 경제이기 때문에 5장은 동맹의 이 부분을 다룰 것이다. 한미동맹은 한국전쟁으로 남한이 초토화된 1953년에 시작했다. 그 후 7~8년 동안 대한민국은 1인당 국민총소득이 100달러 이하에 머물러 세계에서 가장 가난한 국가 중 하나였다. 1960년대에 경제가 도약하면서 남한은 자원과 자신감 그리고 포부를 갖고 자국 방위에 더 많은 부담을 지게 되었다. 남한은 또한 베트남 전쟁, 이라크 전쟁, 아프가니스탄 전쟁 같은 미국의 모험에 동참하고 해외 원조, 유엔 평화유지군 파병, 해적 퇴치 작전 등을 통해 국제적인 안보 노력에도 기여하기 시작했다. 따라서 대한민국의 경제 성장과 그에 따른 역량은 한미동맹의 성격을 변화시킨 결정적 요인이었다. 게다가 대한민국의 경제 성장으로 미국과의 통상 관계 또한 더욱 확대되었고, 2012년 3월에는 한미 자유무역협정을 체결했다. 그 결과, 잠재적인 무역 갈등과 한미 자유무역협정에 따른 미국의 무역 적자 확대로 인한 최근의 우려에도 불구하고, 한미동맹은 안보 관계 그 이상이 되었을 뿐만 아니라 성장하는 동반자 관계로 안보적 차원과 함께 경제적 차원을 갖게 되었다.

6장은 한미동맹의 군사적 역할과 구조의 변화를 다룬다. 한미동맹의 기본적 관심은 여전히 한반도에서 평화와 안보를 유지하는 것이다. 제2차 세계대전이 끝난 후 미국은 공격을 억지하거나 필요하다면 공격을 패퇴시키기 위해 남한에 미군을 주둔시켜왔을 뿐만 아니라, 기습 공격의 경우를 대비해 후속 부대와의 연결을 제공해왔다. 수년간에 걸쳐 주한미군의 규모와 위치는 다양한 요인에 의해 변화해왔다. 미국은 주한미군 대부분을 서울 남쪽에 위치한 2개의 허브 지역에 재배치하고, 작전 통제권(OPCON) 이양과 함께 지휘 관계의 조정 가능성 등 또 한 차례의 변화를 마무리하는 과정에 있다. 작전 통제권의 정확한 이양 시기는 아직 불명확하지만 문재인 대통령은 이것이 현 정부의 우선 사항이라고 지적해왔다. 이 장에서는 진행 중인 이런 최근의 변화를 검토하고 이러한 변경이 현명한 일인지를 평가한다. 아울러 이런 조정을 고려함에 있어 대한민국 경제 성장의 역할을 평가할 것이다.

결론에서는 한미동맹의 미래 가능성을 분석하면서 이 책의 핵심 주장을 재검토하고 이 연구의 이론적 기여를 확인한다. 2009년 6월 버락 오바마 미국 대통령과 이명박 대한민국 대통령은 한미동맹의 미래를 위한 공동 비전에 서명했다. 이 문서의 내용은 박근혜 대통령이 한미동맹 60주년을 맞아 2013년 3월 미국을 방문했을 때 재확인되었다. 공동 비전 선언은 광범위한 내용의 문서로, 한미동맹이 한반도의 안보에 계속 역점을 두는 것은 물론 한국을 넘어 아시아와 세계의 문제를 바라볼 것과 함께 초국가적 안보 현안에 대한 협력을 촉구했다. 이러한 지침은 초기의 전통적 안보 관심을 넘어서 한미동맹의 범위와 이익에 대한 중요한 확장이었다. 공동 비전은 구체성이 결여되었다는 비판을 받았지만, 그 문서는 한미동맹의 범위와 포부를 확장하는 데 여전히 중요한 조치로 남아 있다.

한미 관계가 현저히 확장되었지만 한미동맹의 장기간 존속을 방해할 수 있는 쟁점이 다수 존재한다. 이런 쟁점 중에는 방위비 분담 조정, 안보 인식의 변화, 중국과 미국 관계가 악화될 경우 한국이 중국과의 경제적 관계와 미국과의 안보 관계 사이에서 균형을 잡으려 하면서 직면하게 될 난관 등이 있다. 따라서 한국과 미국은 미래의 잠재적 마찰을 피하기 위해 정기적인 협력과 함께 공동 비전 성명보다 더 구체적인 지침이 필요할 것이다.

1

이론과 한미동맹

동맹은 국가들이 공동의 안보 문제에 대처할 필요가 있을 때 주로 시작한다. 많은 경우 이것은 또한 안보상의 위협 때문에 원치 않는 행동을 취하는 것을 막는 효과를 낳기도 한다. 한미동맹이 어떻게 그리고 왜 변화해왔는가를 연구하기 위해 이 장에서는 동맹 이론과 억지 이론 그리고 발전 권력 이론에 관한 문헌에 바탕을 둔 이론적 토대를 제시한다. 억지 이론과 동맹 이론은 북한의 위협을 한미동맹을 통해 억지하는 비대칭적 동맹의 형성을 설명하는 기초를 제공하고, 발전 권력 이론은 시간의 흐름에 따라 동맹의 진화를 설명하는 데 도움을 준다.[1] 이러한 이론은 비대칭적 동맹인 한미동맹이 어떻게 그리고 왜 형성되고 진화했는지를 이해할 수 있도록 도와줄 뿐만 아니라, 비대칭적 동맹이 어떻게 그리고 왜 변화하는지를 설명하는 데도 도움을 준다. 한미동맹의 변화는 장기간 지속되는 다른 비대칭적 동맹에도 적용할 수 있는 현상이다. 한미동맹에 대한 이 연구의 이론적 틀로 두 가지 질문을 제기할 수 있다. (1) 국가들은 왜 동맹을 형성하는가? (2) 비대칭적 동맹이 장기간 지속될 때, 시간이 흐름에 따라 어떻게 진화하는가?

동맹의 정의

로버트 오스굿(Robert E. Osgood)은 동맹을 "특정 국가나 국가들에 맞서 군사적 자원을 사용함에 있어 국가들이 협력할 것을 공약하고, 일반적으로 조인국 중 한 나라 이상이 특정 상황에서 (일방적으로 또는 동맹국과의 협의 아래) 무력을 사용하거나 무력의 사용을 고려하도록 강제하는 공식적 합의"라고 정의한다.[2] 오스굿은 또한 동맹과 집단 안보 조약의 중요한 차이를 강조한다. 집단 안보 조약은 비회원국의 위협에 대항할 뿐만 아니라, 회원국 상호 간의 폭력 사용을 제약하고 회원국의 행동을 감시하는 데에도 관심을 둘 수 있다. 반면 동맹은 공동의 외부 위협으로부터의 보호에 주안점을 둔다고 오스굿은 주장한다.[3]

글렌 스나이더(Glenn Snyder)는 동맹을 "특정 상황에서 비회원국에 대항해 군사력을 사용(또는 비사용)하기 위한 국가들의 공식적 결사"라고 정의한다. 따라서 동맹은 "군사적 협력이 발생할 수 있는 우발 사태를 명시적으로 밝히고 있는 공식적 합의"다.[4] 스티븐 월트(Stephen Walt)는 "안보 협력을 위한 2개국 이상의 비공식적 공약"도 동맹에 포함한다.[5]

동맹에 대한 정의에는 두 가지 공통적 요소가 있다. 첫째, 동맹의 핵심 요소는 외부의 안보 위협에 대처하는 것이 목적이다. 퍼트리샤 웨이츠먼(Patricia Weitsman)은 동맹의 정의에서 핵심은 "조인국에 안보 요소를 제공하는 것"이라고 지적한다.[6] 다시 말해, 동맹은 공동의 외부 위협에 대처하기 위해 둘 이상의 국가에 의해 만들어진다는 것이다. 둘째, 미국과 이스라엘의 관계처럼 예외가 있지만 대부분의 동맹에는 공식적 조약이 있다. 공식적 안보 조약은 공약을 명시적으로 나타내므로, 동맹국을 안심시킬 뿐만 아니라 안보 위협을 제기하는 국가에 강력한 공약의 신호를 보내기 위해 동맹은 동맹국과의 관계를 공식화하는 경향이 있다.

월트에 따르면, 동맹의 구체적 내용은 아주 다양할지라도 "어떤 동맹이든 그 본질적 특징은 특정 상황에서 외부 행위자(들)에 맞서 상호 군사적 지원을 하기 위한 공약이다".[7] 따라서 모든 이해관계와 군사적 공약을 동맹 관계나 조약 문서에 명시적으로 언급하지는 않는다. 오스굿은 "그것들은 종종 공식적이고 비공식적인 수많은 말과 행동을 통해 간접적으로 확립되고 전달되어, 묵시적일지라도 전혀 중요하지 않다고 할 수 없는 공감과 기대를 만들어낸다"고 지적한다.[8]

동맹의 유형

동맹은 회원국의 수와 힘, 동맹을 형성하는 목적, 동맹 공약의 세부 내용, 동맹이 존재하는 광범위한 안보 맥락 등의 요인들에 기초해 매우 다양한 형태를 취할 수 있다.[9] 목적의 측면에서 보면, 동맹은 성격상 방어적이거나 공격적일 수 있다. 공격 동맹은 상대적으로 거의 없었고, 그나마 대부분 19세기에 생겨났다가 단명했다.[10] 방어 동맹이 지배적 형태였었고 외부의 안보 위협에 맞서는 것이 전형적이지만, 내부의 안보 문제에 초점을 맞추거나 동맹국의 행태를 통제하는 것도 가능하다.[11]

회원국의 역량이라는 측면에서 보면, 동맹은 대칭적이거나 비대칭적일 수 있다. 대칭적 동맹에서는 회원국의 힘이 비교적 유사한 반면, 비대칭적 동맹에서는 회원국의 힘에 상당한 차이가 있다. 전형적인 비대칭적 동맹에는 하나의 압도적 강대국이 있고 다른 국가들은 매우 약하다. 이런 조합에서는 강력한 파트너가 동맹 안보 자산의 대부분을 제공하는데, 이것이 종종 확장 억지 관계라고 불리는 유형이다. 아마도 강대국은 각국의 어떤 고유한 가치 때문에 또는 어떤 유형의 안보 질서를 현상 유지하려는 공약 때문에 약한 동맹국의 안보를 지키는 데 관심이 있을 것이다. 어쨌든 강대국이 비대칭적 동맹에서 져야 할 부담에도 불구하고, 강대국 지도자들은 이러한 안보 이익이 비용을 치를 만한 가치가 있는 것으로 평가한다. 이런 유형의 관계는 또한 후원자가 고객의 충성에 대한 대가로 정치적·경제적 지원을 제공하는 '후원자-고객' 관계로 불려왔다.[12]

이는 고객이 보호를 받기 위해 후원자의 이익에 종종 양보해야 하는 본질적으로 불평등한 관계였다. 게다가 의사 결정 과정 또한 동맹의 정책 결정을 지배하는 후원자한테 유리하게 기울어져 있다.[13] 따라서 한스 모겐소(Hans Morgenthau)는 이렇게 주장한다.

한 나라가 동맹 정책을 취할 것이냐 취하지 않을 것이냐 하는 것은 원칙의 문제가 아니라 편의에 따른 문제다. 만일 동맹의 도움이 없이도 자국의 이익을 스스로 충분히 지킬 수 있을 만큼 강하다고 믿거나, 동맹 조약의 체결로 인한 부담이 기대 이익을 능가한다고 판단될 때에는 어느 나라든 동맹을 결성하려 들지 않을 것이다.[14]

이 책은 방어적이고 비대칭적인 동맹에 초점을 맞추고 있는데, 한미동맹은 이런 유형의 관계에 공통적인 모든 요소를 갖춘 전형적인 경우다. 한미동맹은 북한의 위협을 억지하기 위해 탄생했고, 두 국가는 1953년 한국전쟁이 종결된 후 상호방위조약에 서명했다. 그 후부터 남한을 방어하겠다는 미국의 공약을 입증하기 위해 미군은 남한에 주둔해왔다. 미국 정부는 막대한 군사적·경제적 원조를 제공해 한국이 전쟁에서 복구하도록 도왔다.[15] 마지막으로 미국은 한반도에 핵무기를 배치해 남한을 미국의 핵우산 아래 두었다.[16]

시간이 지나자 한미동맹에는 조정을 초래하는 상당한 변화가 발생했다. 가장 중요한 것은 남한 경제의 괄목할 만한 성장과 민주주의로의 이행이었다. 대한민국 군대는 더욱 강력해졌고 그 뒤를 이어 정치 엘리트가 교체되었다. 민주화 이후 집권한 진보적 지도자들은 동맹 관계의 성격을 후원자-고객 관계에서 전략적 관계로 변화시킬 것을 요구하기 시작했다. 아래에서는 방어적이고 비대칭적인 동맹이 어떻게 그리고 왜 형성되는지, 이러한 동맹이 붕괴하지 않을 경우 시간이 흐르면서 어떻게 그리고 왜 변화하는지 이론적으로 고찰할 것이다.

동맹의 형성과 지속

외부 위협의 억지

국가들이 방어 동맹을 형성하는 가장 공통적인 이유는 외부의 안보 위협에 대처하기 위한 것이고, 이러한 위협은 주로 세력 균형에 대한 현실주의적 개념을 통해 평가된다. 위협을 가하는 적과 직면할 때 국가는 커지는 위협에 충분히 균형을 맞추기 위해 군사력을 증강하거나 무력을 구축함으로써 '내적 균형(internal balancing)' 전략을 추구할 수 있다. 하지만 국가의 자원이 부족하고 자국의 역량을 증대하기 어렵거나 비용이 많이 든다면, 파트너를 모색해 강력한 적을 상쇄하는 '외적 균형(external balancing)' 전략을 추구할 수도 있다. 모겐소는 "세력 균형 및 그 보존을 위한 정책은 불가피한 정책일 뿐만 아니라 주권 국가로 구성된 국제 사회의 가장 중요한 안정 요소"라고 주장했다.[17] 그 결과는 안정적 현상 유지 또는 계속되는 군비 경쟁일 것이다.

이러한 상황은 종종 억지로 언급되는데, 전형적으로 정의하자면 억지는 위협을 사용해 내가 원하지 않는 행동을 상대방이 취하지 못하도록 하는 것이다. 위협은 전형적으로 두 가지 형태를 취한다. 하나는 거부에 의한 억지, 다른 하나는 응징에 의한 억지다.[18] 수세기 동안 억지는 목표를 달성하려고 공격하는 쪽의 능력을 거부하기 위한 방어물과 대규모 군대의 건설로 달성되었다. 적을 패퇴시킬 수 있는 군사적 역량의 개선 때문에 또는 간단하게 적의 시도에 값비싼 대가를 치르도록 만들 수 있기 때문에—이는 소모적인 지구전으로 가능하다—적은 애초에 목표를 추구할 수 없도록 억지되었다.[19] 그 결과, 위험에 처한 국가들은 육군 및 해군과 더불어 해자와 성벽을 건설해 적이 공격을 포기하기에 충분할 만큼 전쟁 비용을 상승시킬 수 있었다.

성공적인 억지로 가는 두 번째 길은 응징의 위협이다. 로마인과 훈족의 아틸라(Attila) 그리고 칭기즈칸은 섬멸시켜버리겠다는 위협을 사용해 국가들에 항복을 강요했다. 또한 그들의 무력시위는 또 다른 적으로 하여금 똑같은 운명을 공유할까 두려워 그들의 지배에 도전하지 못하게 억지했다. 공군력의 발전으로 국가들은 응징하는 또 다른 수단을 갖게 되었다.[20] 이제는 응징을 위해 전장에서 적을 패퇴시킬 필요가 없다. 군대는 적을 먼저 패퇴시킬 필요 없이 주로 항공기로 방어선을 우회하는 방식으로 도시, 산업 시설, 지휘부, 군사적 목표물을 폭격할 수 있게 되었다. 마지막으로, 한 국가가 다른 국가를 이전에는 상상도 할 수 없는 엄청난 파괴로 응징할 수 있는 능력의 측면에서, 핵무기는 기하급수적인 비약을 가져왔다. 게다가 핵무기를 통한 억지의 비용과 이익은 끔찍하지만 훨씬 쉽게 계산할 수 있다. 거부에 의한 억지에서는 방어를 구축하려는 엄청난 노력에도 불구하고 도전자는 감당할 만한 비용으로 방어자의 군사적 역량을 능가하는 게 가능하다고, 전체적으로 볼 때 이익이 비용을 초과한다고 여전히 믿을 수도 있다. 핵무기의 등장과 함께 비용은 이제 문제가 되지 않았다. 적에게 단 몇 개의 핵무기를 운반할 능력만 있어도, 거의 정확히 계산할 수 있는, 압도적이고 감당 못할 비용이 발생할 가능성이 높아졌다.[21] 더욱이 국가들은 분쟁에서 이기든 지든 핵무기로 엄청난 응징

을 가할 수 있다.[22]

비대칭적 동맹의 확장 억지

외적 균형을 통한 억지는 동맹 회원국에 대한 공격을 회원국들이 억지하려는 확장 억지다. 북한의 위협을 억지하려는 한미동맹은 확장 억지의 고전적 사례다. 대부분의 기간 동안 한국의 안보 상황은 상대적으로 안정적이었고, 양측 누구도 다른 쪽이 공격을 계획하고 있다고 믿지 않았다. 하지만 이따금씩 한미동맹과 북한은 억지 상황이 악화되어서 억지가 실패하고 적대 행위가 발발할 가능성이 보이곤 했다고 믿기도 했다. 이런 상황에서 양측은 억지를 강화하는 조치들을 취해왔다. 예를 들면 미국은 전략 자산의 공중 전개를 시행하고, 북한은 동해상으로 단거리 미사일을 발사했다. 아울러 양측은 억지 메시지를 보내기 위한 의도로 군사 훈련을 실시하기도 했다.

확장 억지에서 가장 중요한 요소는 신뢰성이다. 신뢰성 있는 억지 자세에는 능력, 비용 그리고 의지라는 세 가지 요소가 있다.[23] 한 국가가 억지 위협을 행사할 때는 그 위협을 실행에 옮길 능력을 갖추어야 하고, 도전하는 국가가 행동에 나서지 못하게 할 정도로 비용을 충분히 상승시켜야 한다. 마지막으로, 억지에 실패할 경우에는 위협을 실행에 옮기겠다는 결의를 증명해야 한다. 확장 억지의 결정적 요소는 의지다. 확장 억지에 성공하기 위해서는 방어하는 국가가 공약을 관철하리라는 것을 적이 믿어야 한다. 자국이 공격을 받는다면 이에 대응할 것이라는 데에는 의심의 여지가 별로 없지만 확장 억지,

특히 방어적인 비대칭적 동맹에서는 신뢰성의 문제가 내재해 있다. 평화 시기에는 아무리 많은 동맹국에라도 안보를 제공하는 것이 비교적 고통스럽지 않다. 그러나 실제 공격이 발생한다면 방어하는 국가, 즉 강력한 동맹국이 공약을 관철할 것일지에는 항상 의심이 따른다. 위기가 어렴풋이 보이면 이제 전쟁이 가능할 수도 있으므로, 방어하는 국가는 동맹의 비용이 너무 높아져 공약을 어기기로 결정할 수도 있다.

적국이 취약한 동맹국에만 위협을 가한다면, 방어하는 국가가 확장 억지 공약을 제공하는 것은 훨씬 용이하다. 방어하는 국가는 자국이 보복으로부터 안전하다는 것을 알기 때문에 동맹국 방어에 자유롭게 대응할 것이다. 하지만 적국이 방어하는 국가의 영토를 공격하는 게 가능하다면, 방어하는 국가의 잠재적 비용은 극적으로 상승한다. 따라서 당면한 군사적 갈등의 직접적 비용이 불확실해지므로 약한 동맹국의 방어를 관철하는 게 훨씬 더 어렵다. 이것이 핵무기가 확장 억지 방정식의 일부였던 냉전 기간 동안 특히 두려워하던 가능성이었다. 유럽에서 나토 동맹국을 방어하는 미국의 행동은 핵무기 교환으로 치달을 가능성을 항상 제기했다. 이러한 잠재적 비용을 감안하면, 흔히 말하듯 미국은 워싱턴이나 뉴욕을 파리나 런던과 맞바꾸려 할까?

수십 년 동안 북한은 미국 본토를 공격할 능력을 갖추지 못했고, 그에 따라 북한의 공격에 대한 미국의 대응은 매우 신빙성이 있었다. 북한이 핵무기로 미국 본토를 타격할 능력을 개발하고 그러한 능력이 거의 완성 단계에 이르자 한미동맹에 대한 억지 계산법이 변해 동맹

분리의 가능성을 제고하기에 이르렀다. 그러므로 확장 억지 관계에서는 신뢰성에 대한 도전이 오랫동안 존재해왔다. 토머스 셸링(Thomas Schelling)이 주장하듯 "그렇게 말한다 해도 불행하지만 그것을 사실로 만들지는 못한다. 그리고 만약 그게 사실이라 하더라도, 그렇게 말한다고 그걸 항상 믿게 만들지는 못한다. 우리는 명백하게 전쟁을 바라지 않고, 싸워야 할 때만 싸울 것이다. 문제는 우리가 싸울 것이라는 걸 증명하는 것이다".[24]

신뢰성이 현저히 추락하면 동맹, 특히 방어적인 비대칭적 동맹은 살아남지 못할 것이다. 동맹에서 약한 동맹국은 종종 자율성을 희생하고 억지 보장의 대가로 강력한 동맹국에 양보를 한다. 만약 안보 공약을 충분히 신뢰할 수 없게 된다면, 비대칭적 동맹의 약한 동맹국으로서는 동맹 유지에 그럴 만한 가치가 없다는 결론을 내릴 수도 있다.

월트에 따르면, 방어적인 비대칭적 동맹에서 강대국이 동맹 유지에 관심을 가진 세계적 혹은 지역적 패권 국가일 경우 그 국가는 기꺼이 리더십을 행사하려 하고, 동맹 방위에 수반되는 비용의 많은 부분을 감당하려 할 것이다. 동맹 유지는 다른 동맹 파트너한테 패권 국가의 신뢰성을 보여주는 척도가 될 수 있을 것이다. 한미동맹은 좋은 사례다. 왜냐하면 남한에서 미군의 철수는 아시아-태평양 지역의 다른 동맹국에 부정적인 신호를 보내는 것이 될 테고, 이는 아마도 이 지역에서 미국의 관심이 쇠락하는 것으로, 그리고 국제 정치 무대에서 미국의 리더십을 실질적으로 손상시키는 것으로 여겨질 수 있기 때문이다.[25]

확장 억지에서 의지의 증명

의지를 어떻게 증명할 것인가? 방어하는 국가가 공격에 자동 대응할 것이라고 적국에 증명하는 "공약의 기술(art of commitment)"을 통해 신뢰할 수 있는 대응이 구축된다고 셸링은 주장한다. 공약은 이상적으로는 치킨 게임으로 구축될 것이다. 치킨 게임에서 억지가 실패할 경우, 방어하는 국가의 유일한 선택은 보복하는 것이다. 따라서 방어하는 국가는 선택을 포기하고, 도전하는 국가만이 길을 피하든지 아니면 충돌하는 선택을 하게 된다. 이것이 고도로 신뢰할 수 있는 억지 태도를 보여주는 상황이다.[26]

국가들은 동맹국에 신뢰할 수 있는 억지 공약을 증명하기 위해 많은 수단을 채택해왔다. 동맹 공약을 증명하기 위해 가장 일반적으로 사용하는 방법 중 하나는 동맹국들 간에 서로의 방위를 공식적으로 공약하는 상호방위조약에 서명하는 것이다. 미국의 조약에는 "유럽 혹은 북미에서 한 회원국에 대한 무력 침략을 회원국 전체에 대한 무력 침략으로 간주"[27]하는 나토조약 5조부터 양국이 "공통한 위험에 대처하기 위하여 각자 헌법상의 수속에 따라 행동할 것"[28]을 선언한 대한민국과 일본의 조약처럼 덜 구체적인 형태에 이르기까지 안보 조항이 다양할 수 있다.

조약에 의한 공식적 공약에도 불구하고 동맹의 공약은 불확실할 수 있다. 연구에 따르면 공식적 동맹 파트너의 약 25퍼센트만이 공약을 준수했음이 밝혀졌다.[29] 따라서 조약은 위기 시에 어기거나 무시할 수도 있고 확신에 찬 적을 억지하기에 불충분할 수도 있으므로 신뢰성을 증명하는 약한 수단일 뿐이다.

반면 브렛 리즈(Brett Leeds) 등은 조약에 사용된 언어를 고려하면, 분쟁이 발생했을 때 그들이 연구한 동맹 가운데 약 3분의 2가 공약을 준수했다고 보고했다.[30] 제시 존슨(Jesse Johnson)과 브렛 리즈는 이어진 연구에서 이 결과를 재확인했다.[31] 유사하게 미카엘라 매츠(Michaela Mattes)와 그레그 보네임(Greg Vonnahme)은 상호방위조약이 억지에 도움을 줄 뿐만 아니라 비공격적 조약도 공격적인 국가의 행태를 효과적으로 제약한다고 주장한다.[32] 그러므로 조약을 통한 공식적 동맹의 형성은 신뢰성을 제고하기 때문에 공격을 억지하는 데 긍정적 효과를 갖는 것으로 보인다.[33]

안보 조약을 보강하기 위해서 방어하는 국가는 동맹국의 영토에 군대를 파견해 적국과 가장 가까운 국경에 배치할 수 있다. 이 군대는 전쟁이 발발하면 해당 지역에 파견할 수 있는 후속 병력을 위한 '인계철선(trip wire)' 역할을 할 것이다. 분쟁 초기에 희생자를 감수한다는 것은 방어하는 국가가 노선을 유지할 것이라는 점을 훨씬 더 신빙성 있게 만든다. 위기 시에 부대를 철수할 수 있다면 방위 공약을 아주 뚜렷하게 포기한다는 걸 의미할 것이고, 이는 방어하는 국가의 신뢰성에 심각한 타격을 줄 것이다. 그러므로 동맹국의 영토에 상당한 규모의 부대를 배치한다면, 잠재적 침략국에 강력한 신호를 보내면서 방어하는 국가의 공약을 상징적으로 보여주는 셈이다.[34] 또한 이런 군대는 어떠한 침공도 이미 주둔하고 있는 군대로 반격할 기회를 늘려 약한 동맹국의 전투력을 증가시킬 수 있다.

걸려 있는 이해관계의 역할 역시 신뢰성 있는 안전 보장의 중요한 요소다. 논리적으로 보면 더 많은 이해관계를 가진 국가가 억지 상황에서 한층 더 쉽게 임무를 완수할 것이다. 이해관계는 동맹국의 정치적 중요성, 천연자원, 지전략적(geostrategic) 위치, 명성 등을 비롯해 여러 가지 이유로 높아질 수 있다. 알렉산더 조지(Alexander George)와 리처드 스모크(Richard Smoke)는 "방어하는 국가가 신뢰성을 높이기 위해 활용하는 수사적이거나 그 밖의 신호 장치보다 이익의 성격과 정도를 결정하는 전략적, 정치적, 경제적, 이념적 요인에 상대방〔도전하는 국가〕은 더 많은 관심을 기울일 가능성이 있다"고 주장한다.[35]

이해관계를 증명하는 다른 방법은 경제적 결속과 통합이다. 브루스 러셋(Bruce Russett)은 "경제적 상호 의존은 사실상 성공적인 억지에 필수적이다"라고 주장한다.[36] 폴 후스(Paul Huth)와 브루스 러셋은 또한 비대칭적인 동맹국 간의 경제적 결속은 약소국이 공격받을 경우 강력한 동맹 회원국의 개입 가능성을 증가시킨다고 주장했다. 왜냐하면 강력한 동맹국으로서는 개입하지 않을 때 예상되는 비용이 이익보다 높을 수 있기 때문이다. 다시 말하면, 경제적 이해관계는 확장 억지에 기여한다.[37] 그럼에도 불구하고 경제적 결속이 적에 대한 억지를 보장하지는 않는다. 다만, 동맹국의 중요성과 관련한 이런 눈에 띄는 신호가 없다면 안전 보장은 성공할 가망성이 훨씬 낮다. 그러므로 신호를 보내는 것이 반드시 필수적이지는 않을 수 있고, 이해관계가 더 많은 측이 신뢰할 만한 위협을 좀더 용이하게 가할 수 있을 것이다.[38]

이해관계가 필수적이긴 하지만 안보 문제에서는 과거의 행태인 명성 또한 중요하다.[39] 국가가 신뢰성 있는 안보 공약에 대한 명성을 갖고 있고 과거에 동맹국을 지지했다면, 논리적으로 볼 때 미래의 보장을 더욱 신뢰할 수 있을 것이다. 반대로 진지하고 의존할 만한 동맹국으로서의 역사에 취약한 국가는 잠재적 동맹국을 안심시키고 신뢰성 있는 안보 공약을 확립하는 것이 어려울 것이다. 명성은 비대칭적 동맹에서 초강대국에 특히 중요하다. 명성이 다른 동맹들에도 영향을 미치고 초강대국의 세계적 리더십을 훼손할 수 있기 때문이다. 그래서 미국 정부는 자국의 명성과 행동이 전 세계적으로 다른 많은 동맹에 중요한 함의를 지닐 수 있기 때문에 자국의 안보 공약을 진지하게 여겨왔다. 동맹국들은 자국의 동맹에 영향을 미칠 미국의 의지를 엿볼 수 있는 그 어떤 신호라도 간파하기 위해 미국을 긴밀하게 관찰한다.

이러한 논리는 경험적으로 견고한 지지를 받아왔다. 폴 후스는 즉각적인 억지의 사례를 살펴봄으로써 가장 최근에 일어난 적과의 대결에서 방어하는 국가가 취한 행동이 차후의 억지 붕괴에 중요한 파급효과를 미친다는 것을 발견했다.[40] 브래드 러벡(Brad LeVeck)과 네일 나랑(Neil Narang)에 따르면, 과거의 조약 위반이 동맹의 신뢰도를 파악할 수 있는 귀중한 신호임에도 불구하고 과거의 모든 조약 불이행이 동일한 방법으로 취급되는 것은 아니다. 비용이 높고 다른 동맹국들 또한 공약을 회피하는 "어려운 시기"의 불이행은 상황에 따른 비용과 어려움을 고려해 양해되는 경향이 있는 반면, "쉬운 시기"에 어기는 것은 기억에 남아 동맹의 신뢰성을 상당히 훼손한다.[41] 하지만 다릴 프레스(Daryl Press)는 2005년의 연구에서, 신뢰성은 "과거의 행태가 아니라 오히려 힘과 이익에 의해 추동된다"고 주장했다. "만약 한 국가가 실행에 옮길 만한 힘이 있다고 그리고 실행하는 것이 이익이 된다고 위협을 가한다면, 그 국가가 과거에 허세를 부렸다고 할지라도 그 위협을 믿게 될 것이다."[42] 밴 잭슨(Van Jackson)은 한국의 경우 60년에 걸친 북한과 미국 간 상호 작용이 서로의 신뢰성에 대한 평가에, 그리고 양국 중 한 국가가 장차 다른 국가에 도전할 가능성에 상당한 파급 효과를 가져다주었다고 덧붙인다.[43] 따라서 억지 보장의 신뢰성에 있어 명성과 이해관계의 역할에 대한 논쟁은 계속되고 있다.

방어적인 비대칭적 동맹의 변화

방어 동맹을 형성할 때는 동맹이 철갑을 두른 공약처럼 보일지 모른다. 하지만 동맹은 빈약한 합의여서 국가들은 이익이 되지 않는다고 확신할 때 탈퇴를 선택할 수도 있다. 존 미어샤이머(John Mearsheimer)에 따르면, 모든 동맹은 세 가지 잠재적 문제에 직면할 수 있다. 첫째, 회원국들의 행동을 조화시키기 어렵고, 그 때문에 동맹은 느리고 비효율적이 될 수 있다. 둘째, 부담의 분담 쟁점에 대한 마찰이 종종 있다. 회원국들이 동맹에 따른 과제에 동의한다 하더라도 모든 회원국은 책임을 떠넘겨 비용 부담을 최소화할 강력한 동기가 있다.[44] 마지막으로, 동맹을 누가 주도하느냐에 대해 의견의 불일치가 있을 수 있는데, 이는 특히 공동 전략을 개발할 때 그러하다.[45]

만약 공동의 안보 위협에 대처할 필요성에 대한 합의를 유지하고 이러한 문제를 극복한다면 동맹은 살아남을 가능성이 있다. 그러나 동맹이 살아남더라도 위협 인식의 변화, 동맹 회원국과 국제 관계에서 권력 지형의 변동, 신뢰성 문제, 경제 발전, 민주화를 포함한 국내 정치의 변환, 엘리트 교체에 따른 국익 해석의 변화 등 때문에 동맹은 시간이 지나면서 진화할 수 있다.[46] 이러한 요인들은 한 요인이 다른 요인에 영향을 미치므로 배타적인 것이 아니다. 예를 들면, 비대칭적 동맹에서 약한 동맹국의 경제 발전은 민주화로 이어져 동맹에서 권력 지형의 변화와 함께 서로 다른 위협 평가를 낳을 수 있다. 민주화로 인해 엘리트가 교체될 수 있고, 엘리트 교체는 대외 정책의 우선순위와 동맹 인식에 영향을 줄 수 있다. 강력한 회원국에서 국내 정치의 변화 또한 동맹에 영향을 줄 수 있다. 이러한 모든 변화는 동맹 관계와 그 관계의 전반적 신뢰성에 파급 효과를 미칠 수 있다. 시간이 지나면서 동맹 내 약한 회원국은 강력한 파트너의 의지에 끊임없이 문제를 제기할 수 있지만, 힘이 별로 없어 그런 우려에도 불구하고 강대국의 행동을 강제하지는 못한다.[47] 강력한 동맹국으로서는 자국이 제공하는 안전 보장이 비용을 치를 만한 가치가 있는지, 그리고 약한 동맹국이 자국의 노력에 충분한 감사를 표하고 있는지에 대해 문제를 제기할 수 있다. 그러므로 동맹 파트너들은 서로의 능력과 의지에 대한 검토와 함께 정기적인 비용-편익 평가를 수행한다.[48] 부단히 재평가되는 고유한 성격 때문에 동맹은 붕괴하지는 않는다 하더라도 시간이 지나면서 변화할 수 있다. 이제 이러한 요인들에 대해 그리고 이것들이 동맹의 진화에 어떻게 영향을 미치는지에 대해 좀더 구체적으로 검토해보자.

위협의 인식

방어적인 비대칭적 동맹은 전형적으로 외부의 안보 위협에 대한 직접적 대응으로 형성된다. 위협이 사라진다면 동맹국들은 더 이상 유사한 위협 인식을 갖지 않아 합의를 유지하기 어렵기 때문에, 동맹은 해체되거나 다른 형태로 재조정될 가능성이 있다. 어떠한 유형의 동맹이라도 지속되기 위해서는 동맹 회원국들의 위협 인식은 필수적인 요구 사항이므로 월트는 다음과 같이 주장한다. "가장 명백하고 중요한 원인은 정체성이 변하거나 애초의 결합을 초래했던 위협의 성격이 변하는 것이다. 위협이 감소하거나 더 큰 위협으로 대체된다면, 그때는 애초의 위협에 대항하기 위해 형성된 동맹은 변화할 가능성이 있다."[49]

위협의 인식은 시간이 지남에 따라 많은 이유로 변할 수 있다. 첫째, 국가들의 경제는 다양한 이유로 서로 다른 속도로 발전하고, 극적인 성장이나 급격한 추락을 겪을 수 있다. 만약 적국의 경제가 추락한다면 적국은 더 이상 심각한 위협으로 간주되지 않을 수도 있다. 둘째, 비대칭적 동맹에서 약한 회원국의 경제가 적국의 경제보다 빠르게 발전할 수 있고, 경제적 성공에 따른 힘의 변동 때문에 약소국의 위협 인식이 과거와 동일하지 않을 가능성이 있다. 셋째, 비대칭적 동맹의 약한 회원국이 부상하는 반면 외부 안보 위협의 강도가 감소한다면, 안보 인식은 변할 가능성이 매우 많다.[50]

역사적으로 보면 경제 발전은 종종 군사적 강대국을 만들고, 이에 따라 위협에 대해 다른 평가를 하게 된다. 폴 케네디(Paul Kennedy)에 따르면, 한 국가의 군사력은 경제적 부를 생산하는 능력에 달려 있다. 그 결과, 차별적인 경제 성장에 따라 강대국들의 상대적 군사력도 변화했다.[51] 지속 가능한 경제적 자원이 종종 분쟁의 결과를 결정짓기 때문에 경제적 번영을 더 많이 누리는 국가는 전쟁에서도 승리하는 경향이 있다.[52]

로버트 길핀(Robert Gilpin)과 오건스키(A. F. K. Organski)는 경제 발전이 군사력 강화에 결정적이라고 주장한다. 현대전에서는 무기 체계의 질과 보급의 양이 종종 결과를 결정한다. 적보다 뛰어난 무기 체계를 생산하기 위해서는 사이버 능력, 장거리 미사일, 유도 병기, 무인 항공기 등과 같은 다양한 영역에서 기술적 우위가 필수적이다.[53] 하지만 기술적 우위는 연구 개발에 상당한 투자를 하지 않고는 획득하기 어렵다.[54] 그러므로 경제 성장을 누리는 국가는 더 높은 경제 발전과 군사력의 향상을 위해 더 많이 투자할 수 있지만, 느리게 성장하는 국가는 이런 모든 측면에서 뒤처져 상대적인 세력에서 변동이 초래된다. 그 결과, 비대칭적 동맹의 약한 회원국은 외부 위협을 과거처럼 심각하게 평가하지 않을 수도 있다. 이런 경우 비대칭적 동맹에서 변화의 가능성이 있다.

차별적 성장률이 상대적인 세력 변화를 초래한 고전적인 사례는 중국과 영국이다. 중국 경제는 1980년대 이래 매년 두 자릿수의 성장을 누려왔다. 그 결과 해군력과 공군력, 미사일 능력, 우주 프로그램에서의 괄목할 만한 향상을 포함해 중국의 군사력은 현저히 강화되어 왔다.[55] 반면 20세기 영국의 비교적 낮은 경제 성장은 영국 군사력의 상대적 쇠퇴를 초래했다.[56]

남한은 또 다른 사례다. 분단 당시 한국의 산업 시설과 발전 시설의 대부분은 북쪽에 있었다. 북한은 초기에 군사력의 증강을 낳는 제조업에서 우위를 누렸고, 이는 남한에 상당한 위협이 되었다. 하지만 1960년대부터 남한 경제는 신속하게 발전했고, 그 후 수십 년간 군사비 지출은 상당히 증가해 고도로 유용하고 현대적인 군사력을 구축할 수 있는 자원을 제공했다. 예를 들면, 1971년 남한의 군사비 지출은 4.11억 달러였지만, 2017년의 국방 예산은 약 400억 달러다. 남한과 대조적으로 북한 경제는 1980년대에 하락하기 시작해 남한 군사력의 성장을 따라가는 데 심각한 어려움을 초래했다. 2017년 북한의 군사비 지출은 남한 전체 국방비 지출의 20퍼센트에 불과한 약 83억 달러로 추정된다.[57] 북한이 무기의 양적 측면에서는 우위를 차지하고 있지만, 일반적으로 대한민국 국군이 사용하는 무기가 훨씬 더 앞선 것으로 알려져 있다. 군사력에서의 이러한 변화는 위협의 인식에 영향을 미칠 가능성이 있고, 이는 비대칭적 동맹에 중요한 함의를 가질 수 있다.

국내 정치의 변화

비대칭적 동맹에서 약한 회원국의 경제 발전은 강력한 군사력을 갖추게 할 뿐만 아니라 민주주의로의 이행을 초래할 수 있다. 경제 발전은 산업화와 도시화를 창출해 전국적으로 중산층을 확대하고 교육 수준을 개선하기 때문에 종종 민주화를 가져온다. 다른 민주주의 국가들에 대해 배우고 정보에 접근함으로써 사람들은 다른 국가들의 민주주의 체제에 대해서 배우고, 확대된 중산층은 권위주의적 지도자들에게 위협적인 도전 세력으로 등장한다. 이러한 변화로 종종 민주주의로 이행하는 길이 열리기도 한다.[58]

민주화는 엘리트 교체를 종종 수반하기 때문에 한 회원국에서 민주주의로의 이행은 동맹의 성격에 상당한 영향을 미칠 수 있다. 허욱과 로릭에 따르면, 민주주의 국가에서 새로이 선출된 정치 엘리트는 세 가지 이유로 정책 결정에 많은 변화를 가져올 가능성이 있다. 첫째, 여론은 민주주의 정부에서 중요하다. 계속 집권하기 위해 지도자는 여론을 청취해야 하고, 이런 견해를 국내외 정책에 반영해야 한다. 그 결과, 정책의 우선순위가 변할 수 있다. 둘째, 민주주의 정부는 정부 부처 간 견제와 균형 체제와 함께 권력 분립에 기초하고 있다. 따라서 정책 결정과 집행은 법적 절차를 거쳐야 하고, 정치적 이해관계와 우선순위가 서로 다른 다양한 정당 구성원들로 이루어진 입법부를 통과해야 한다. 이 모든 것이 일관된 외교 정책과 공공 정책을 수립하는 능력을 복잡하게 만든다. 마지막으로, 새로운 정치 지도자는 전임자들과 동일한 방식으로 국익을 해석하지 않을 수 있다. 새로이 선출된 지도자는 또한 이전의 행정부와 거리를 두기 위해 차별적인 외교 정책을 채택하려고 할 수도 있다. 그 결과, 새로운 지도자는 동맹을 포함해 이전의 외교 정책 공약을 반드시 지켜야 한다고 생각하지 않을 수도 있다. 다시 말하면, 정치인들은 동맹을 부채로 간주해 자신의 정치적 이익을 위해서 동맹 관계를 비판할 수 있다. 이로 인해 비대칭적 동맹의 약한 회원국에서 동맹의 공약에 대한 우려가 제기될 수 있다.[59] 예를 들면, 영국에서 노동당의 토니 블레어(Tony

Blair)가 보수당의 존 메이저(John Major) 뒤를 이었을 때, 발칸에서의 동맹에 관한 인식과 국익에 대해 토니 블레어의 해석은 존 메이저와 달랐기 때문에 영국의 보스니아 정책에 상당한 변화가 있었다.[60]

유사한 맥락에서, 비대칭적 동맹의 강력한 회원국에서 지도자의 교체 또한 그 새로운 지도자가 변화를 요구함에 따라 동맹의 변화를 초래할 수 있다. 예를 들면, 2016년 선거 유세에서 트럼프는 자신의 지지층에 잘 먹히는 쟁점인 방위비 분담으로 나토와 일본, 남한과의 동맹을 공격했다. 앨릭스 민츠(Alex Mintz)가 지적했듯이 정치인들의 최우선적 관심은 선거에서 이겨 권력을 차지하는 것이다. 동맹국을 비판하는 것이 유권자에게 효과적으로 호소하는 방법이라면 정치인들은 그렇게 할 것이고, 이것이 동맹의 변화를 야기할 가능성이 있다.[61]

약한 동맹국의 경제 성장, 그리고 더욱 강력해진 군사력과 함께 국내 정치의 변화 또한 동맹의 결속력에 영향을 미칠 수 있다. 자국의 방위를 더 많이 다룰 수 있는 강력한 동맹국은, 특히 동맹 관계가 이미 불안정한 상태에 놓여 있다면, 동맹 공약의 축소나 완전한 포기를 합리화할 수도 있다. 새로운 지도자는 전임자와 다르게 동맹을 바라볼 수 있고, 동맹 관계에 덜 구속되어 있다고 생각할 수 있다. 방어하는 국가는 또한 분담 비용의 조정을 요구할 수 있으며, 동맹을 변경하거나 폐기한다는 위협도 가능하고 더 나아가 동맹 관계의 결속력을 긴장시킬 수도 있다.

강력한 동맹국은 또한 동맹 관계에서 더 많은 협상력을 가질 것이다. 비대칭적 동맹 초기에 약한 동맹국은 방어하는 국가의 지시를 따르고 그 이익을 추종하는 것 외에는 아마도 별다른 선택의 여지가 없을 것이다. 강력한 동맹국은 동맹 파트너와 한층 독자적인 외교 정책을 펼치면서 자국의 이익을 좀더 효과적으로 옹호할 수 있다. 어떤 경우든 동맹 관계의 결속력은 긴장될 수 있다. 그래서 브렛 리즈와 버큐 사번(Burcu Savun)은 한 국가 이상의 동맹 회원국이 국내 정치 제도의 변화를 겪을 때 동맹은 붕괴할 수 있고, 이는 국내 정치의 변동에도 불구하고 동맹이 살아남으려면 변화가 필수적이라는 걸 의미한다고 주장한다.[62]

국익 확대와 국가 자부심의 고양

비대칭적 동맹에서 약한 회원국의 경제가 발전함에 따라 그 국가의 국익 또한 확장될 수 있다. 최근 수십 년 동안 세계 무역에서 성공을 거둔 나라들은 경제 발전의 혜택을 누려왔다. 따라서 경제가 성장하는 국가들은 국제 무역과 해외 직접 투자의 증가처럼 국제 경제 교역이 늘어나는 경향이 있다. 경제 교역 확장은 해외에서 광범위한 국익을 낳고 국제 문제에 좀더 깊이 개입하게 만든다. 이런 국가들은 전 세계에 걸쳐 국익의 보호를 추구하게 될 것이다. 그 결과, 동맹의 약한 회원국은 군사력을 강화하면서 강한 동맹국에 덜 의존하게 되고 국제 해적, 테러리즘, 핵 군축 같은 국제 안보 현안에서 더 많은 역할을 하게 된다.[63] 이런 국가들은 강력한 군사력을 보유함으로써 지역 기구와 다자 기구 같은 국제 공동체에서 종종 더 많은 역할을 맡는다. 그 결과, 동맹은 광범위한 상호 관심사에 근거한 관계로 진화할 수 있고, 이러한 관계는 즉각적인 안보 위협을 뛰어넘어 동맹을 계속 유지하는 근거를 제공한다.

더욱이 동맹의 약한 회원국이 현저한 경제 성장과 발전을 이룬다면 확장된 동맹 목표의 달성에 기여할 수 있는, 해외 원조 자금과 군사적 역량 같은 자원이 증가할 것이다. 그 결과, 동맹의 약한 회원국은 동맹 비용의 부담을 더 많이 질 수 있을 것이고, 과거에 비용 대부분을 부담해온 강한 회원국에도 동맹을 지속 가능하게 만들 수 있을 것이다. 아울러 비용 분담이 이전보다 균형을 이룸으로써 유능한 동맹 파트너는 동맹 관계의 강도와 혜택을 증명하는 데 도움이 된다.

하지만 비용 분담의 변화로 약한 회원국이 기존의 후원자-고객 관계를 받아들이지 않게 되면, 동맹국들 사이에 마찰이 불거질 수도 있다. 그 결과, 정책 불일치나 위협 인식의 변화가 동맹에 균열을 낼 수도 있다. 동맹국이 스스로 충분한 세력을 키운다면, 자국의 안보 이익을 보호하는 데 동맹이 더 이상 필요하지 않다고 평가할 수도 있다. 이런 이유 때문에 강한 동맹국은 다른 동맹국의 동맹 공약을 의심하게 될 수도 있다. 예를 들면, 미중 관계의 악화와 중국 경제력의 흡입력으로 인해 남한 지도자들이 미국과 중국 사이에서 선택을 강요당하게 되어서 한미동맹의 결속력이 약화하는 것은 아닌지 의심하는 사람들이 있다.

비대칭적 동맹에서 약한 회원국의 경제가 성장하면, 국가 자부심이 증가하고 대중과 지도자들은 민족주의 의식과 자신감을 더 많이 갖게 된다. 이러한 국가 자부심의 증가로 동맹 회원국은 전반적인 동맹 세력의 증진에 더 많은 기여를 할 수 있다. 이는 특히 비대칭적 동맹에서 그러해 동맹 관계가 후원자-고객 관계에서 좀더 수평적인 동반자 관계로 옮겨간다. 이것은 동맹에 긍정적 파급 효과일 수도 있지만 과거 고객이었던 국가는 경제 성장, 민족주의, 자신감 등을 바탕으로 후원자의 지시로부터 자율적인 수준을 더 용이하게 높일 수 있고, 따라서 경쟁적 이해관계와 동맹 정책에 대한 논쟁이 더 많이 생길 가능성이 있다.[64]

이런 상황에서 동맹국들은 동일한 이익을 모두 공유하지도 않고, 공유하는 이익이 동일한 우선순위를 갖지도 않기 때문에, 동맹은 연루 딜레마(entrapment dilemma)에 직면할 수 있다. 자국의 이익일 수도 아닐 수도 있는 분쟁, 또는 싸울 만한 가치가 있다고 확실하게 믿지 않았던 분쟁에 한 동맹국이 다른 동맹국을 끌어들이는 것을 연루라고 한다. 이러한 역학은 비대칭적 동맹에서 특히 성가신 것일 수 있다. 연루에 대한 우려는 양면성을 가질 수 있기 때문인데, 약소국은 방어하는 국가에는 결정적이지만 자국의 이익에는 별로 중요하지 않은 분쟁에 휘말릴까봐 두려워할 수도 있고, 그 역도 마찬가지다. 예를 들면 냉전 시기 내내 미국의 동맹국들은 미국의 보호를 중시했지만, 미소 간의 좀더 광범위한 분쟁에 휘말릴까봐 두려워했다. 여러 측면에서 현재의 한국-미국-중국 관계는 한국에 일종의 연루 딜레마에 해당한다. 미중 관계가 악화할 경우 한국은 원치 않는 상황으로 강제로 빠져들 수 있기 때문이다. 작전 통제권의 요구는 부분적으로 연루에 대한 남한의 우려에서 비롯된 것이다. 동맹국 모두가 연루를 두려워할 때 동맹은 변화할 가능성이 있다.

요약과 결론

방어적인 비대칭적 동맹은 공동의 외부 안보 위협에 대한 대응으로 형성된다. 오래 지속해온 동맹은 국가들 간의 차별적인 경제 성장으로 인해 달라진 정치적·군사적 환경에 직면하게 된다. 동맹의 약한 회원국은 자국의 강화된 군사력과 위협에 대한 전반적 평가로 인해 동일한 위협 인식을 갖지 않을 수도 있다. 민주화 같은 국내 정치의 변화는 엘리트 교체를 가져올 수 있는 선거가 있다는 것을 의미하고, 새로운 지도자들은 위협은 물론 동맹에 대해서도 다른 인식을 가질 수 있다. 강한 회원국에서 국내 정치의 변화도 역시 동맹에 파열음을 초래하는 동일한 쟁점을 수반할 수 있다. 동맹의 약한 회원국에서 국익의 확장과 국가 자부심의 고양은 비대칭적 동맹의 성격을 후원자-고객 관계에서 전략적 동반자 관계로 변화시키도록 요구할 수도 있다. 군사적 역량의 증강 또한 동맹 회원국들이 수행하는 군사적 역할의 변동을 가져올 수 있다. 이런 이론적 고리를 요약하면 그림 1.1과 같다.

그림 1.1 동맹의 변화

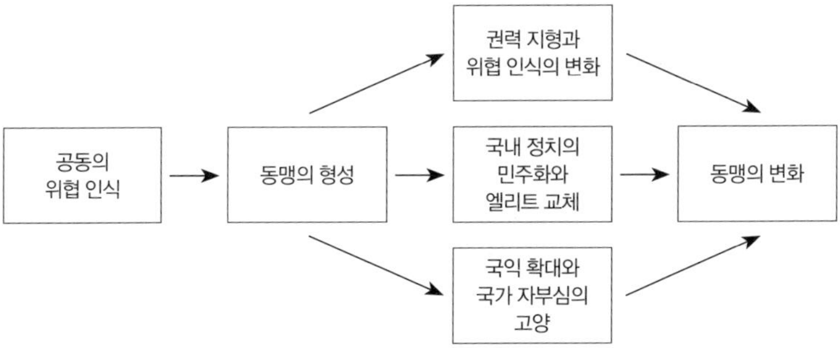

2

초기 한미 관계와 한미동맹의 형성

한미 관계는 서구가 아시아의 문호를 개방하려던 노력의 한 작은 부분으로 1800년대 말에 시작되었다. 한국 지도자들은 미국과의 유대에 강력한 희망을 가졌지만 미국 입장에서 그러한 관계는 사소한 것에 불과했다. 일본이 세기 전환기에 서서히 지역의 지배적 강대국이 되자 한국은 일제에 흡수되었고, 미국은 일본 편에 서서 일체 개입하지 않았다. 제2차 세계대전이 끝나고 나서야 한국은 일본의 점령에서 벗어났고, 미국은 한반도 문제에 다시 관심을 갖게 되었다.

냉전이 심화하자 한국은 미소 갈등에서 체스의 말이 되었다. 하지만 처음에는 별로 중요하지 않은 말에 불과했다. 그 이전까지 미국의 비교적 사소한 이익에 불과했던 한국을 냉전의 최대 관심사로 떠오르게 한 것은 1950년 6월 25일 일어난 북한의 남침이었다. 북한과 북한의 공산주의 동맹국인 소련과 중국이 한반도를 통일하기 위해 다시 무력을 사용하지 못하도록 한국과 미국은 공식적인 동맹을 체결했다. 이 장에서는 한미 관계의 초기 역사에서, 그리고 1953년 공식적인 동맹 체결에서 발생한 주요 사건을 재검토할 것이다.

초기의 한미 관계

한국과 미국의 최초 접촉은 1853년에 발생했다. 당시 미국 전함 사우스아메리카(South America)호가 부산에 기항했는데, 통상을 위해 조선을 개방하고 중국으로 향하는 선박들의 중간 기항지를 마련하는 것이 목적의 일환이었다. 아시아 다른 지역에서 서구 제국주의의 영향을 전해 들은 조선 왕조는 이러한 침입을 피하려는 희망을 갖고 쇄국 정책을 고수했다.[1] 그 결과, 조선 왕국과 관계를 수립하려는 미국의 임무는 실패했다. 또 다른 미국 선박 제너럴셔먼(General Sherman)호가 조선과의 통상을 열기 위해 1866년 8월 조선에 도착했다. 냉담한 대우와 평양을 향해 대동강을 거슬러 오르지 말라는 경고에도 불구하고 제너럴셔먼호는 계속 전진했다. 그 과정에서 여러 곳에서 발포를 해 조선인 여러 명을 살해하고 조선 관리를 억류했다. 조선인들은 격분했다. 선박이 강 하구로 되돌아가기 위해 서두르고 있을 때, 성난 조선인들은 맹공을 퍼부어 선박을 완전히 전소시켰다. 이때 선박에 타고 있던 모든 사람이 살해되었는데, 거기엔 미국인 3명도 포함되어 있었다. 1871년 미 해군은 조선에 여러 척의 군함을 보내 한편으로는 제너럴셔먼호 사건에 대해 보복하고, 다른 한편으로는 조선을 개국

시키려는 또 다른 시도를 했다. 조선의 지도자들은 여전히 단호했고, 강화도 주위에서 전투가 벌어져 조선인 250~300명이 죽음을 당했다. 반면 미국인 사망은 3명에 불과했다.[2] 조선인들은 또다시 격분했으나 그들이 할 수 있는 일은 별로 없었다.

그 후 10년이 지나서야 조선과 미국은 최종적으로 공식 외교 관계를 수립하고 수호통상조약을 체결했다. 이 조약은 당시 미국 대표단을 이끌었던 로버트 슈펠트(Robert Shufeldt) 제독의 이름을 따서 슈펠트조약이라고 부르기도 한다. 조선의 왕 고종은 조약을 체결하면서, 제국(empire)을 추구하지 않는 국가처럼 보이는 미국과의 경제적·정치적 유대가 중국과 일본 그리고 러시아의 영토적 야심과 경쟁에서 조선을 보호해줄 수 있을지도 모른다는 희망을 한편으론 품었다. 고종은 특히 조약의 '거중 조정(Good Offices)' 조항, 즉 "제3국이 한 국가를 부당하게 또는 억압적으로 대할 경우, 다른 국가는 통보받는 대로 원만한 해결이 되도록 거중 조정을 행사해 우의를 보여주도록 한다"고 언급한 조항에 기대를 걸었다.[3] 서구와의 외교 경험이 없는 조선 지도자들은 이것을 미국 측의 진정한 공약이라고 믿었다. 그러나 미국으로서는 이 조항이 그런 종류의 대부분 조약에 포함되는 형식적인 외교적 수사에 불과한 것이었다. 조선의 안보가 위태로워졌을 때, 미국이 조선을 돕는 데 별로 관심이 없는 것을 목도한 고종은 몹시 실망했다.[4]

한미 관계는 이 지역에서 강대국들 간의 경쟁이 격화하던 시기에 시작되었다. 한국인이 사대주의라고 부르는 유교식 '형님-동생' 관계에서 중국은 오랫동안 종주권을 행사해왔다. 조선은 동생으로서 중국

천자에게 충성과 조공을 바쳤고, 그 대가로 일정 정도의 보호와 함께 자치를 허용받았다. 이러한 관계는 중국이 강력한 시기 동안에는 잘 작동했다. 하지만 1880년대에 중화 제국의 세력은 급격히 약화했고, 이것은 유럽의 끊임없는 잠식과 더불어 일본과 러시아의 부상과 맞물려 있었다.[5] 고난에 처한 고종은 미국과의 유대 관계가 임박한 폭풍우로부터 조선을 보호해줄 것으로 믿었다. 하지만 미국은 다가오는 분쟁에 걸려 있는 이해관계가 별로 없다고 믿었으며, 개입하기보다는 방관자로 남아 이 지역에서 부상하는 강대국이 주도권을 잡도록 허용하는 길을 선택했다.[6]

뒤이은 청일전쟁(1894~1895)과 러일전쟁(1904~1905)에서 일본은 지역의 지배자로 부상했고, 조선의 운명은 곧 봉인될 참이었다. 고종의 기대에도 불구하고 미국은 거의 도움을 주지 않았다. 시어도어 루스벨트(Theodore Roosevelt) 대통령은 일본으로부터 조선을 보호하기보다는 러시아의 부상에 균형을 맞추는 데 훨씬 큰 관심을 두었다. 루스벨트는 "나는 일본이 조선을 차지하는 걸 보는 게 좋다. 일본은 러시아를 견제할 것이고, 일본이 해온 것을 보면 그럴 자격이 있다"고 언급했다.[7] 그는 또한 조선인을 비교적 낮게 평가했는데, 이는 조선 주재 미국 공사들이 보낸 보고서에 일부 근거했다. 루스벨트는 국무장관 존 헤이(John Hay)에게 "우리가 일본에 반대하면서 조선인들을 위해 간섭하는 것은 가능하지 않다. 그들[조선인들]은 자신을 방어하기 위해 일격을 날릴 수도 없을 것이다"라고 한때 지적하기도 했다.[8]

루스벨트는 러일전쟁을 종결시키는 평화 협상을 중재해 노벨 평화상을 받았지만, 한국인들은 그의 행동을 배신으로 여긴다. 알려진 바에 따르면, 루스벨트는 일본 대표단의 한 친구에게 "일본이 조선을 탈취하는 게 나을 것이다. 나는 조선인들을 위해 그리고 아시아를 위해 일본이 조선을 탈취해야 한다고 생각한다"고 말했다.[9] 조선이 일본의 지배하에 들어가자 미국과 일본은, 필리핀에서 미국의 이익을 일본이 수용하는 대가로 조선에서 일본의 이익을 미국이 인정하는 '태프트-가스라조약'을 체결했다. 1905년 11월 한반도에 일본의 보호국을 수립하는 을사조약을 강제로 체결함으로써 일본은 외교와 통상을 포함한 조선의 대외 문제를 통제할 수 있게 되었다. 미국은 서울에서 공사관을 철수한 첫 번째 국가였다. 일본은 조선을 1910년 8월 공식 병합했다. 고종은 지원을 요청하기 위해 미국을 비롯한 서구 지도자들에게 비밀리에 여러 차례 호소했지만 아무도 조선을 돕는 데 관심이 없었다.[10] 한미 관계는 종말을 맞이했고, 그 후 35년간 한국이 일제의 잔혹한 지배를 당하는 동안 그 상태를 유지했다. 제2차 세계대전이 끝나고 나서야 두 나라는 다시 한 번 접촉을 개시했다.

제2차 세계대전과 한국의 분단

제2차 세계대전 내내 한국은 미국과 다른 연합국 지도자들의 관심을 거의 끌지 못했다. 전쟁 기간 동안 한국이 받았던 유일한 관심은 1943년 11월 프랭클린 루스벨트(Franklin Roosevelt), 윈스턴 처칠(Winston Churchill), 장제스(蔣介石)가 아시아에서 협력을 도모하기 위해 회동한 카이로 회담에서였다. 회담 결과, 아시아에서 전후 질서에 대한 계획을 마련한 '카이로 선언'이 나왔다. 카이로 선언은 한국과 관련해 연합국들이 "한국 국민의 노예 상태에 유념해 적절한 절차에 따라 한국이 자유롭게 독립할 것을 결의했다"고 공표했다.[11] 이 약속은 1945년 포츠담 회담에서 재확인되었고, 이번에는 소련의 묵인이 있었다. 연합국 지도자들은 한국의 상황을 고려할 때 독립하기 전 미국·소련·중국의 지도 아래 일정 기간 동안의 신탁통치가 당연히 필요할 것이라고 생각했으며, 루스벨트는 20~30년이 적절한 기간일 것이라고 믿었다.[12]

마침내 전쟁이 끝났을 때, 미국은 한국의 운명에 대해 거의 심사숙고하지 않았고, 그럴 시간도 거의 없다는 게 명백해졌다. 미국이 취한 가장 중요한 조치는 소련에 한국 주둔 일본군의 항복을 받도록 제안한 것이었다. 일본의 항복이 임박한 가운데 서둘러 내린 조치로 미군 대령 본스틸 3세(C. H. Bonesteel III)와 딘 러스크(Dean Rusk)는 가능한 한 북쪽에서 미국이 일본의 항복을 받도록 하는 계획을 고안했다.[13] 소련군은 이미 만주에 있고 미군이 한반도에 도착하려면 몇 주일이 걸린다는 사실을 두 장교는 잘 알고 있었다. 그 결과, 스탈린이 미국의 제안을 노골적으로 거부하지 않고, 또한 소련이 한국에서 항복 절차를 지배하지 못하도록 하는 제안을 심사숙고해야만 했다. 이런 고려 사항을 염두에 두고 본스틸과 러스크는 한반도를 거의 절반으로 나누면서 서울을 미국 쪽에 포함시키는 38도선을 제안했다. 이 선을 항구적으로 만드는 게 미군 장교들의 의도는 전혀 아니었다는 점을 지적하는 것이 중요하다. 스탈린이 더 남쪽의 선을 주장할 수 있는 반면 미국은 이에 대해 별로 할 수 있는 일이 없었음에도 불구하고, 러스크 자신이 매우 놀랍게도 소련은 이 제안을 수락했다. 1945년 9월 7일, 항복 절차에 대한 공식 결정이 연합국 최고사령관의 명령 아래 일본 제국 대본영에서 일반명령 제1호로 공표되었다.[14](흔히 맥아더가 발표한 것으로 알려진 일반명령 제1호는 물론 맥아더에 의해 입안되고 실행되었지만, 일본이 항복 절차를 스스로 밝히는 형식을 취했다—옮긴이.)

그 후 3년간 한국의 남쪽은 미국, 북쪽은 소련 점령군의 통치를 받았다. 일본의 항복 이후 소련과 미국은 남북을 재통일하기 위한 시도를 여러 번 했지만 실패했다. 미국은 한국 전체가 단일한 행정 영역을 구성해야 한다는 입장인 반면, 소련은 영구 분단에 기울어져 있었다.[15] 북한 주둔 소련군이 작성한 〈독립 조선의 인민정부 수립 개요〉라는 문건에 따르면, 소련이 북쪽에 노동자와 농민을 위한 친소련 공화국을 계획한 것이 확실하다. 1993년 공개된, 북한 주둔 소련군에 내린 스탈린의 비밀 지령 또한 한반도를 영구히 분단시키려 한 소련의 의도를 보여준다.[16]

냉전의 대립과 커져가는 좌절 속에서 미국은 계속되는 교착 상태를 해결하기 위한 노력의 일환으로 그 문제를 유엔에 상정했다. 유엔은 1947년 11월 14일 두 지역을 재통일하고 한반도 전체에서 선거를 실시해 한국 전체에 통일 정부를 수립하는 조치를 승인했다. 최종적으로 북한과 소련은 북쪽에서의 선거를 거부했다. 그러나 남쪽은 이를 수락해 결국 1948년 8월 15일 대한민국이 수립되었고, 이승만이 초대 대통령 자리에 올랐다. 그는 제2차 세계대전 후 한국에서 벌어진 잇따른 정치 투쟁에서 수완을 발휘했을 뿐만 아니라 프린스턴 대학교에서 박사 학위를 취득해 경쟁자들 가운데 영어에 능통한 유일한 사람이었기 때문에 정상의 자리를 차지할 수 있었다.[17] 곧이어 소련은 북한에서 김일성의 지휘 아래 정부를 수립했고, 1948년 9월 9일 조선민주주의인민공화국이 들어섰다.

미국의 남한 점령은 소규모의 군사 고문단만을 남긴 1949년 6월까지 지속되었다. 이승만은 미국의 철수를 반기지 않았다. 한국은 여전히 분단된 채였을 뿐만 아니라 미국이 철수하면 나라가 공산주의의 무력에 취약해질 거라고 생각했기 때문이다. 이승만은 북한의 잠재적인 침략에 대처하기 위해 미국이 항공기와 장갑차 같은 중화기를 남한에 제공해주길 간청했다. 하지만 이승만이 과거 평양을 사흘 만에 점령하고 2주 만에 한반도를 재통일할 수 있다고 호언장담해왔기 때문에, 미국 관리들은 그가 북침을 위해 이런 장비들을 사용할지도 모른다고 우려했다.[18] 소련은 북한에서 1948년 10월 철수했지만 장갑차와 대포를 비롯한 무기들을 조선민주주의인민공화국에 계속 공급했다. 남북 관계는 악화했고, 국경을 따라 수많은 소규모 충돌이 일어나는 등 적대적 행위가 고조되었다.

그러는 동안 미국에서는 한국에서 무엇을 할 것인가를 놓고 트루먼 행정부 내에서 논쟁이 벌어졌다. 1948년 미국 관리들은 대한(對韓) 정책을 재검토하기로 결정했다. 그 결과 작성된 국가안전보장회의(National Security Council) 문서, 곧 NSC-8은 한국과 타 지역에서 소련의 야심을 좌절시키기 위해서뿐만 아니라 미군 철수가 다른 동맹국과 우방국에 미국의 신뢰성과 관련해 나쁜 메시지를 줄 수 있기 때문에 한국에서 미군 주둔의 중요성을 개괄했다.[19] 갑작스러운 철수는 미국의 위신을 깎아내릴 뿐만 아니라 갓 출범한 유엔 그리고 한국에서 수행한 유엔의 역할에 타격을 줄 수도 있을 터였다. 그러나 한국에서의 미군 주둔 종결을 요구하는 목소리도 있었다. 대다수 미국인과 의원들은 대부분의 군대를 해체하고 국방비를 축소하길 원했다. 군부 지도자들조차 대규모의 미군 주둔을 반대하며 "한국에 현재의 미군 부대와 기지를 유지할 전략적 이익이 별로 없다. 게다가 극동에서 적대적 행위가 발생할 경우 이 부대는 군사적 부채가 될 것"이라고 주장했다.[20] 한국은 그만큼 중요하지 않았고, 만약 소련과 전쟁을 벌인다면 그것은 유럽에서 일어날 것이다. 요컨대 주한미군은 고립될 것이고, 더 큰 분쟁에서는 거의 가치가 없을 것이다. 만약 미국이 전쟁 중 철수해야 한다면 한국을 포기하는 모양새는 미국의 위신에 훨씬 더 나쁜 타격이 될 것이다.[21]

트루먼은 한국의 중요성을 인정했지만, 한편으로는 외국 부대가 일으킬 수 있는 마찰 때문에 그리고 깊어져가는 한국 국내 정치의 수렁에서 벗어나기 위해 대규모 미군 부대를 남겨두는 걸 조심스러워했다.[22] 이런 불안에도 불구하고 미군은 1949년 6월까지 남아 있었고, 궁극적으로 이뤄질 철수에 대한 보상으로 트루먼은 한국의 재건을 위해 대규모 경제적·군사적 원조를 제공했다. 이러한 조치로 한국이 안정되고 번영한 나라를 수립하도록 해서 스스로 공산주의에 저항하게 하고, 대한민국 안보에 대한 미국 공약의 본보기로 삼으려 했다. 이승만은 공식적인 안전 보장을 위해 로비했지만 미국은 망설였다. 게다가 미국은 대한민국에 방어용 군사 장비만 공급하고, 이승만이 미국의 지원을 믿고 북한을 공격할지도 모른다는 두려움 때문에 전투기에 대한 요청은 거절했다.[23] 미국 지도자들은 남한을 보호하는 합리적 공약을 수립했다고 믿었지만, 머지않아 이런 책무에 도전하는 북한을 충격과 놀라움의 눈으로 바라보아야만 했다.

한국전쟁

1950년 6월 25일 북한군은 38선을 넘어 전격적으로 침공을 감행해 모두를 경악하게 만들었다. 워싱턴에서는 한국의 중요성에 대한 논쟁이 있어왔지만, 북한의 남침으로 한반도는 관심 대상의 목록에 즉각 올랐다. 왜냐하면 미국 지도자들은 남침이 소련으로부터 시작되었고, 이제 냉전의 전선이 되었다고 확신했기 때문이다. 국무부는 전쟁이 발발하자 "북한은 전적으로 소련의 통제 아래 있어 소련의 사전 지령 없이 행동했을 가능성이 없다"는 정보 평가를 마련했다.[24] 딘 애치슨(Dean Acheson) 국무장관은 전쟁 개시 후 의회 청문회에서 "나는 소련이 북한 정부를 완벽히 지배하고 있다고 생각한다"라고 선언했다.[25] 더욱이 폴 니체(Paul Nitze)가 이끄는 국가안전보장회의 연구 그룹은 미국의 안보 정책과 전후 세계 질서를 분석한 비밀문서 NSC-68에서 국방 예산을 현저히 늘려 미국의 군사력을 강화하고 소련을 봉쇄할 것을 권고했다. 미국 안보 정책의 청사진을 마련한 이 문서는 소련과의 대결을 예견했다. 북한의 남침으로 니체와 NSC-68이 권고한 미국 군사력의 확장은 확고해졌다.

남침 이후 유엔 안전보장이사회는 적대 행위의 중단과 조선민주주의인민공화국 군대의 38도선 이북으로의 철수를 요구하는 결의안을 통과시켰다. 북한이 이를 거부하자, 안전보장이사회는 회원국들에게 침략을 격퇴하는 데 필요한 지원을 요청하는 두 번째 결의안을 통과시켰다. 이 조치를 실행에 옮기기 위해 유엔의 대응을 지휘할 유엔군 사령부(United Nations Command, UNC)를 구성하고, 이 조직을 이끌 권한을 미국에 부여했다. 최종적으로 16개국이 유엔군에 합류해 다양한 형태의 군사적 지원을 제공했다. 5개 유엔 회원국은 의무대를 파견했고, 재정 지원을 제공한 국가들도 있었다.[26]

전쟁 초기 몇 개월은 남한과 유엔군에 재앙적 수준이었다. 1950년 8월 북한군은 남쪽으로 밀고 내려와 부산 주변의 좁은 지역에 남아 저항하는 유엔군과 대한민국을 포위했다. 더글러스 맥아더 장군이 서해에서 인천상륙작전을 감행해 북한군의 측면을 공격하자 남한의 운명은 바뀌었다. 북한군은 무너졌고, 그해 10월 38도선을 넘은 미국/유엔군 부대는 새로운 결정에 직면했다. 개입의 목표는 38도선에서 현상 유지를 회복하는 것인가, 아니면 한국에서 공산주의를 격퇴해 한반도를 통일할 기회인가? 미국 지도자들은 북으로 계속 진격하기로 결정했고, 거의 성공할 즈음 중국이 개입했다. 유엔군의 진격을 멈추라는 중국의 경고는 무시되었고, 1950년 10월 중국 '의용'군이 북한으로 넘어와 미국/유엔군을 한반도의 남쪽으로 격퇴하면서 북한 지역을 재탈환했다.

한미동맹의 수립

1951년 7월이 되자 전쟁은 교착 상태에 빠졌고, 전투를 종결하기 위한 휴전 협상이 시작되었다. 협상이 진행되면서 이승만은 한미 관계의 미래와 대한민국 안보를 위한 미국의 지속적인 개입에 대해 매우 우려했다. 특히 이승만은 휴전 협정에 전쟁 재발을 유도할지도 모를 미국/유엔군의 철수가 포함될 수 있다는 점을 두려워했다. 미국의 지속적인 개입과 보호를 확보하는 유일한 방법은 상호방위조약이었다.[27] 이승만은 한국과 미국의 국력 차이를 고려하면 자신이 이런 목표를 달성하는 데 상당한 어려움이 있다는 것을 알았다. 그리고 남한은 동맹에 기여할 것이 많지 않은 처지였다. 이승만은 자신이 취할 수 있는 주요 지렛대 수단 가운데 하나가 휴전 협상의 방해라는 것을 인식하고 더 많은 양보, 특히 미국의 공식적인 안전 보장을 얻어내기 위해 휴전 협상에 대한 자신의 동의를 활용했다. 이를 달성하기 위해 이승만은 트루먼에게 "우리 두 국가의 상호안보조약이 필수적인 것이라고 나는 진지하게 믿고 있다"고 주장하는 서한을 보냈다.[28] 이승만은 미국 관리들에게 계속 로비했지만, 미국은 당분간은 망설이고 있었다.

한국전쟁 후 미국 지도자들은 공산주의 확장을 저지하는 투쟁에서, 그리고 미국의 이해관계에서 한국이 매우 중요하다고 믿게 되었다. 1953년 9월 존 포스터 덜레스(John Foster Dulles) 국무장관은 "우리는 한국을 고립된 문제로 취급하는 실수를 저지르지 않는다. 한국전쟁은 자유를 정복하려는 공산주의의 전 세계적 노력의 일환이다"라고 주장했다.[29] 덜레스와 그의 동료들에게 한국에서 공산주의의 위협에 맞서지 않는 것은 미국 본토를 위험에 빠뜨릴 수 있다는 것을 의미했다. 그 후 아이젠하워(D. Eisenhower) 대통령도 "세계 공산주의의 음모가 그 범위와 힘과 적대감에 있어 현재의 상태로 존재하는 한 미국 국민의 자유는 위협받는다. 미국 국민의 자유는 다른 국가 국민의 자유와 그 어느 때보다도 긴밀하게 서로 맞물려 있다"고 공감을 표했다.[30] 미국 지도자들은 또한 남한에 미국 공약의 신호를 보내는 데 허술했다고 확신했다. 이에 전쟁이 끝나자 미국은 남한과의 공식적인 동맹 구축에 착수해 잠재적인 분쟁을 억지하면서 남한을 방어하겠다는 미국의 결의를 증명하는 신뢰할 만한 공약을 제공했다.

한미동맹은 공식적인 안보 조약, 미국의 방대한 경제적·군사적 원조, 미군 전투 부대의 배치, 핵우산의 확장과 함께 미국 핵무기의 한반도 배치 등 네 가지 주요 요소로 이뤄졌다. 이제 이 구성 요소 각각에 대해 좀더 구체적인 논의를 해보자. 한미동맹은 훗날 더 광범위한 동반자 관계로 발전했지만, 출범할 때의 주요 관심사는 억지와 안보였다.

한미 상호안보조약

1953년 10월 1일, 남한과 미국은 동맹을 공식화하는 상호방위조약을 체결했다.[31] 상호방위조약은 한 나라가 외부의 공격에 위협받을 때는 언제나 협의와, 공격을 억지하기에 충분한 무력의 유지 그리고 조약의 공약을 이행하기 위해 필요한 조치를 촉구한다(2조). 조약은 또한

"상호적 합의에 의하여 미국의 육군, 해군과 공군을 대한민국의 영토 내와 그 부근에 배치할 권리"를 미국에 허용한다(4조). 3조에 명시한 조약의 안보 조항은 다음과 같다.

> 각 당사국은 타 당사국의 행정 지배하에 있는 영토와 각 당사국이 타 당사국의 행정 지배하에 합법적으로 들어갔다고 인정하는 금후의 영토에 있어서 타 당사국에 대한 태평양 지역에 있어서의 무력 공격을 자국의 평화와 안정을 위태롭게 하는 것이라 인정하고 공통한 위험에 대처하기 위하여 각자의 헌법상의 수속에 따라 행동할 것을 선언한다.

힘든 싸움 끝에 쟁취한 미국의 안전 보장이었지만, 이승만은 3조의 문구, 특히 "헌법상의 수속"을 우려했다. 이는 조약의 결정적인 부분인데 "한 회원국에 대한 공격은 모든 회원국에 대한 공격이다"[32]라고 선언한 나토조약보다 훨씬 약한 공약이었다. 조약 체결 전 존 포스터 덜레스 국무장관에게 보낸 서한에서 이승만은 이렇게 호소했다. "제안된 상호안보조약에서 대한민국이 외부의 적으로부터 공격을 받을 경우 즉각적이고 자동적인 군사적 지원을 위한 조항의 삽입을 기대할 수 있겠습니까? 당신이 알고 있듯 우리 입장에 처하지 않은 국가에는 충분한 조약일지라도 우리의 필요에는 적합하지 않을 것입니다."[33] 이승만은 또한 미국의 공약을 일본의 공격에도 적용시킬 것을 요구했다. 미국은 이승만의 우려를 인정했고, 덜레스는 다음과 같이 답장했다. 만약 남한이 "정당한 이유 없이 공격 대상이 된다면, 당신은 우리의 즉각적이고 자동적인 군사적 대응을 기대해도 물론 좋습니다. 그러한 공격은 대한민국에 대한 공격일 뿐만 아니라 유엔군과 유엔군 내의 미군에 대한 공격이기도 할 것입니다."[34] 이러한 보장에도 불구하고 이승만은 만족하지 않았다.

이승만이 희망하는, 철갑을 두른 유형의 안보 공약을 미국이 꺼린 것은 두 가지 쟁점에 근거하고 있었다. 첫째, 미국은 나토 유형의 안전 보장이 적대적 행위를 재개하도록 이승만을 부추길지도 모른다고 우려했고, 그럴 경우 미국은 그를 도와줄 의무를 지게 될 것이라고 믿었기 때문이다. 이승만은 한국이 자신의 통치 아래 통일될 때까지 전쟁은 끝난 것이 아니라고 주장하면서 휴전 조약에 서명하는 것을 거부한 적이 있었다. 이승만이 무슨 일을 벌일지 몰랐기 때문에 미국은 그가 도를 넘어 성가신 존재가 될 경우 권좌에서 제거하는 이른바 '에버레디 작전(Operation Everready)'이라는 비상 계획을 마련하기도 했다.[35]

둘째, 나토 안보 조항의 자동적인 보장은 전쟁을 선포하는 의회의 권한에 심각한 헌법상의 문제를 제기했다. 1950년 남한을 방어하기 위해 병력을 파견할 때, 트루먼은 이러한 경찰 행동에 대해 의회와 협의하지 않았고, 의회의 많은 이들은 이를 위험한 선례로 간주했다. 앞서 나토조약이 의제로 등장했을 때, 의회는 우려를 표했고 상원 외교위원회는 "한 회원국에 대한 공격을 모든 회원국의 공격으로 간주할 것이라는 조항을 포함해 …… 조약의 어떤 것도 헌법에 따른 대통령이나 의회의 권한을 확대하거나 축소하지 못하고, 대통령과 의회의 관계를 변화시키지도 못한다"는 내용을 비준 권고안에 포함시켰다.[36] 따라서 미국의 대응은 자동적인 것이 아니라 "공격의 위치, 성격, 규모, 중요성 등을 비롯한 많은 요인"이 걸린 조건부였다.[37] 유사한 논란을 피하기 위해 차후의 미국 조약문에는 "한 회원국에 대한 공격"이라는 문구를 삭제하고, 그 자리를 "헌법상의 수속"이 대신하게 되었다. 결국 한미 안보 조약은 물론 필리핀, 일본, 오스트레일리아/뉴질랜드와의 조약에서도 이러한 문구를 사용했다. 따라서 이런 문구는 이승만이 우려한 것처럼 약한 공약의 징표가 아니라 미국 헌법을 수용한 것이었다.

경제적·군사적 원조

한국전쟁이 끝났을 때, 남한은 극빈국이었다. 3년간의 전쟁을 치르는 동안 경제는 황폐해졌고, 120만 명의 군인과 민간인이 희생되었다. 1954년 대한민국의 국내총생산은 15억 달러, 1인당 국내총생산은 75달러에 불과했다.[38] 1960년대 초까지 대한민국의 경제는 거의 진전을 보여주지 못했다. 1953년 1인당 수입은 67달러였다. 6년 후 겨우 81달러로 올랐지만[39] 1인당 국내총생산은 에티오피아나 아이티, 예멘보다도 낮았다.[40]

남한은 절망적인 곤궁에 처해 있었다. 1953년 7월 국가안전보장회의에서 아이젠하워는 대한 경제 원조와 관련해 "전 세계가 휴전 후의 한국을 바라보고 있을 것이므로, 우리는 우리 자신을 위해 단호한 목표를 설정해 우물쭈물하지 말고 재빨리 앞으로 나아가야 할 것이다"라고 언급했다.[41] 그 후 12년에 걸쳐 미국은 경제 원조에 32억 달러 이상을, 군사 원조에 25억 달러 이상을 쏟아부었다. 이는 대한민국 정부 예산의 3분의 2에 달하는 수치였다.[42] 미국의 대한 원조는 이 기간 동안 미국이 동아시아와 태평양 지역에 제공한 모든 원조의 27퍼센트에 달했다.[43] 대한민국의 경제가 성장하자, 원조는 단계적으로 줄어들어 차관과 직접 구매로 옮겨갔다. 1970년부터 1986년까지 지원은 신용 보증이나 대외 군사 판매(Foreign Military Sales, FMS) 프로그램을 통한 군사 장비의 직접 신용 구매로 바뀌었고, 1986년에는 대외 군사 판매 프로그램을 통한 지원 또한 중단되었다.

미국은 때때로 주한미군의 수준을 조정하면서 그에 따른 보상으로 상당한 원조를 공여했다. 예를 들면, 리처드 닉슨(Richard Nixon)이 1971년 제7보병사단의 철수를 발표했을 때, 이 조치는 항공기·장갑차·대포·미사일 등 12.5억 달러의 원조를 포함했다. 더욱이 지미 카터(Jimmy Carter)는 1979년 자신이 제안한 주한미군 철수에 대한 보상으로 연 2억 7500만 달러 가치의 다년간 원조를 제시했다. 하지만 철수 계획은 한미 양국 모두에서 심한 반대에 부딪쳤고, 군사 원조를 포함해 결코 이행되지 않았다.

미국의 원조는 주로 황폐해진 남한을 재건하고 남한의 방위 역량을 강화하기 위한 의도로 제공되었다. 하지만 원조는 또한 남한에 대한 정치적·경제적·군사적 결속을 확대하겠다는 미국의 공약을 알리는 중요한 신호였다. 브루스 러셋은 이러한 결속이 동맹국의 방위에 결정적이라고 주장했다.[44] 게다가 원조와 그에 수반되는 투자는 방어하는 국가의 이해관계를 제고하면서 동맹국을 포기하기 어렵게 만든다. 그리고 원조는 공약의 가시적 징표를 제공하고 적에게 공약의 심도를 보여준다. 원조로 동맹국의 경제적·군사적 역량이 성장하면 억지 상황 또한 변화한다. 즉 확장 억지와 거기에 내재해 있는 신뢰성 문제가 강력해진 남한이 공격받을 경우 스스로 방어하리라는 것을 의심할 여지없는 우선적인 억지 상황으로 바뀐다.[45]

미국 재래식 군사력의 한국 배치

안보 조약과 원조가 방위 공약에서 중요한 신호이긴 하지만 이 약속은 위기 때 쉽게 파기될 수 있다. 일단 비용이 상당히 증가할 조짐을 보이기 시작하면 동맹은 쉽게 산산조각 날 수 있다. 따라서 토머스 셸링은 "그렇게 말한다 해도 불행하지만 그것을 사실로 만들지는 못한다. 그리고 만약 그게 사실이라 하더라도, 그렇게 말한다고 그걸 항상 믿게 만들지는 못한다. 우리는 명백하게 전쟁을 바라지 않고, 싸워야 할 때만 싸울 것이다. 문제는 우리가 싸울 것이라는 걸 증명하는 것이다"라고 주장했다.[46] 셸링에 따르면, 억지가 성공하려면 확고한 대응을 증명해서 적의 손아귀에 전쟁으로 돌입하는 선택권을 넘겨주는 공약이 필수적이다. 공약을 확고히 하고 확실한 대응을 증명하기 위해 미국은 비무장 지대 가까이, 그리고 가능한 남침 통로를 따라 전투 부대를 배치했다. 이 부대는 전투력을 제공하는 것이지만 또한 '인계철선' 역할도 한다. 일단 미군이 전투에 참여하고 인명의 희생을 감수한다면, 미국의 대응은 확실할 것이다. 한국전쟁이 끝났을 때, 미국은 한국에 제2보병사단과 제7보병사단을 남겨 서울 이북에 전진 배치했다. 미군엔 또한 포병 부대, 미사일 부대, 항공기와 함께 필요한 병참과 인력이 포함되었다. 1954년부터 1971년까지 주한미군은 평균 6만 3000명의 병력을 유지했다. 이 부대들은 미국의 확대 대응을 촉발하는 인계철선이지만, 그 자체로 또한 중대한 전투력을 제공했다.

시간이 지나면서 미군의 규모는 점차 감소했다. 미국의 베트남 전쟁 개입 여파에 따른 닉슨 독트린의 일환으로, 1971년 닉슨이 제7사단 약 2만 명을 철수시킨 것이 가장 큰 감축이었다. 미국은 모든 조약의 공약을 유지하고 핵우산을 계속 제공하며 필요하다면 경제적·군사적 원조를 공여하겠다고 확언했지만, 미국의 동맹국들은 이제 자국 방위에 더 많은 인력의 부담을 져야 할 것으로 예상되었다.[47]

더 큰 규모의 감축이 1976년 미국 대통령 선거 유세 중 제기되었다. 지미 카터 후보는 한국에서 모든 미군 지상군의 철수를 제안했다. 카터는 집권하자마자 이 계획의 이행에 착수했는데, 이는 주로 미국이 아시아에서 또 다른 전쟁에 연루되는 것을 우려한 탓이었다.[48] 카터의 계획은 한미 양국에서 많은 비판을 받았고 결국 800명의 전투원, 포병과 미사일 부대에서 2600명의 지원 인력을 감축하는 것으로 축소되었다. 레이건 행정부는 미군을 4만 3000명으로 다시 강화하는 방향으로 선회해 신형 항공기, 대포, 대전차 무기, 지대지 미사일 등으로 주한미군을 현대화했다.

냉전의 종식이 다가오자 주한미군 감축이 다시 현안으로 떠올랐다. 또 다른 단계적 철수 계획에 따라 미국은 주한미군을 감축하기 시작했다. 그러나 1991년 점증하는 북핵 위기에 대한 대응으로 감축 계획은 보류되었고, 부대 규모를 3만 7000명으로 유지했다. 2001년 9월 11일의 테러 공격과 2006년의 이라크 침공 이후 조지 W. 부시(George

W. Bush) 행정부는 전 세계에 주둔하고 있는 미군에 대한 재검토를 실시한 다음, 주한미군 1만 2500명을 감축하고 그 일부를 이라크에 파견하기로 결정했다. 최종적으로 이 계획은 유예되었으며, 그중 일부만 철수하고 미군은 현재 수준인 2만 8500명을 유지했다.

미국의 핵무기와 핵우산

한미동맹의 마지막 요소에는 전술 핵무기의 남한 배치와 남한이 미국의 핵우산 아래에 들어가는 것이 포함되었다.[49] 미국은 신형 군사장비를 도입하는 주한미군 현대화 노력의 일환으로 1958년 핵무기를 처음 남한에 배치했다. 핵무기의 남한 배치 결정은 아이젠하워 행정부에서 격론 끝에 이뤄졌다. 국무부는 이 조치를 몇 가지 점에서 반대했다. 요컨대 공산주의자들이 이를 선전에 활용할 것이고, 아시아 전역에서 이를 꺼려할 것이며, 정치적 비용이 너무 높다고 주장했다.[50] 덜레스도 군사 현대화가 필요하긴 하지만 핵무기를 포함해서는 안 된다며 국무부의 주장에 동의했다.[51] 미국 지도자들은 또한 핵무기를 배치하면, 남한의 군대 규모가 20개 사단에서 16개 사단으로 축소되어 미국의 비용이 줄어들 거라고 기대했다. 따라서 덜레스는 남한이 병력 감축을 완수할 때까지 핵무기를 배치해서는 안 된다고 주장했다.[52]

반대로 국방부는 핵무기의 배치를 강력히 선호했다. 북한군이 침략 초기에 미군을 제압하고 서울에 다다르기 전, 비무장 지대를 넘는 기습공격을 둔화시키기 위해서는 핵무기가 군사적으로 반드시 필요하다고 주장했다.[53] 게다가 미국의 핵무기는 확실한 안보를 제공함으로써 이승만을 설득해 남한의 군대 규모를 축소시킬 수 있고, 이를 통해 미국은 비용 절감 효과를 얻을 수 있을 것이다. 또한 소련의 군비 증강에 대한 대처로, 전략 핵무기의 사용을 주저하게 된 상황에서 전술 핵무기는 미국 지도자들에게 더욱 신뢰성 있는 선택지가 될 것이다.[54] 대포와 관련해 국방부는 그것이 "어떤 기상 조건에서도 원자탄을 운반하는 정밀한 수단"을 제공할 것이며 "또한 뛰어난 재래식 무기"라고 주장했다.[55]

최종적으로 아이젠하워는 국방부의 의견에 동의했고, 첫 핵무기가 1958년 1월 한국에 도착했다. 먼저 도착한 무기는 대포와 핵탄두 미사일이었고, 이어서 중력 폭탄(유도탄에 대비되는 폭탄으로, 발사 후 추진력이 소진되면 중력에 의해 목표물에 도달하는 폭탄—옮긴이)과 핵지뢰를 배치했다. 수년간 미국은 한국의 핵무기에 대해 "긍정도 부정도 하지 않는다(neither confirm nor deny)"는 입장을 유지했지만, 1975년 제임스 슐레진저(James Schlesinger) 국방장관은 "잘 알려진 대로 우리는 한국에 전술 핵무기를 배치해왔다"고 언급했다.[56] 이러한 공개적 인정은 한편으론 닉슨의 미군 제7사단 철수에 따른 남한의 우려를 불식시키기 위한 것이었지만, 남한이 스스로 핵무기를 추구하지 못하도록 대한민국 대통령 박정희를 자제시키기 위한 의도이기도 했다. 한국에 배치된 미국 핵무기의 규모는 공개된 적이 없지만 150~950기에 이르는 것으로 추정한다.[57] 표 2.1에서 남한에 배치된 미국 전술 핵무기의 연대기를 확인할 수 있다.

1970년대가 되자 미국 관리와 분석가들 사이에서 한국에 배치된 전술 핵무기에 대한 우려가 수면 위로 떠오르기 시작했다. 수년간 핵무기는 북한의 침략을 저지하기 위한 전투 수단으로, 분쟁 초기에 사용할 수 있도록 비무장 지대 가까이 비축되어 있었다. 그러나 핵무기를 너무 전진 배치할 경우, 북한의 대포나 미사일에 선제공격을 받거나 침략 초기 단계에 괴멸당할 수도 있다. 요컨대 위험한 '사용 또는 손실' 시나리오를 초래하거나, 더욱 나쁘게는 북한의 손아귀에 핵무기가 떨어질 수도 있다. 결국 핵무기는 전방에서 후방으로 물러났다.

한국에서 핵무기를 어떤 방식으로 사용할지에 대한 우려 또한 커져갔다. 한 미군 사령관은 다음과 같이 한탄했다.

> 한국에서 핵무기는 아무리 소형이라도 외과적 수단이 아니다. 바보처럼 당신은 이 물건을 어디에다 쓸 것이라고 생각하나? 한국인은 멍청하지 않다. 그들은 이렇게 말할 것이다: 미국이 꺼려하는 선수를 치지 않는 한 지형을 살펴서 군대를 표적으로 삼아야 할 텐데, 적의 군대는 모두 남한에 와 있을 것이다. 그러면 당신들은 당신들이 구하려고 하는 모든 걸 날려버리고 말 것이다.[58]

1987년 주한미군 사령관 루이스 메네트리(Louis Menetry) 장군은 "나는 핵무기 사용이 필요한 어떤 상황도 염두에 두고 있지 않다"고 선언했다.[59] 다음 해에 존 쿠시먼(John Cushman) 한미 1군단장은 "이제는 한국의 방위를 위해 핵무기가 필요 없고, 실제로 사용한다면 승자에게도 끔찍한 재앙이 될 것이다"라고 주장했다.[60]

핵무기의 군사적 필요성에 대한 주장이 거의 없는 가운데, 1991년

표 2.1 남한에 배치된 미국 전술 핵무기 연표

날짜	남한의 미국 전술 핵무기 연표: 배치와 철수	핵무기 수
1950. 6. 25~ 1953. 7. 27	한국전쟁	–
1958. 1	1958년 1월 첫 핵무기 도착: 어네스트 존 지대지 미사일, 마타도어 크루즈 미사일, 핵지뢰, 280밀리 대포, 8인치 곡사포	
1967	증강의 최고점	950
1976	어네스트 존, 나이키 허큘러스, 서전트 미사일 시스템 일부 철수, 핵무기의 감소	540
1977	오산 공군 기지 핵무기 저장고 폐쇄	
1985	포탄과 폭탄 감축 계속	150
1991. 9	부시 대통령의 핵무기 철수 계획: 유럽의 나토 회원국을 제외한 해외 배치 전술 핵무기의 철수	
1991. 11	남한의 비핵화 선언	
1991. 12	전술 핵무기 철수 완료	

출처: 〈조선일보〉(2017. 8. 18), http://news.chosun.com/site/data/html_dir/2017/08/17/2017081703302.html.

조지 H. W. 부시 대통령은 한국에서 모든 핵무기를 철수하겠다는 계획을 발표했다. 이 조치가 북한의 우려를 해소하고 북한의 핵무기 야심을 없애줄 것이라고 부시는 믿었다. 한국에서의 핵무기 철수는 또한 소련이 해체될 때 러시아가 전술 핵무기에 대한 통제권을 행사하도록 설득하려는 계획의 일환이었다. 미국이 이런 행동을 취한다면, 고르바초프(M. Gorbachev)도 그 뒤를 따를 것으로 부시는 기대했다.[61] 1991년 12월 중순, 절차가 완료되어 남한에서 모든 미국 핵무기가 사라졌다.

핵무기 배치와 더불어 1978년 미국 관리들은 남한이 미국의 핵우산 아래에 있다고 공개적으로 선언하기 시작했다.[62] 대한민국과 미국

의 국방부 관계자들은 매년 안보협의회의(Security Consultation Meeting, SCM)를 통해 안보 환경을 평가하고, 미국의 방위 공약을 확인하고, 남한을 보호하기 위해 채택한 조치들을 재검토하는 공동 성명을 내놓는다.[63] 안보협의회의는 1978년 "한국은 미국의 핵우산 아래에 있으며 이는 계속 유지될 것이다"라는 간결한 성명을 포함하기 시작했다.[64] 그 후 모든 공동 성명에는 미국의 핵 보장 재확인이 들어갔다.

2009년 5월, 북한이 2차 핵실험을 실시하자 버락 오바마는 남한과 일본에 전화를 걸어 미국의 방위 공약을 재확인했다.[65] 그다음 달 오바마와 이명박의 정상 회담 때, 대한민국 관계자들은 대통령 수준에서 핵우산을 직접 확인해달라고 오바마를 압박했다. 오바마는 그 전달 프라하에서 미국의 안보 계획과 관련해 핵무기의 역할을 줄이고 미국의 핵 무장력 감축을 촉구하는 연설을 했기 때문에 주저했다.[66] 마침내 오바마는 한국의 요구에 승복하고, '한미동맹 공동 비전'을 정상 회담의 결론으로 발표했다. 공동 비전에는 "미국의 핵우산을 비롯한 확장 억지 공약의 지속"에 대한 언급이 포함되었으며, 이는 남한이 추구해왔던 고위급 수준의 보장을 제공한 것이었다.[67]

2009년 가을, 안보협의회의는 북한의 봄철 핵실험 이후 첫 회동을 가졌다. 안보협의회의 공동 성명은 핵우산 선언에서 중요한 변화를 담았다. 개정된 문구에 따르면, 미국은 "미국의 핵우산, 재래식 타격 능력, 미사일 방어 능력을 포함한 모든 범주의 군사 능력을 운용해서 대한민국을 위해 확장 억지를 제공"하기로 했다.[68] 이러한 미국의 공약은 핵무기 이상을 포함하는 것이라고 미국은 지적했다. 즉 남한을 방어하는 데 핵무기에만 우선적으로 의존하지 않겠다는, 다방면의 공약을 제공한 것이다. 그 뒤를 이은 안보협의회의 공동 성명도 유사한 내용을 담았고, 미국의 핵우산은 대한민국 안보 계획과 한미동맹에서 중요한 역할을 계속하고 있다.

결론

한미 관계는 19세기 말에 시작되었지만 당시는 최소한의 수준에만 머물러 있었다. 사실, 많은 남한 사람들이 초기 미국의 행동은 한국을 일본의 지배 아래 넘기는 것이었다고 여긴다. 제2차 세계대전 후, 한국은 다시 미국의 주목을 받게 되었다. 하지만 미국 관리들은 전후의 소란스러운 한국 정치에 대처할 준비를 제대로 하지 못했다. 전후 초기에 남한은 비교적 낮은 우선순위에 머물렀지만, 1950년 북한이 남침을 하자 최고 우선순위로 격상되었다. 미국 지도자들은 소련과 연계된 전쟁이 유럽에서도 일어날 가능성이 있다고 믿었고, 이에 한국은 갑자기 냉전의 최전선이 되었다. 한국전쟁이 끝나자 남한과 미국은 전쟁이 다시 일어나지 않도록 보장하는 방안을 모색했고, 한반도에서 평화와 안보를 유지하는 데 핵심적인 동맹을 형성했다. 이 시기 동안 동맹의 기초를 수립했지만, 이후 동맹은 진화를 거듭하며 장기적인 관계에서 비롯되는 압박과 긴장을 헤쳐 나왔다. 더욱이 동맹의 범위가 한반도 안보를 넘어 이제는 지역적, 세계적 관심사를 포괄하는 동맹으로 확대되었다. 이러한 변화에서 중요한 변수는 남한의 경제 발전 그리고 대한민국의 능력과 포부의 성장이었다.

3

한국의 민주화와 한미동맹

1987년 남한은 수십 년간의 권위주의적 통치 후에 민주주의로 이행했다. 민주주의로의 이행은 남한의 정치 발전뿐만 아니라 한미 관계에도 결정적이었다. 민주화로 남한과 미국의 더욱 긴밀한 정치적 결속을 방해하는 심각한 장애물이 제거되었다. 두 나라는 이제 유사한 정치 제도와 가치를 지니고, 안보의 이해관계를 넘어서는 동반자 관계로 성장했다. 하지만 또한 민주화로 남한에서 새로운 엘리트들이 집권하게 됐고, 이들은 때로 한미 관계와 북핵 위기에 대해 미국과 다른 견해를 보이기도 해 동맹에 마찰을 더 많이 일으키기도 했다. 민주주의는 또한 더 많은 표현의 자유를 허락해 남한에서 과거에는 억압당했던 반미주의가 부상하는 계기가 되기도 했다. 이 장에서는 민주주의를 향한 남한의 여정과 이 과정에서 미국의 역할, 그리고 대한민국의 민주화가 동맹에 끼친 파급 효과를 분석할 것이다.

대한민국 정부의 수립과 미국의 역할

재조선미육군사령부군정청(미군정: US Army Military Government in Korea, USAMGIK)이 제2차 세계대전 종결 후 한반도 남쪽을 접수했을 때, 두 가지 선택지가 있었다. (1) 임시정부 및 조선건국준비위원회(나중에 조선인민공화국으로 이름을 바꿈)를 수립한 한국의 좌익과 협력하는 것, 또는 (2) 한국 보수주의자 및 한국민주당(한민당)과 협력하면서 일제의 조선총독부 구조를 재구성하는 것. 한국 공산주의자들은 미국의 점령을 인정하지 않으려 했기 때문에 미군정은 한국 좌익을 신용하지 않았고, 한민당의 일부가 일제에 부역한 전력이 있었지만 그들과 협력하기로 결정했다. 미군정은 원활한 통치를 위해 일제의 조선총독부 정부 구조를 부활시키고 정부 하부 조직의 명칭을 '국(局)'에서 '부(部)'로 개편했다. 또한 조선인민공화국의 정치적 활동과 영향력 때문에 이를 불식시키는 데 초점을 맞추고, 폭동을 선동하는 좌익 신문과 자료의 출판을 금지시켰다.[1]

자유롭고 민주적인 정부를 건설할 것으로 예상되는 정치 엘리트들이 선출될 수 있도록 미군정은 한국 보수주의자와 중도파의 정치적 연합을 구축하려고 노력했다. 동시에 미국은 한반도가 재통합되었을 때 한국인 전체를 대표하는 단일 정부를 수립하려 했다. 그러나 이러한 노력은 실패했다. 미국과 소련의 긴장은 고조되었고, 소련이 한반도 북쪽에 대해 다른 계획을 갖고 있다는 것이 명백해졌다. 미소공동위원회가 한반도 재통합에 대한 합의에 도달하는 것이 불가능해지고 남과 북이 신탁통치를 거부하자 미군정은 두 가지 선택지에 직면했다. (1) 2개의 분단국가로 즉각적 독립, 또는 (2) 미국과 소련의 합의를 무한정 기다리기. 김구와 김규식 같은 민족주의 정치가들은 후자를 선호했고, 북측 당사자들과 대화하기 위해 평양을 방문했다. 반면 이승만은 첫 번째 선택을 지지하는 운동을 적극적으로 펼쳤다. 어떤 형태로든지 한반도 남쪽에 통치 기구를 수립해야 했으므로 미군 당국은 남한에 민주 정부를 수립하는 데 역점을 두었다.[2] 이를 위해 미국 점령군 사령관 존 하지(John R. Hodge) 중장은 민주 정부를 수립하도록 남한을 돕는 것이 미군정 통치의 최우선순위 중 하나라고 선언했다.[3]

1948년 5월 10일 남한에서 총선이 치러졌고, 1948년 5월 31일 초대 국회가 소집되었다. 7월 12일에는 최초의 한국 헌법이 채택되었고, 7월 20일 이승만이 초대 대통령으로 선출되었다. 그리고 1948년 8월 15일 대한민국 정부가 수립되었다. 미군정은 민주주의 정부를 기대했지만, 한국인 대부분은 민주주의에 대한 경험이 없고 민주주의 체제와 제도에 대한 이해도 부족했다. 이승만 자신도 민주주의 정부와 그 운영에 경험이 없었고, 일단 집권하자 다른 기구들을 희생하면서 행정부에 권력을 집중시켰다. 이승만 대통령은 미국에서 많은 시간을 보내고 학위를 2개나 취득했지만, 민주주의에 대해서는 거의 배우지 못해 나라를 권위주의식으로 통치했다.[4] 그는 능력 대신 충성심에 근거해 각료들을 배치했고, 만족스럽지 못하거나 충성을 다하지 않으면 즉시 해임했다. 각료들의 평균 재임 기간은 채 11개월에도 못 미쳤다.[5]

이승만은 또 단호한 반공주의자였으며, 정적을 제거하는 데 무자비했다. 실제로 반공주의를 활용해 야당을 탄압하고, 언론에 재갈을 물리고, 시민의 권리와 자유 또한 억압했다. 게다가 이승만 정부에서 부패는 심각한 문제였다. 정부 관리와 군의 고위 지휘관들은 미국의 원조 자금을 횡령했다. 남한은 민주주의에서 멀어졌고, 이승만이 민주주의의 제도화와 경제 발전에서 이룬 형편없는 업적에 미국은 크게 실망했다.[6]

남한에 대한 미국의 영향력은 초기에 두 가지 이유로 막대했다. (1) 남한은 가난했고 미국의 원조에 크게 의존했다. (2) 남한은 미국을 이상형으로 삼아 미국의 정치 및 경제 체제를 모방하려 했다.[7] 데이비드 콜(David Cole)과 프린스턴 라이먼(Princeton Lyman)은 다음과 같이 기술했다.

> 미국의 영향력은 한국의 정치 및 경제 발전의 거의 모든 측면에 직접적으로 확장되었다. ……정부 구조, 전후의 교육 체계, 국내외 경제 관계 등의 윤곽을 가다듬은 것은 주로 미국이었다. 그리고 그 후로 미국의 영향력은 더욱 심화되어 교육과 연수 프로그램을 통해 미국은 특히 교육 부문, 관료, 군부 그리고 재계에서 핵심적인 집단의 태도와 능력을 만들어냈다.[8]

만일 미국이 남한에 민주적 가치와 체제의 이식을 원했다면, 미국은 경제 원조, 상호방위조약, 미군 배치 등처럼 민주화를 위해 행사할 수 있는 다양한 압력 수단을 갖고 있었다. 미국은 민주화를 추진하도록 남한 지도자들에게 지렛대를 더 잘 활용할 수 있었을 것이다.[9] 하지만 냉전이 심화되자 남한 정권의 성격은 미국에 중요하지 않았다. 미국에 가장 중요한 일은 공산주의와 투쟁하는 것이었고, 따라서 미국은 남한의 권위주의 정권을 마지못해 지지했다. 그 후 베트남의 공산화는 미국 정부를 이런 방향으로 더욱 부추겼다.[10]

따라서 미국의 정치적 수사와 정책에는 간극이 있었다. 트레이시 윌리엄스(Tracy Williams)에 따르면, 남한의 권위주의 정권을 지지한 미국의 결정은 안보와 민주주의 증진이라는 경쟁적인 이해관계의 간극에 대처한 결과물이다. 결국 미국은 민주화보다 안보와 안전에 우선순위를 두었고, 그 결과 미국의 정책은 남한에서 민주주의로의 이행을 1987년까지 지연시키는 데 중요한 역할을 했다.[11]

남한의 권위주의 정권과 미국의 정책

이승만의 세 번째 임기 말이 되자, 남한 국민은 이승만에 대해 점점 더 많은 불만을 갖기에 이르렀다. 하지만 그는 하야할 뜻이 전혀 없었다. 1960년 대통령 선거에서 이승만은 이길 가능성이 보이지 않았지만 출마했고, 거의 89퍼센트의 득표로 승리했다. 선거 결과는 내무부와 지역 경찰들이 자행한 대규모 부정에 의해 조작된 것이 명백했다.[12] 남한 전역에서 이승만의 하야를 요구하는 시위가 일어났다. 이를 진압하려는 그의 시도에도 불구하고 시위 군중의 규모는 커져갔고 위기가 어른거렸다. 이승만은 과거 행적 때문에 이미 미국 관리들의 적대감을 얻었고,[13] 한 연구에 따르면 "그들은 이승만에 대해 질려버렸다".[14] 월터 매카너기(Walter McConaughy) 주한 미국 대사의 충고와 남한 각료들의 설득으로 이승만은 1960년 4월 26일 하야해 하와이로

망명을 떠났고, 그곳에서 1965년 90세의 나이로 사망할 때까지 머물렀다.[15]

부패와 권력 남용은 이승만 정부의 심각한 문제였다. 그 결과, 이승만의 하야는 대통령제에서 의회 민주주의로 정부 구조의 변화를 촉발했다. 새로운 제도에 의거한 첫 선거가 1960년 7월에 치러졌다. 민주당이 선거에서 승리해 장면이 총리가 되었다. 장면은 서둘러 행정부의 역할을 축소하고 국회의 권한을 강화했다. 초기부터 장면은 극단적인 정치 파벌과 계속 대규모 시위를 벌이면서 정치 문제에 여전히 몰두하는 학생 운동 등 많은 문제에 부닥쳤다. 권한이 축소된 행정부는 남한이 직면한 경제적·정치적 문제에 대처할 수 없었다.[16] 장면은 또한 대한민국 언론의 지지를 받지 못했으며, 지도력이 부족하다고 심심찮게 비판받았다. 그에 따라 장면과 그의 정부가 남한을 정치적·경제적 난국에서 구출해야 할 과업을 감당할 수 있을지에 대한 우려가 한국인들 사이에서 커져갔다.[17]

미국 당국은 처음에 이승만의 하야에 환호했고, 그들이 기대한 변화가 장면 정부에서 곧 이루어질 것으로 믿었다. 하지만 몇 주가 지나자 정부는 안정적이지 못하고, 경제는 계속 허우적거리고 있는 게 명백해졌다. 장면 자신은 정직했고 이승만 통치 아래서 일어나던 수준의 부패가 계속되지는 않았다. 하지만 필요한 경제적·정치적 개혁을 수행해낼 그의 지도력과 능력을 많은 사람이 의심하기 시작했다.[18] 브라진스키(G. Brazinsky)는 이런 상황을 다음과 같이 잘 표현했다. "이와 같은 우려에도 불구하고 케네디 행정부의 각료들은 미국과 긴밀한 협조 관계를 유지하고, 특히 민주적 절차에 따라 선출된 장면 정부를 버려야 할 필요성을 느끼지 못했다. 다만 장면보다 장래성이 밝은 대안이 생긴다면 굳이 그를 고집할 이유는 없다고 생각했다."[19]

1961년 5월 16일, 박정희 소장이 군사 쿠데타로 정권을 잡았을 때, 대안이 나타났다. 1년이 넘는 동안 혼란스럽고 비효율적인 민간 정부의 통치 후에 이제 혼돈을 끝내야 할 때가 되었다고 쿠데타를 일으킨 장교들은 믿었다. 그들은 또한 재계와 정부에 여전히 만연한 부패, 나라를 경제적 난국에서 끌어내는 데 큰 진전을 보여주지 못한 민간 지도자들의 무능을 우려했다. 민간 정부는 비효율적이었고 변화의 징후를 별로 보여주지 못했다. 헨더슨(G. Henderson)은 쿠데타 지도자들이 "문민정치를 혐오하는 메시아적이고 자기중심적인 애국주의 신봉자들이며, 직접적이고 극단적인 행동만이 세상을 개혁할 수 있다고 믿고 있었다"고 지적했다.[20] 박정희는 쿠데타가 민주주의와 경제 발전을 가져와 "국가를 재건하고 자주 경제를 수립"할 수 있는 "군사혁명"이라고 선언했다.[21]

미국은 처음에는 박정희가 이끄는 군사 정권을 지지하길 망설였다.[22] 브라진스키에 따르면, 미국은 남한에 막대한 영향력을 갖고 있었기 때문에 원하기만 했다면 박정희를 상당히 약화시킬 수 있었다. 그러나 미국 지도자들은 두 가지 이유로 박정희와 협력하기로 선택했다. 첫째, 미국은 장면 정부 기간 동안 한국 정부의 허약함과 비효율성에서 비롯된 남한의 안정과 안보는 물론 미국이 처한 입장을 우려했다.[23] 둘째, 미국은 새 정부의 경제 발전 목표를 환영했다.[24]

미국은 처음에는 망설였지만 결국 질서를 회복하고 나라를 안정시키려는 박정희의 노력에 만족했다. 1961년 11월 초, 박정희와 케네디가 워싱턴에서 회동했다. 박정희의 미국 방문은 그의 통치에 대한 미국의 지지와 정당성을 인정하는 중요한 징표였다.[25] 새뮤얼 버거(Samuel Berger) 주한 미국 대사는 1961년 12월 군사 정권이 "진정한 개혁을 이루기 위해 결의에 찬, 유능하고 역동적이고 헌신적인 사람들의 집단으로서 입지를 다졌다"고 언급했다.[26]

미국은 경제를 활성화하려는 박정희의 조처에 만족했지만, 정치적 자유화는 또 다른 문제였다. 박정희는 통제를 강화하기 위해 계엄령을 선포하면서 국회를 해산하고 많은 정치인의 정치 활동을 금지했다. 미국은 특히 나라를 안정시킨 후 군대로 복귀할 것이라고 박정희가 선언했기 때문에 군사 정권의 계속적인 지배를 바라지 않았다. 미국의 강력한 압력으로 박정희는 헌법을 개정해 단원제 입법부와 대통령제를 채택했다. 그는 권력을 장악하면서 군사 정부를 이끌기 위해 만든 조직인 국가재건최고회의에서 사퇴하고 민간인으로 대통령 선거에 출마했다. 남한 1년 예산의 거의 절반과 방위비의 약 70퍼센트를 미국이 제공하는 상황에서 박정희는 미국의 압력을 무시할 수 없었다.[27] 1963년 비교적 공정한 선거에서 간발의 차이로 박정희가 대통령으로 선출된 후, 권위주의적 군사 정권이 등장할 가능성에 대한 미국의 초기 우려는 증발해버린 것처럼 보였다.[28]

박정희는 쿠데타로 집권하고 군사 정권을 통해 권위주의자처럼 통치를 시작했지만, 대통령으로 선출된 후에는 그렇게 가혹하게 통치하지는 않았다. 시간이 지나면서 그는 반대를 허용하고 언론에 대한 제재를 완화했다. 하지만 두 번째 임기 말이 다가오자 권위주의 성향으로 회귀했고, 자신의 입지를 다지기 위해 헌법을 개정해서 대통령

중임제 제한을 철폐했다. 세 번째 임기를 위한 선거에서 간신히 김대중을 물리친 그는 1972년 다시 한 번 헌법을 개정했다. 새로이 개정된 유신헌법은 대통령의 권한을 크게 확대했다. 아울러 임기 제한을 모두 없애고, 선거 제도를 변경해 박정희가 종신 집권할 수 있게 만들었다. 박정희가 권위주의 통치로 회귀한 것은 반대가 늘어나고 야당 지도자인 김대중과 김영삼의 인기가 높아지는 것에 대한 우려 때문이었다. 박정희는 또한 조선, 화학, 철강, 자동차 같은 새로운 분야로 진출하기 위해서는 경제를 더욱 강력하게 통제할 필요가 있다고 믿었다. 그의 우려는 또한 닉슨 독트린이나 미국과 중화인민공화국의 화해처럼 한미동맹에 불길한 징조로 여겨지는 상황에 뿌리를 두고 있었다.[29]

미국이 대한민국의 정치에 직접 개입하는 것을 삼가는 동안 미국과 대한민국은 안정적인 관계를 유지했다. 그러나 이 모든 것은 1977년 지미 카터가 집권하자 바뀌었다. 카터는 외교 정책에서 인권 향상을 도모했고, 박정희 정부의 인권 상황에 불만을 표시했다. 카터는 1978년 국정 연설에서 다음과 같이 말했다.

> 우리는 외교 정책에서 도덕적 기초를 회복했다. 국가로서 우리 정체성의 핵심은 인권에 대한 우리의 확고한 신념이다. ……이것은 우리의 국내 정책에 적용된다. 또한 이것은 우리의 외교 정책에도 적용된다. 인권을 지지함에 있어 미국의 태도가 확고하다는 것을 세계는 알아야 할 것이다.[30]

인권에 역점을 둔 카터 행정부는 한미 관계를 긴장시켰다. 그러나 미국은 박정희가 안보와 안정을 보존할 것이라고 계속 기대했기 때문에 남한을 크게 압박하려 하지는 않았다. 그에 따라 인권은 사적으로 토론하는 쟁점이 되었다.[31] 리처드 홀브룩(Richard Holbrooke) 국무부 차관보는 1979년 의회 청문회에서 다음과 같이 말했다.

> 〔인권은〕 우리와 한국인들 사이에 항상 사적인 토론의 문제였다. 나는 인권을 공개적으로 자세히 토론하는 것이 적절하다고 믿지 않는다. 지금의 상황은 본질적으로 정체되어 있는 것으로 보인다고 말하고 싶다. ……허락한다면, 다시 한 번 말하지만, 이런 측면의 토론은 비공개적으로 계속하는 것을 나는 선호한다. 이것이 그 문제에 대해 내가 말할 수 있는 전부다.[32]

이는 이른바 침묵 외교, 즉 카터 행정부가 남한에 일정한 수준의 압력을 유지하되 공개적인 비판으로 박정희 정부를 위태롭게 만들지는 않는 방법의 시작이었다.

박정희 정부는 경제 성장에 성공했지만, 대중은 박정희의 권위주의 통치에 점점 더 불만을 품게 되었다. 1970년대 말이 되자 전국에서 시위가 일어나 민주주의를 요구했다. 시간이 지나면서 시위는 횟수와 규모가 늘어났고 박정희는 야당과 정치적 타협을 모색할지, 아니면 시위대를 탄압할지 결단해야 했다. 미국의 경고에도 불구하고 박정희는 시위를 억압하고 더 나아가 야당을 격분시켰다. 1979년 10월 26일의 전략 회의에서 박정희와 그의 측근들이 선택지를 논의하던 가운데 논쟁이 촉발되었다. 순간적 열기에 휩싸인 중앙정보부장 김재규는 탁자에서 일어나 권총을 뽑아들고 근거리에서 박정희에게 총격을 가했다. 이로써 박정희의 18년 통치는 종말을 고했다.

박정희 암살은 나라를 뒤흔들었고, 미국 관계자들은 이 사건이 안보와 한미동맹의 안정성에 미칠 영향을 우려했다. 특히 북한이 정치적 혼란에 편승하려 할 수도 있다는 점을 걱정했다. 최규하 총리는 대통령 권한대행이 되어 신속하게 계엄령을 선포했다. 1979년 12월 최규하가 대통령으로 선출되었고, 남한은 또 한 번 민주주의의 기회를 맞은 것처럼 보였다. 하지만 1979년 12월 12일 전두환 중장이 한 학자가 "다단계 군사 쿠데타"로 명명하고 한국인들은 '12.12 사태'라고 부르는 일을 시작했을 때 희망은 산산조각 났다.[33]

전두환의 정권 탈취는 군부 내에서의 반란과 정승화 육군참모총장의 체포로 시작되었다. 그리고 뒤이어 국방부와 육군본부를 장악했다. 전두환은 또한 많은 언론매체를 폐쇄했다. 다음 해 4월 전두환은 중앙정보부를 비롯해 대한민국 정부의 다른 기관들을 통제하는 데 착수했다. 이러한 조치에 반대하는 대규모 시위가 일어나자 전두환은 최규하 대통령을 압박해서 전국으로 계엄령을 확대해 학생 시위와 정치 활동을 억압하고, 대학교에 휴교령을 내리고, 국회를 해산하고, 남한의 주요 야당 인사인 김영삼·김대중·김종필을 체포하는 것으로 대응했다. 쿠데타와 대규모 시위로 국가의 안전이 심각한 위험에 처하게 되었다. 하지만 미국은 민주주의에 대한 지지와 대한민국의 안전에 대한 우려 사이에서 확실한 태도를 취하지 않고 있었다. 미국 정부는 전두환의 탄압을 규탄하는 한편 남한의 안보에 대한 공약을 재확인하기도 했다.[34]

전두환의 조치로 남한 대부분의 지역에서 반대가 줄어들었지만, 광주에서는 시위가 계속되었다. 광주 시위대의 진압을 몇 번 시도한 다음, 전두환은 대한민국 군대 2만 명을 보내 반대를 분쇄하고 광주를 탈환했다. 전두환은 자신의 통치에 대한 도전을 허용할 수 없었다. 광주의 학생과 시민은 그들이 가진 소형 화기로 끝까지 저항했지만 이러한 무력시위에 상대가 되지 않았다. 남한판 천안문 사태인 '광주 학살'의 사망자 추정치는 정부의 계산에 따르면 처음에 200명이었지만, 차후 보고서는 2000명이 넘는다고 기록했다.[35] 전두환은 이런 행동 때문에 남한 사회의 많은 계층에서 혐오스러운 인물로 남았다.

전두환의 쿠데타와 뒤이은 광주에서의 폭력 행사는 미국과 한미동맹에 심각한 딜레마를 야기했고, 이를 다루는 것은 남한의 많은 사람들에게 여전히 민감한 문제로 남아 있다. 전두환이 권력을 잡았을 때 미국 관리들은 동요했고, 자신들이 매우 난감한 상황에 처했다고 믿으며 적절한 대응을 확신하지 못했다. 경제 제재를 고려했지만, 그럴 경우 대한민국의 경제에 손상을 입힐까봐 우려했다. 강력한 정치적 성명이나 예정된 국방장관 회의의 취소는 대한민국의 안보를 해치거나, 1년 전 아야톨라 호메이니(Ayatollah Khomeini) 치하의 이란에서 발생했던 것과 유사한 반미 정권을 초래할 수도 있었다.[36] 위기 초기에 카터 행정부는 북한이 혼란에 편승하지 못하도록 조치를 취하고, 전두환이 행동을 자제하길 기대했다. 하지만 전두환이 권력 장악을 강화하고 시위가 격화되자, 미국 지도자들은 힘든 선택에 직면했다. 브라진스키가 주장한 대로 "그들은 한국에서 점진적으로 정치적 자유화를 이루겠다는 목표를 포기하거나, 혹은 안보를 위험에 빠뜨리는 도박을 하면서까지 민주주의를 주장하는 시위대를 후원하는

것이었다".[37]

마침내 미국은 새 정권을 민주화의 길로 가라고 압박하기보다는 안보와 질서를 선택했다. 하지만 미국 관리들은 또한 전두환에게 시위대를 다룰 때 과격한 폭력은 사용하지 말 것을 여러 번에 걸쳐 경고했다. 불행하게도 전두환은 조심스럽고 미묘한 미국의 반응을 자신에 대한 지지로 해석하고 반대파를 탄압하는 작업을 계속 진행했다.[38]

광주 항쟁에서 미국의 역할은 불분명하다. 윌리엄 글라이스틴(William Gleysteen) 전 주한 미국 대사는 미국이 군사력 사용을 승인하지 않았으며, 그 결과에 놀랐다고 주장한다.[39] 반대로 팀 셔록(Tim Shorrock) 기자는 미국이 시위대에 대한 군사력 사용을 승인했다고 주장한다. 셔록에 따르면, 미국 정부는 한반도의 안보와 안정을 위해 남한의 인권과 민주주의를 희생시켰다.[40] 한국인들 또한 전두환의 광주 시위대 진압에 미국이 동조했다고 여긴다. 대한민국 정부가 정예 20사단을 광주에 투입하려면, 전시에 작동하는 한미연합군사령부에 통보해야 한다. 부대가 이동하기 며칠 전 대한민국 관계자들은 20사단을 비무장 지대에서 광주로 이동시킨다고 통지했다. 고지는 5월 16일 발송되었다. 하지만 한미연합군사령관 존 위컴(John Wickham) 장군은 당시 워싱턴에 머무르고 있어 한국인 부사령관이 고지를 수령했다.[41] 한미연합군사령부 규약에 의하면 대한민국 군대가 한미연합군사령부에 통보할 것만 요구하기 때문에 미군은 군대의 이동을 거부할 권한이 없고, 남한은 군대 이동에 대한 승인을 요청하지도 받지도 않았다. 전두환의 권력 장악을 지지하는 부대들의 이동을 통지하지 않았던 1979년 12월의 전두환 반란 때와 달리 20사단의 이동은 한미연합

군사령부의 규정을 어긴 것은 아니었다.

사건이 발생하자, 미국 관리들은 선택지가 별로 없다고 믿었다. 그래서 전두환의 행보를 인정하는 것처럼 보였지만 그걸 승인하지는 않았다. 훗날 위컴 장군은 당시 상황을 다음과 같이 묘사했다.

> 미국의 임무는 진퇴양난에 빠졌다. 왜냐하면 우리의 기본 목표는 대한민국을 침략에서 보호하는 것이기 때문이었다. 우리는 대한민국 정치 조직의 현실을 그 모든 결함과 함께 받아들여야 했고, 우리가 할 수 있는 한 최대의 협력을 해야 했다. 우리의 안보 공약 때문에, 그리고 한국인 특히 군부가 국내 문제에 대한 미국의 개입을 점점 더 받아들이지 않기 때문에 우리의 지렛대 역할은 제한되었다.[42]

하지만 글라이스틴이 리처드 홀브룩에게 보낸 전보는 이 사건에서 미국의 역할을 어렴풋이 지적한다.

> 만약 절대적으로 필요하다면 군대를 동원해서라도 경찰력을 강화해 법과 질서를 유지하려는 한국 정부의 긴급 조치 계획을 미국 정부가 반대한다는 것을 우리는 〔전두환이나 청와대 관계자들과의〕 토론에서 어떤 식으로든 시사하지 않을 것이다. 만일 우리가 이 점에 대한 불만을 시사하게 된다면, 우리는 민간 및 군부 지도자들 내에 있는 우리의 모든 친구를 잃어버리게 될 것이라고 나는 믿는다.[43]

따라서 미국은 군사력 사용을 승인하지 않았지만, 글라이스틴의 전보가 지적하는 것처럼 미국 정부는 어떠한 반대 표명도 조심해야 할 필요가 있다고 믿었다. 그리고 광주 시위를 탄압하기 위해 "절대적으로 필요하다면" 군사력을 사용하겠다는 전두환의 결정에 반대하지 않았다. 대한민국 국군의 작전 통제권이 한미연합군사령부에 속해 있고 전두환이 20사단을 광주에 투입했다는 사실로 인해, 대학생을 비롯한 많은 한국인은 광주의 시위를 진압하기 위해 군사력을 사용한 전두환의 결정을 미국이 지지했다고 믿었다. 이러한 믿음은 남한에서 반미주의의 원천이 되어 한미동맹 관계에서 심각한 문제로 주기적으로 부상하곤 한다. 하지만 미국 지도자들은 그들이 어려운 상황 속에서 할 수 있는 한 최선을 다했다고 믿었다.

여하튼 남한은 민주주의 국가가 될 수 있는 또 한 번의 기회를 잃었다. 미국 정부는 또다시 정치적 자유화를 증진시키기보다 안보의 편에 섰고, 전두환의 행동을 묵인했다. 냉전의 성격으로 인해 미국은 남한에서 민주주의를 증진시키는 것보다 안정을 유지하는 데 관심이 더 많았다.[44] 강력한 인권 옹호자인 카터 대통령조차 훗날 이런 경우에 "인권 쟁점은 안보 우려에 종속될 수밖에 없었다"고 인정했다.[45]

안보와 지역 안정뿐만 아니라 다른 이유도 광주 항쟁과 관련한 미국의 결정에 영향을 미쳤다. 1978년 이란에서 이슬람 혁명이 일어나 미국의 견고한 동맹이던 샤(Shah)를 몰락시켰다. 샤의 퇴위와 함께 이란은 격렬한 반미 국가가 되었다.[46] 이란을 경험한 후, 미국은 전두환에 반대할 경우 남한이 또 다른 이란이 될까봐 두려워했다.[47] 그 결과, 카터는 마이클 레딘(Michael Ledeen)과 윌리엄 루이스(William Lewis)의 다음과 같은 제안을 따랐다.

> 미국은 우방국들이—그리고 다른 국가들도—민주주의로 나아가길 바라고, 미국인은 기회가 왔을 때 이런 목표를 위해 상당한 압력을 행사할 준비가 되어 있어야 할 것이다. 그러나 미국이 독재자와의 생산적인 동맹과 타국 정부를 위태롭게 함으로써 초래되는 안보의 손실 사이에서 선택에 직면한다면, 전자를 그에 수반된 모든 불편과 함께 일시적으로 받아들일 만큼 충분한 분별력을 갖춰야 할 것이다.[48]

카터 대통령은 1981년 국정 연설에서 이를 확인하며 "〔우리는〕 한국과의 동맹을 유지했고, 어려운 정치적 이행기 동안 한국의 안보를 확보하는 데 기여했다"고 언급했다.[49]

한미 관계는 카터 행정부 기간 동안 껄끄러웠지만 로널드 레이건(Ronald Reagan)이 취임하자 신속히 개선되었다. 우호적 관계를 회복하기 위해 레이건 대통령은 취임 후 첫 정상 회담을 전두환과 가졌고, 남한에 대한 미국의 군사 원조를 확대했다. 레이건이 백악관으로 초대함으로써 전두환의 위상은 올라갔고, 전두환의 인권 탄압에도 불구하고 한미동맹의 중요성을 재확인했다. 레이건의 외교 정책은 군사력과 동맹을 강화해 공산주의와 투쟁하는 데 중점을 두었기 때문에, 남한의 민주화는 그의 정책 우선순위에 들어 있지 않았다. 따라서 레이건 행정부 또한 공개적으로 남한을 비난하는 대신 사적으로 민주주의와 자유화에 대한 압박을 행사하는 '침묵 외교'를 추구했다.[50] 레이건 행정부의 국무장관 조지 슐츠(George Shultz)의 말에 의하면, 남한은 "확고한 동맹국이고 공산주의에 저항하는 굳건한 상징"이라는 견해를 갖고 미국은 남한의 권위주의 정부와 인권 탄압을 주시하지 않았다.[51]

이에 따라 레이건은 전두환 정부의 항시적 인권 탄압에 대한 국무부의 보고서를 무시한 채 한미동맹의 안보 차원을 개선하려 했다.[52]

데이비드 칼리너(David Carliner) 국제인권법 그룹(International Human Rights Law Group) 의장은 1983년 의회 청문회에서 레이건 행정부의 외교 정책 우선순위를 다음과 같이 증언했다.

> 이 행정부가 인권을 여전히 의제로 상정하고 있다고 밝히고 있지만 …… 또 몇 가지 긍정적인 조치를 취했다 하더라도, 일반적으로 레이건 행정부가 인권을 심각하게 여긴다는 것을 어느 누구에게도 납득시키지 못했다고 나는 결론 내릴 수밖에 없다. ……〔이 정부에서는〕 공산주의를 가장 심각한 인권 침해로 간주하고 있으므로, 공산주의를 막기 위해 또 다른 남용은 용인될 것이다.[53]

따라서 레이건 행정부에서 민주주의 증진은 냉전의 현실을 감안하면 추구하기 어려웠다.

민주주의로의 이행

전두환은 권력을 장악한 다음, 여당에 유리하고 여당이 지명하기만 하면 당선되는 절차인 기존의 선거인단 제도를 통해 1980년 8월 11대 대통령으로 선출되었다. 그래도 지지를 획득하기 위해서 그는 헌법을 개정해 대통령의 임기를 7년 단임으로 제한했다. 선거인단 규모는 2540명의 대의원에서 5278명으로 늘어났다. 1982년 2월, 남한에서 새로운 제도 아래 또다시 선거가 치러져 전두환은 대한민국의 12대 대통령으로 선출되었다. 대부분의 한국인은 이승만과 박정희로 인해 겪은 과거 경험 때문에 한 번의 임기만 채울 것이라는 전두환의 약속에 회의적이었다. 민주주의에 대한 요구는 계속되었고, 전두환은 임기 내내 민주주의 운동을 탄압했다. 또한 대중의 관심을 정치에서 돌리기 위해 1981년 컬러 TV 방송, 1982년 프로 야구를 도입했다. 그러나 정치적 자유화에 대한 열망은 여전했다.

1986년 봄, 전두환이 임기 6년을 채울 즈음 필리핀의 권위주의적 지도자 페르디난드 마르코스(Ferdinand Marcos)가 권좌에서 몰락했다. 이런 소식과 함께 남한에서는 민주주의에 대한 요구가 극적으로 거세졌다. 특히 야당 지도자들은 전두환이 직접 고른 후계자한테 유리한 선거 제도를 종식시키기 위해 선거 제도의 개혁과 헌법 개정을 요구했다. 전두환 정부는 헌법개정특별위원회를 구성해 야당과 협상했다. 하지만 협상은 4개월을 끌고서도 합의에 이르지 못했다.

필요한 모든 개정을 1987년 12월 선거 이전에 마무리할 시간이 충분하지 않았기 때문에 1987년 4월 13일 전두환은 대화 중단을 선언했다. 그러면서 새 대통령을 현재의 제도에 따라 선출하고, 1988년 서울 올림픽이 끝난 뒤 심의를 계속하자고 제안했다. 전두환의 발표에 시민들은 분노했고, 시위는 격화되었다. 전두환은 1979년의 박정희와 똑같은 상황에 직면했다. 군대를 동원해 시위를 진압할 것인가, 아니면 반대파에게 양보해서 정치 개혁을 진척시킬 것인가.

첫 번째 선택지는 두 가지 이유로 실행 가능성이 적었다. 첫째, 전두환은 무력을 사용해 반대파를 억압하고 난 뒤의 후유증을 우려했다. 광주 학살 후 일어난 여론의 분노와 박정희 정권이 어떻게 몰락했는지를 알고 있는 전두환은 무력 사용을 주저했다. 둘째, 전두환을 포함해 남한의 모든 사람은 1988년 서울 올림픽의 성공적 개최를 기원했다. 올림픽은 남한의 괄목할 만한 경제 발전 스토리를 전 세계에 보여주는 전시장이 될 것이기 때문이었다. 전두환은 무력 진압이 국제 여론에 미칠 부정적 여파와 그것이 올림픽에 끼칠 영향을 두려워했다.[54]

1987년 6월 29일, 전두환이 직접 고른 후계자이자 그의 육군사관학교 동기인 노태우는 대통령 직선제를 포함해 야당의 요구를 수용할 것이라는 이른바 6.29 선언을 발표해 나라를 뒤흔들었다. 노태우는 이 선언이 자신의 독단적 행동이라고 시사했지만, 전두환이 이러한 결정을 내렸다는 것이 나중에 알려졌다. 이런 조치 뒤에 숨겨진 근본적 이유는 야당 지도자인 김영삼과 김대중이 모두 대통령 선거에 출마해서 후보 단일화가 불가능할 것이라는 예상에 있었다. 만일 두 사람 모두 출마한다면 야당 표는 갈릴 테고, 그럴 경우 노태우는 승자가 될 것이었다. 노태우는 자신이 민주주의와 정치적 자유의 신봉자로 여겨지도록 6.29 선언을 발표했고, 그러한 결정은 자신이 한 것이라고 주장했다. 김영삼과 김대중 모두 다가오는 대통령 선거에 확실히 출마할 수 있도록 전두환은 경선에 앞서 김대중을 사면했다.[55]

미국도 이러한 변환 과정에서 이번에는 강력하고 공개적인 민주화 지지자로서 중요한 역할을 했다. 남한의 민주주의와 인권에 대한 미국의 과거 접근법, 곧 침묵 외교를 고려할 때 미국의 정책에서 이러한 공개적 압력은 놀랍고도 주요한 변화였다. 더욱이 몇몇 의원들은 레이건 행정부의 과거 접근법을 비판하고 다른 나라들에서 추구하는 민주화에 미국이 더 많은 역할을 할 것을 촉구했다.[56] 예를 들어 1987년 에드워드 케네디(Edward Kennedy) 상원의원은 이렇게 밝혔다. "레이건 행정부는 민주주의를 위한 다른 나라들의 투쟁을 경시하는 태도를 보여왔다. 우리는 유감스럽게도 이 행정부의 그러한 침묵 외교가 무대책 외교를 의미한다는 걸 의회에서 후회하면서 배웠다."[57]

1987년 2월, 개스턴 시거(Gaston Sigur) 미국 국무부 차관보는 기자회견에서, 민주화를 위해 전두환에게 압력을 가하려는 미국 행정부의 의도를 명확하게 밝혔다. 〈워싱턴 포스트〉에 따르면,

> 한국의 정치적 상황에 대한 미국의 우려와 미국의 대한 정책은 지난 2주간에 걸친 시위로 점점 더 분명해지고 뚜렷해져 시거의 기자 회견에서 한층 더 고조되었다. ……시거는 전두환 정부가 새롭고 중요한 민주화 조치를 취해야 한다고 주장하면서, 그것이 어떤 조치들이어야 하는지를 거의 특정하다시피 했다. 매우 가시적이면서도 상징적이고 공개적인 방식으로 말이다.[58]

더 나아가 레이건 대통령은 6월 19일 전두환에게 개인 서한을 보내 소요에 대처함에 있어 군사력을 사용하지 말 것을 당부했다. 사흘 뒤, 미국 국무부는 계엄령 반대를 공개적으로 밝혔다.[59] 이러한 미국의 조치가 전두환에게 상당한 압력으로 작용해 야당 세력과 협상하게끔 만들었다. 따라서 1987년 미국은 남한의 성공적인 민주화에 결정

적 역할을 했다고 트레이시 윌리엄스는 주장한다. 윌리엄스에 따르면 남한의 1980년과 1987년 상황은 기본적으로 크게 다르지 않았지만, 민주화가 1980년에는 실패했고 1987년에는 성공했다. 분명한 차이는 미국의 역할이었다. 미국은 1980년에는 전두환의 군사력 사용을 반대하지 않은 반면, 1987년에는 군사적 진압과 계엄령에 대한 반대를 확실하게 표명했다.[60]

반면, 윌리엄 스투익(William Stueck)은 1987년 남한의 민주화에서 미국의 역할은 부차적인 것이었다고 주장한다.[61] 허와 윤 또한 경제 발전에 따른 국내 조건의 개선이 남한의 민주화에 주요한 역할을 했다고 주장한다. 허와 윤에 따르면, 1980년과 1987년의 기본적 환경은 세 가지 이유로 달랐다. 첫째, 대학생 박종철이 경찰 조사 도중 고문을 당하고 살해되었다는 사실이 알려지자, 대학생들과 함께 온건한 지식인과 중산층 시민들이 1987년의 시위에 참여했다. 둘째, 1988년 올림픽 때문에 전두환 정부는 국제 여론과 외국의 언론 보도를 우려했다. 셋째, 1980년은 전두환이 군사 쿠데타로 막 집권한 때였지만, 1987년에는 그의 임기가 끝나가고 있어 야당의 요구에 응하기가 한층 용이했다.[62] 논쟁은 아직도 진행 중이지만, 미국은 남한의 민주화에 유의미한 역할을 수행했다.

무엇이 침묵 외교 정책에서 적극적 설득 정책으로 미국의 변화를 이끌어냈을까? 1986년에 소련의 위협은 그 이전보다 훨씬 덜했다. 정권을 잡은 고르바초프가 소련을 개혁하는 중이었고, 냉전은 잦아들고 있었다. 국제 정치 환경의 이러한 변화로 미국은 반공주의보다 민주화에 역점을 둘 수 있었다. 더욱이 미국은 필리핀의 민주화에 중요한 역할을 했고, 이러한 경험은 남한의 민주화를 추동하는 미국의 자신감을 부추겼다. 미국 언론과 미국인의 강력한 압력도 레이건 행정부가 외국에서 좀더 공격적으로 민주화를 추구하도록 박차를 가했다. 그에 따라 레이건 행정부는 1987년 남한에서 민주주의를 촉진하는 데 적극적인 역할을 수행했다.[63]

남한의 민주화와 한미 관계

1987년 12월 16일, 노태우는 과거의 선거인단 대신 직접 국민투표로 대통령에 선출되었다. 민주주의로의 이행은 여러 방식으로 한미 관계에 중요한 영향을 미쳤다. 대한민국 경제의 성공 스토리는 미국이 안보 공약을 위해 수십 년간 남한에 제공한 자원이 그만한 가치가 있었음을 미국 관리들에게 증명하는 것이었다. 1982년 조지 H. W. 부시 부통령은 대한민국 국회 연설에서 "이러한 경제적 성공을 가져온 여러분의 노력과 투지는 여러분의 자유가 지속되도록 돕고자 하는 미국의 결정이 유효하다는 것을 세계인들에게 입증했다"고 선언했다.[64] 더욱이 남한은 미국이 구축한 세계 경제 체제 안에서 발전했다.

두 동맹국이 동일한 경제 체제로 작동했지만, 정치와 정부는 또 다른 문제였다. 남한의 권위주의 정권을 지지한 미국은 항상 불편해하면서도 정치적 변화의 추진보다는 안정의 유지를 선택했었다. 남한의 민주화로 마침내 두 동맹국은 정치적으로도 정렬되었다. 1992년 서울을 방문한 부시 대통령은 "대한민국은 특히 1987년의 중대한 사건을 겪은 후 민주주의를 강력하게 옹호해왔"으며 "한국 국민은 자유의 길이 아시아에서 미래의 길이라는 것을 증명할 것이다. 국민의 자유를 바탕으로 번영을 건설한 국가들은 다른 대안이 없다는 것을 안다"라고 선언했다.[65] 민주화는 한미동맹의 중요한 정치적 기초를 다지는 데 기여했고, 한국과 미국 결속의 장기적 지속 가능성을 방해하는 장애물을 제거했다.

하지만 민주화는 또한 한미동맹에서 생겨나는 마찰의 원천이 되기도 했다. 가장 중요하면서 가장 일찍 나타난 마찰 중 하나는 민주화에 수반된 반미 감정의 등장이었다. 미군이 강간이나 살인 같은 범죄를 저지르는 비교적 드문 경우를 제외하면 1980년대까지 남한에서 반미주의는 거의 없었다.[66] 그러나 광주 학살과 민주주의로의 이행 후 반미주의는 급격히 증가했다.[67] 민주주의로의 이행 후 반미주의의 등장은 세 가지 이유로 설명할 수 있다. 첫 번째 이유는 민주주의의 속성 때문이다. 민주주의는 표현과 언론의 자유를 허용하기 때문에 대중과 언론이 좀더 용이하게 반미주의를 표현할 수 있게 되었다. 민주화 이전의 과거 권위주의 정부는 반정부 및 반미 감정을 억압했지만, 민주주의에서는 이런 감정을 억누르기가 더욱 어려워졌다.[68] 게다가 대한민국의 일부 정치인은 정치적 목적을 위해 반미주의를 부채질하고 이용했다.

두 번째 이유는 선거와 정치 엘리트의 변화 때문이다. 민주화 이후 노태우나 김영삼처럼 보수적인 지도자가 대통령으로 선출되었지만, 1997년에는 진보적인 야당으로 권력이 넘어갔다. 새 지도자들은 보수적인 전임자들과는 다른 정책적 입장을 견지했고, 국익 또한 다르게 해석했다. 그에 따라 대한민국 지도자들은 미국의 정책에 기꺼이 역행하기도 했고, 이것이 한미동맹에 마찰을 초래하면서 반미주의를 가중시켰다.[69]

민주화 이전에 남한은 반공주의와 미국의 긴밀한 동맹국이라는 국가 정체성을 가졌다. 북한 공산주의의 위협 때문에 정부 정책의 최고 우선순위는 국가 안보였다. 상호방위조약과 함께 주한미군은 결정적 안전 보장을 제공했고, 한미동맹은 굳건했다. 남한은 미국의 작전을 지원하기 위해 베트남에 파병하는 등 국제 정치와 군사 영역에서 미국의 활동을 지원했다.[70]

하지만 김대중과 노무현 같은 진보적인 지도자들이 보수적인 전임자들과는 다른 관점과 정책적 입장을 갖고 민주화 이후 집권했다. 진보적 지도자들은 북한을 주적으로 여기지 않았다. 그 대신 그들은 남북 관계를 동포라는 관점에서 바라보았고, 북한을 이웃에 사는 가난한 사촌으로 간주했다. 그에 따라 진보적인 정부는 북한과 북한의 핵 프로그램에 대해 미국과는 다른 시각으로 접근했다. 예를 들면 2005년 8월 17일, 대한민국 통일부 장관 정동영은 한 인터넷 매체와의 인터뷰에서 북한의 핵 프로그램에 대해 "북한은 핵에너지를 농업, 의학 그리고 전력 생산 목적을 위해 평화적으로 사용할 권리를 가져야 한다"고 말했다.[71] 북한이 핵무기를 개발 중이라는 사실이 이미 알려진 상황이었기 때문에 그의 발언은 많은 이들을 놀라게 했다. 북한에 한층 유화적인 입장을 가진 김대중과 노무현은 포용 정책을 구사했고, 북한에 대규모 경제적 지원을 제공했다. 김대중의 '햇볕 정책'으로 시작해 노무현의 '평화 번영 정책'으로 이어지면서 그들은 북한

표 3.1 남한의 대북 지원(1만 미국달러)

	정부 차원		민간 차원		총계
	현금	현물	현금	현물	
김영삼 정부(1993~1998)		26,172	93,619	2,236	122,027
김대중 정부(1998~2003)		52,476	170,455	24,134	247,065
노무현 정부(2003~2008)	40	171,621	220,898	43,073	435,632
이명박 정부(2008~2013)		16,864	167,942	12,839	197,645
박근혜 정부(2013~2017)		5,985	25,494	2,248	33,727

출처: 강영수, "대북 송금액 논란에 통일부, 노무현 정부 때 대북 송금, 현물 제공 가장 많았다", 〈조선일보〉 (2017. 4. 27), http://news.chosun.com/site/data/html_dir/2017/04/27/2017042702942.html?Dep0=twitter&d=2017042702942.

에 대해 정치적·경제적 포용의 도모를 추구했다. 표 3.1은 민주화 이후 공식적인 정부 지원과 민간 기부를 포함한 남한의 대북 지원을 각 정부별로 보여준다. 진보적인 두 정부 기간 동안 68억 달러 이상을 북한에 원조로 제공했다.

클린턴 행정부는 진보적인 포용 정책을 지지했지만, 조지 W. 부시는 이러한 접근법에 강력히 반대했다. 부시의 이런 우려는 남한 지도자들에게도 잘 알려졌다.[72] 부시는 김정일을 신뢰하지 않았고, 핵 위기를 종식시키기 위해서는 북한의 정권 교체가 필요하다고 믿었다.[73] 부시 행정부는 북한에 대처하기 위해 진행 중인 강력한 제재와 더불어 선제공격도 고려했는데, 이는 남한 정부의 견해와는 배치되는 입장이었다. 대북 정책에 대한 남한과 미국의 차이는 양국에 심각한 우려를 제기했다. 남한은 미국의 잠재적인 군사 공격이 한반도에 전쟁을 불러올 수 있다고 두려워했으며, 부시 행정부는 북한을 포용하는 것은 실수라고 믿었다.

2004년 1월 5일 실시한 남한의 여론 조사에 따르면, 이러한 우려를 반영해 응답자의 39퍼센트가 미국이 남한의 가장 심각한 안보 위협이라고 생각한 반면, 33퍼센트는 북한을 가장 큰 위협으로 보았다. 응답자의 44퍼센트가 북한을 가장 큰 위협으로 간주한 반면, 단 1퍼센트만이 미국을 남한에 위협이라고 지적한 1993년의 한국갤럽 여론 조사를 고려하면, 2004년의 여론 조사는 미국에 대한 한국인의 현저한 인식 변화를 보여주었다.[74] 부시 행정부의 반대에도 불구하고 김대중과 노무현은 포용 정책을 계속 유지해 남북한의 신뢰 구축을 추구했다. 그 결과, 한미 두 정부의 관계는 긴장에 휩싸이고 반미주의가 급등했다.[75]

세 번째 이유는 여러 사건이 누적되면서 미국이 한국의 우려를 살피지 않고 주로 자국의 이익을 위해 행동한다고 한국인들이 믿게 되었다는 점이다. 근본적으로 한국을 일제에 양도한 1905년의 태프트-가스라조약, 제2차 세계대전 종전 시 미국의 한반도 분단 제안, 과거 권위주의 정권에 대한 지지를 비롯한 광주 학살에서 미국의 역할 등 과거 미국의 행태를 거슬러 올라가보면 한국인은 그때마다 미국에 환멸을 느끼곤 했다.[76] 이러한 인식이 반미주의의 기초를 놓는 데 일조했고, 반미주의는 불똥이 튀었을 때 거세게 타오를 수 있었다.

최근에도 반미주의의 급등을 초래한 불똥이 몇 번 있었다. 1999년 9월 29일, 〈AP 통신〉은 한국전쟁 동안 전투를 피해 도망친 사람들 사이에 북한 요원이 섞여 있다고 주장하는 잘못된 정보로 인해 미군이 어떻게 피난민들에게 발포를 했는지 보도했다. 기사는 남한 사람들을 분노케 했다. 2000년 4월 28일에는 한 미군이 한국 시민을 살해했다. 그러나 주한미군지위협정(Status of Forces Agreement, SOFA)에 따르면, 대한민국은 이 사건에 대한 사법권이 없었다. 사건은 한국인의 분노와 주한미군지위협정의 개정 요구에 불을 붙였다. 2000년 5월에는 매향리에 있는 미 공군 사격장에 대한 항의가 제기되었다. 전국 평균보다 월등히 높은 이 지역의 선천성 장애가 폭약에서 나온 중금속 오염 때문이라고 믿었기 때문이다. 그러나 주한미군은 주한미군지위협정을 근거로 질병에 걸린 사람들에 대한 보상을 거부했다. 2000년 7월, 녹색연합은 주한미군이 유해 화학물인 포름알데히드를 서울 시민의 상수도원인 한강에 무단 방류했다고 보고했다.[77] 〈내일신문〉이 2000년 8월 16일 발표한 여론 조사에 의하면, 응답자의 58.3퍼센트가 주한미군에 대해 부정적 인식을 갖고 있었다.[78]

2002년 14세 한국 소녀 2명이 훈련 중인 미군 장갑차에 사고로 치여 사망한 후 반미주의는 최고조에 달했다. 미군 법정에서 장갑차를 운전한 미군들이 무죄로 석방되자 많은 한국인이 또다시 주한미군지위협정의 개정을 요구하며 항의했다.

2004년 남한은 부시 행정부의 요구에 따라 이라크에 군대를 파병했다. 2004년 6월 21일, 이라크에서 한국인 선교사 김선일이 테러 집단에 납치당했다. 납치범들은 이라크에서 한국군의 철수를 요구하며, 그렇지 않을 경우 김선일을 죽이겠다고 협박했다. 한국이 이를 거부하자 그는 처형당했고, 이 사건은 한국인들 사이에 이라크 전쟁 지원에 대한 많은 우려를 낳았다. 남한의 기여에도 불구하고 부시 대통령은 2004년 공화당 대통령 후보 지명 수락 연설 당시, 이라크에서 미국을 지원한 동맹국을 열거하면서 남한을 포함시키지 않았다. 남한이 미국과 영국에 이어 세 번째로 많은 군대를 파병했다는 점에서 부시의 누락은 한국인들을 분노케 했다.

이런 사건들과 반미주의의 주기적인 등장에도 불구하고 오늘날 반미 감정은 매우 낮다. 2015년의 한 여론 조사에 의하면, 남한 사람의 84퍼센트는 미국에 우호적인 견해를 갖고 있다. 2016년의 다른 여론 조사에서는 거의 90퍼센트가 한미동맹을 지지한다.[79] 하지만 2002년 단 34퍼센트만이 미국에 우호적인 견해를 보였다는 점을 고려하면, 미국에 대한 시각은 최근에 꽤 유동적이었다. 따라서 다양한 요인이 미국에 대한 한국인의 태도를 쉽사리 변경시킬 수 있고, 또한 반미주의의 확산을 초래할 수도 있다.

그림 3.1은 1965년부터 2015년까지 미국에 대한 한국인의 태도 변화를 보여준다.

그림 3.1 한국인의 대미 인식[80]

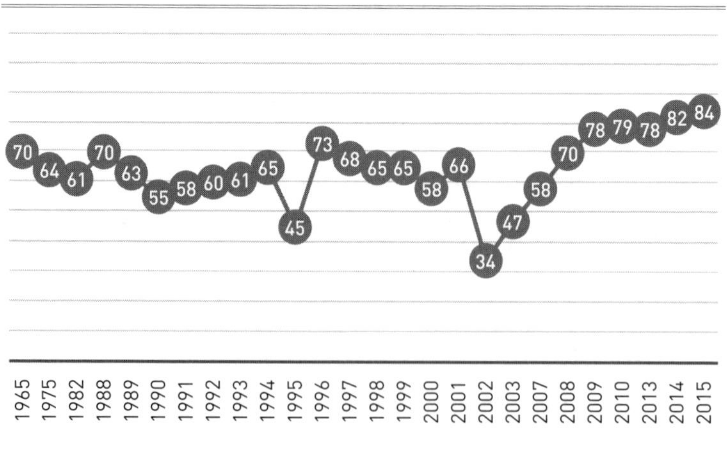

민주화가 한미 관계에 미친 또 다른 영향은 한미 양국의 대통령과 여당의 정치적 지향이 양국 관계에 끼치는 파급 효과다. 두 나라의 지도자가 유사한 정치 지향을 가졌을 때, 두 나라의 관계는 좋았다. 남한에 진보적인 지도자가 들어선 반면 미국의 대통령은 보수적일 때, 두 나라의 관계는 긴장되었다. 하지만 미국 대통령이 민주당 소속일 때, 양국 관계는 대한민국 대통령의 정치적 지향과 상관없이 좋았다. 이런 현상의 주된 이유는 남한의 자유주의적/진보적 정치인들이 종종 대북 포용 정책을 채택하기 때문이다. 미국 민주당 출신 대통령들은 대한민국의 정책적 선택을 존중하는 경향이 있지만, 공화당 출신 대통령들은 이런 접근법에 찬성하지 않는 경향이 있어 양국 간에 마찰을 일으키는 원인이 된다.[81] 예를 들면 김대중과 노무현이 대한민국 대통령이 되고 조지 W. 부시가 미국 대통령이 되었을 때, 한미 관계는 파란을 겪었다. 앞에서 언급했듯 김대중과 노무현은 대북 포용 정책을 선호한 반면, 부시는 강경 정책을 원했다.

양국 관계는 2008년 보수적인 이명박이 집권하자 재빨리 개선되었다. 이명박은 부시처럼 포용 정책에 회의적이었다. 북한은 남한으로부터 막대한 양의 원조를 받았음에도 불구하고 노무현 정부 시절 첫 번째 핵실험을 실시했다. 이명박은 강경한 접근법으로 전환해 한국과 미국의 상호 전략적·정치적 이해관계를 복원함으로써 미국과의 긴장된 관계를 개선하려 했다.[82] 이명박은 한미 관계의 복원이 정부의 최고 우선순위라고 발표했고, 2008년 4월 미국을 방문했다. 정상 회담에서 이명박과 부시는 한미동맹을 21세기를 위한 전략적 동맹으로 격상시키고, 안보를 넘어 협력을 확대하기로 합의했다. 두 지도자는 한반도는 물론 아시아-태평양 지역에서 평화와 안정을 제공함에 있어 동맹의 격상이 두 나라의 협력에 기여할 것이라는 성명을 발표했다.

오바마 행정부는 더 나아가 "공통의 가치와 상호 신뢰에 기초한 양자 간, 지역적 그리고 세계적 범위의 포괄적 전략 동맹"을 촉구하는 2009년의 한미 공동 비전 성명으로 한미동맹의 협력을 격상시켰다.[83] 공동 비전 성명은 상호 전략적 이익을 위한 공동 계획의 중요성을 강조했다. 이전의 진보적인 정부와 달리, 이명박 정부는 한국과 미국의 협력이 좀더 확대될 가능성을 보았다. 그 결과, 두 나라의 관계는 신속하게 회복되었고 한국과 미국은 북한 문제는 물론 기후 변화, 테러리즘, 인권, 평화 유지 등을 비롯한 다른 문제에 대해서도 협력했다. 한미 관계는 미국 정부의 한 고위 관계자가 2009년 말 한 인터뷰에서 "두 나라는 완전히 일치되어 있다"고 언급할 만큼 매우 좋아졌다.[84]

관계가 개선되자 미국 관리들은 한미동맹을 새로운 용어로 묘사하기 시작했다. 예를 들면, 2010년 6월 G20 정상 회담에서 오바마 대통령은 한미동맹이 "한국과 미국뿐만 아니라 태평양 지역 전체에서 안보의 근간(linchpin)이다"라고 말했다.[85] 과거 미국 정부는 미일 동맹을 묘사하는 데에만 '근간'이라는 용어를 사용했다. 마이크 맨스필드(Mike Mansfield) 전 주일 대사에 따르면, 근간이라는 용어는 "아시아에서 미국의 정책이 태평양 지역에서 가장 긴밀한 동맹국인 일본에서 시작해 일본으로 끝난다"는 의미였다.[86] 한국과 미국은 이명박 정부 기간 동안 긴밀한 관계를 확실히 누렸다.[87]

한국과 미국의 긴밀한 관계는 박근혜 정부에서도 계속됐다. 2013년 두 정부는 2009년 공동 비전 선언의 목표를 재확인하고 한국과 미국의 협력을 보건, 안보, 기후 변화, 지속 가능한 환경, 사이버 테러, 우주 개발 등과 같은 '뉴 프런티어 협력(New Frontiers of Cooperation)'으로 확대했다.[88] 2015년 박근혜와 오바마는 정상 회담을 갖고 "평화적 통일에 도움이 되는 조건을 조성하기 위해"[89] 한국과 미국이 통일과 통일 후의 계획을 논의할 고위급 양자 회의를 개최하기로 합의했다.[90] 정상 회담 후 오바마 대통령은 한미 관계는 "그 어느 때보다 강력하다"고 언론에 밝혔다.[91]

결론

한국이 일제 식민지 통치에서 해방된 후부터 미국은 남한에 큰 영향을 끼쳐왔다. 초기에 미국 정부는 남한에 민주적인 정부 제도가 들어서도록 도울 기회가 여러 번 있었으나, 공산주의와 냉전 갈등에서 안보와 안정이 더 중요하다고 믿었기 때문에 그런 선택을 하지 않았다. 1987년 변화를 요구하는 대한민국 국민 대다수의 대규모 시위와 함께 남한에 또다시 민주화의 기회가 찾아왔다. 이전과 달리, 미국은 적극 나서서 민주주의로의 이행이 진척될 수 있도록 남한의 권위주의 정부에 압력을 가했다. 다시 말하면, 미국이 추구하는 이념과 국익은 시기에 따라 달랐다.

남한의 민주화는 한미 관계와 한미동맹에 중요한 파급 효과를 낳았다. 미국은 오랫동안 안보와 반공주의라는 명분으로 권위주의적인 동맹국을 지지했지만, 이제 두 나라는 경제는 물론 정치 제도와 가치에서도 보조를 맞추고 있다. 정치적 가치에 대한 합의로 두 동맹국 사이의 심각한 장애물이 제거되었고, 더욱 심오한 관계를 수립할 수 있는 문이 열렸다. 그러나 민주화는 한미동맹에 긴장을 초래하기도 했다. 반미주의는 이제 대한민국의 정치와 대중의 감정에 있어서 더욱 자유롭게 표출되었고, 선출직 공무원의 교체로 정책적 입장에서도 마찰의 가능성이 증가했다. 두 나라에서 대통령과 여당의 정치적 지향은 한미동맹에 현저한 영향을 끼쳤다. 남한에서 진보적인 정부가 들어서고 미국에서 공화당 출신 대통령이 들어섰을 때, 한미동맹은 긴장되었다. 한미동맹이 세계적인 동반자 관계로 확대되었지만 대북 정책의 차이가 이런 마찰의 주요 원천이라는 사실은 한반도 안보와 북한이 여전히 한미 관계의 핵심으로 남아 있음을 증명해주고 있다. 그렇지만 민주주의로의 이행 후 두 나라의 마찰은 장기적으로는 성숙해질 동맹의 성장통에서 비롯된 것으로 보인다.

4

한미동맹의 안보 동기

국가들이 동맹을 결성하는 전형적 이유는 공동의 안보 과제에 대처하기 위해서다. 북한과 그 동맹국인 소련과 중국이 가하는 계속적인 위협에 대응하기 위해 남한과 미국은 한국전쟁 후 1953년 공식적인 동맹을 체결했다. 미국과 남한은 억지를 증진시키고 또 다른 전쟁을 예방하기 위해 두 나라의 방위 관계를 더욱 명시적으로 만들 필요가 있다고 믿었다. 냉전 기간 내내 두 나라는 긴밀히 협력해 굳건한 동맹을 유지했고, 위협에 대해 비슷한 평가를 공유했다. 하지만 그렇지 못한 경우도 있었다. 닉슨이 중국과의 관계 개선을 시도하고 남한에서 1개 미군 전투사단을 철수하자 박정희는 매우 우려했다. 이 두 조치는 한미동맹에서 주요한 변화였지만, 남한과 미국 사이에 별다른 협의 없이 이뤄졌다. 더욱이 미군을 전면 철수하려는 카터 행정부의 시도는 남한에 심각한 우려를 낳아 동맹이 파열하기 시작하는 계기가 되었다. 최종적으로 카터는 한미 양국에 걸친 반대와 북한의 군사력 증강에 대한 새로운 평가에 기초해 주한미군의 철수를 완화했다.[1] 그 후 공산주의의 위협에 역점을 둔 레이건 행정부는 남한과의 긴밀한 유대를 재확립하고, 이전 수년 동안 손상되었던 관계를 복구했다.

냉전 종식과 함께 남한은 이전의 적국인 소련/러시아 및 중국과의 관계를 정상화해 위협의 방정식에 급격한 변화를 가져왔다. 또한 남한에서는 민주주의로의 이행으로, 북한의 위협에 대해 과거와는 다른 인식을 가진 새로운 엘리트들이 등장했고, 이들은 민주화와 함께 남북 관계를 현저히 개선하려는 포용 정책을 추구할 수 있었다. 진보적인 지도자 김대중과 노무현은 동포의 관점에서 북한에 접근했고, 북한을 과거의 정부들보다 덜 위협적으로 간주했다. 그러나 미국은 특히 핵 프로그램 때문에 북한을 계속 심각한 안보 문제로 여겼다. 조지 W. 부시 대통령은 김정일을 "난쟁이"라고 불렀으며 "나는 김정일을 혐오한다"고 선언했다.[2] 그 결과, 부시는 김대중과 노무현이 추구하는 포용 정책을 강력히 반대했다. 부시와 노무현의 2006년 정상 회담 뒤, 한 언론은 "북한에 대한 한미 간 차이는 동해 바다만큼 넓다. 한미 정상 회담은 결렬 직전의 동맹이 어떤 모습인지를 보여주었다"고 보도했다.[3] 대북 정책에 대한 남한과 미국 지도자들의 이러한 차이는 한미 관계에 여러 해 동안 긴장을 유발했다.

지난 10여 년 동안은 북한이 제기하는 위협에 훨씬 더 높은 수준으로 일치된 의견을 보여왔다. 오바마와 이명박/박근혜 정부는 위협에 대한 평가와 대북 정책에 있어 비교적 긴밀히 동조했다. 핵과 미사일 실험 같은 잦은 군사적 도발로 한반도에 긴장이 증폭되었고, 그에 따라 남한과 미국은 합의를 도출할 수 있었다. 더욱이 한미동맹은 핵 확산 방지, 해적, 기후 변화 등을 비롯해 한반도를 넘어서 존재하는 안보 위협으로 관심을 옮겨가기 시작했다. 이 장에서는 한미동맹의 토대를 제공하는 안보 동기의 변화, 그리고 한미동맹이 이러한 과제에 대처하기 위해 어떻게 진화해왔는지 검토할 것이다.

분단과 한국전쟁

제2차 세계대전이 끝나자 미국은 일본군을 무장 해제하기 위해 한국을 임시로 분단하는 계획을 제안했지만, 종국에는 2개의 한국을 재통합시키는 것이 미국의 완전한 의도였다. 반복된 노력에도 불구하고, 스탈린이 한반도 북쪽에 공산주의 정부를 수립하려 결심했기 때문에 미국과 소련은 합의에 도달할 수 없었다. 1947년 미국은 한국 문제를 유엔에 이양했고, 안전보장이사회는 한국 전역에서 선거를 치를 것과 한반도를 재통합하기 위한 정부의 구성을 촉구했다. 선거는 남쪽에서만 치러졌다. 그 결과, 1948년 남쪽에는 대한민국, 북쪽에는 조선민주주의인민공화국이라는 2개의 단독 정부가 수립되었다. 대한민국 정부의 수립과 함께 미국은 군사 점령을 끝내고 1949년 6월 29일 미군을 철수했다.[4]

미국이 물러가고 몇 달 만에 일련의 사건이 한국을 둘러싼 안보 환경에 변화를 가져왔다. 1949년 8월 29일, 소련은 첫 번째 원자폭탄 실험을 성공리에 마쳤고, 그다음 달에는 중국이 공산화했다. 이런 사건은 두 가지 이유로 남한과 일본의 안보에 중요한 함의를 가졌다. 첫째, 소련이 핵보유국이 되면서 미국의 핵무기 독점에 종말을 고했다. 핵무기를 보유한 소련의 군사적·정치적 권력은 증강되었고, 소련은 공산주의의 확산을 지원하는 데 유리한 위치를 점했다. 둘째, 1949년 10월 중국 공산당이 승리자로 떠오르자 북한은 또 다른 잠재적인 강대국을 동맹국으로 맞이하게 되었다. 대한민국의 우려를 더욱 가중시킨 것은 1950년 1월 12일 딘 애치슨의 미국 기자 클럽 연설이었다. 애치슨 국무장관이 미국의 아시아 방위선에 남한은 포함되지 않는다고 선언한 것이다. 그다음 달, 소련과 중국은 중소우호동맹상호원조조약에 조인했다. 이는 대한민국의 안보에 또 다른 불길한 징후였다.[5]

그동안 북한은 남쪽에서 공산주의자들을 선동해 대한민국 정부를 위태롭게 하려는 시도를 계속했다.[6] 한반도의 분단, 동아시아에서의 공산주의 확산 그리고 미군 철수로 남한은 더욱 취약해졌다. 1950년 6월 25일, 북한은 안보 환경의 변화를 이용해 기습 남침을 감행했다. 침략은 유엔에 보고되었고, 유엔 안전보장이사회는 적대적 행위의 즉각적 중단과 북한군의 38선 이북으로의 철수를 촉구하는 결의안을 통과시켰다. 남한의 요청에 따라 트루먼 대통령은 6월 26일 남한에 대한 군사 지원을 지시했다. 그다음 날, 유엔 안전보장이사회는 미국의 지휘 아래 유엔군을 조직하는 또 다른 결의안을 채택했고, 6월 30일 지상군이 도착했다.[7]

전쟁 초기에 북한군은 숫자상으로도 남한의 군대를 능가하고 훨씬 우수한 무기를 보유했기 때문에 남한의 군대를 압도했다. 전쟁의 진행 과정을 바꾸기 위해 더글러스 맥아더 장군이 이끄는 미군은 9월 15일 인천상륙작전을 벌였다. 공격은 대성공을 거두어 전세를 역전시켰다. 미국/유엔군은 조선민주주의인민공화국 군대를 밀어붙여 38선 이북으로 퇴각시켰다. 미국/유엔군 지휘부는 이제 어려운 결정을 내려야 했다. 북한군을 38선 이북으로 몰아내 현상 유지를 회복하는 것으로 충분한가, 아니면 이것을 한반도 재통일의 기회로 삼을 것인가? 10월 7일, 유엔 총회는 "한국 전역의 통일되고 독립적이며 민주적인 정부 수립"을 촉구하는 결의안을 통과시켰고, 미국/유엔군은 압록강을 향해 빠르게 진군하면서 재통일의 목표가 손에 잡히는 듯했다.

그러나 10월 19일, 중국은 북한을 도와 미국/유엔군의 진격을 막기 위해 파병했다. 만일 미국/유엔군이 북진을 계속한다면 개입할 것이라는 신호를 중국이 보내기는 했었지만, 그럼에도 불구하고 중국의 참전은 북으로 진격하는 미국/유엔군의 허를 찌르는 것이었다. 혹독한 겨울 동안의 격렬한 전투에서 미국/유엔군은 남쪽으로 퇴각했다. 1951년 6월이 되자 양측 군대는 38선 부근에서 교착 상태에 빠졌고, 이런 상황이 2년 넘게 지속되었다.

중국의 개입과 이에 따른 교착 상태는 전장뿐만 아니라 더 넓은 전략적 관점에서도 미국의 계산법을 복잡하게 만들었다. 전쟁은 한국에서 벌어지고 있었지만 트루먼 행정부는 유럽에서 소련의 의도를 더 우려했다. 이채진에 따르면, 트루먼의 최우선 관심사는 유럽이었고, 따라서 미국은 정전 협상의 개시에 큰 관심을 두었다.[8] 협상을 촉진하기 위해 미국은 남한과 협의하지 않은 채 중국 및 소련과 직접 연락을 취했다. 그리고 중국과 소련 영내로 적대적 행위를 확대하지 않을 것이라는 의향을 표명했다. 정전 협상은 1951년 7월 10일 시작해 최종 합의에 도달하기까지 2년 이상을 끌었다. 처음부터 이승만 대통령은 한반도가 자신의 통치 아래 재통일될 때까지 전쟁을 종결해서는 안 된다는 믿음을 가지고 정전을 강력히 반대했다. 이승만을 정전 협정에 동조하도록 설득하기 위해 아이젠하워 행정부는 남한과의 상호방위조약 체결과 경제적·군사적 원조의 제공에 동의했다. 1953년 7월 27일, 미국과 중국 그리고 북한은 휴전 협정에 조인했다. 남한은 이 협정에 서명하지 않았다. 이는 평화 조약이 아니라 단지 휴전 또는 정전 협정이었기 때문에 한반도는 엄밀하게 보면 여전히 전쟁 상태로 남아 있는 셈이다.

전쟁은 남한에 심각한 피해를 입혔다. 유엔의 한 보고서에 따르면 약 4만 7000명의 대한민국 군인 사망하고, 18만 3000명이 부상당했으며 7만 명이 실종되었다. 또한 100만 명 넘는 민간인이 희생당하고, 500만 명 이상이 집을 잃었다. 남한의 산업 및 공공 시설과 교통 체계의 75퍼센트 그리고 서울의 주택 50퍼센트가 전쟁 중에 파괴되었다. 전체적인 물질적 손실은 약 20억 달러로 추정되었는데, 이는 당시 남한의 국민총생산보다 많은 수치였다.

휴전으로 전투는 종결되었지만, 남북한의 긴장은 여전히 높았고 북한의 또 다른 남침에 대한 두려움도 여전했다. 또 북한이 이승만 정부를 전복시키려는 노력을 강화하고 남한에서 혁명을 선동할 것이라는 우려도 있었다. 미군은 전쟁 후에도 남한에 남았고, 미국과 남한은 1953년 10월 1일 상호방위조약에 조인했다. 상호방위조약은 남한에 좀더 명시적인 확장 억지 보장을 제공하려는 조치였고, 아이젠하워 행정부는 남한을 더 넓은 지역 안보 공약으로 공산주의의 확산을 저지하려는 계획의 일부로 간주했다.[9] 1955년 아이젠하워는 이승만에게 "한국이 노골적인 적대 행위에 의해서든, 전복 활동에 의해서든 공산주의 공격의 먹잇감이 되지 않도록 우리가 할 수 있는 모든 것을 할 의향이 있다"는 서한을 보냈다.[10]

냉전과 북한의 안보 위협

냉전 기간 내내 시기에 따라 위협의 수위는 변했지만, 북한은 남한에 가장 주요한 안보 위협이었다. 1960년대에 북한은 정보를 수집하기 위해 남한에 종종 간첩을 파견했다.[11] 북한은 또한 남쪽의 목표물을 대상으로 무장 습격을 정기적으로 감행했다. 이러한 활동은 1967~1969년 최고조에 달해 1968년 발생한 박정희 암살 시도와 북한군 120 특수부대의 울진과 삼척 침투를 비롯해 750건이 넘었다.[12] 1950년부터 2017년까지 북한의 침투와 안보 도발 중 주요한 사건은 이 책의 부록에 실려 있다. 침투 외에도 북한은 반정부, 반미 시위를 선동해 대한민국 정부의 전복을 기도한 지하 단체인 통일혁명당을 조직했다. 대한민국 당국은 1968년 이 단체를 색출해 조직원 158명을 구속했다.

1969년 닉슨이 이른바 '닉슨 독트린'으로 알려진 미국의 새로운 안보 입장을 내놓았다. 그에 따라 닉슨은 아시아의 동맹국들을 위해 미국은 조약을 계속 준수하고, 핵우산을 유지하고, 필요할 경우 경제적·군사적 원조를 제공할 것이라고 발표했다. 그러나 동맹국들은 향후 자국의 방위를 위해 필요한 인력을 투입해야 할 것으로 예상되었다.[13] 이것이 한미동맹과 주한미군에 미칠 영향을 두려워한 남한 지도자들은 공황 상태에 빠졌다. 이러한 변화에 대처하기 위해 남한은 두 가지 접근법을 채택했다. 첫째, 1970년 8월 15일 한반도의 긴장을 완화하기 위해 남북 간 적대적 행위의 종식과 평화적 통일을 위한 북한과의 대화를 제안했다. 둘째, 핵무기를 개발하기 위한 비밀 계획에 착수했다. 남북 대화는 진전이 별로 없었고, 남북 관계도 근본적으로 변하지 않았다. 핵 프로그램 또한 미국의 압력으로 1975년에 중단되었다.[14]

1970년대에 세계는 데탕트를 맞이했지만, 한반도에는 적대적 행위와 대결이 지속되었다. 1974년 8월 15일, 북한의 사주를 받은 것으로 의심되는 재일교포 문세광이 광복절 기념식에서 박정희 암살을 시도했다. 문세광은 박정희 암살에는 실패했지만, 대통령 부인 육영수를 살해했다. 3개월 후, 남한은 경기도 연천군의 비무장 지대에서 남침용 땅굴을 발견했다. 1975년 3월에는 강원도 철원군의 비무장 지대에서 두 번째 남침용 땅굴을 발견했다. 이런 사건들 직후 사이공이 함락당해 베트남이 공산주의 지배하에 통일되자, 이것이 남한의 운명이 될 수도 있다는 불길한 징조로 비쳤다. 게다가 1976년 8월 18일, 북한군이 판문점에서 도끼로 미군 2명을 살해하는 사건이 발생해 긴장은 더욱 고조되었다.

이러한 사건들에도 불구하고 1976년 대통령 후보 지미 카터는 대통령으로 당선된다면 한국에서 모든 미군을 철수하겠다는 계획을 발표했다. 카터는 주한미군의 유지가 아시아에서 미국이 다른 전쟁에 개입할 가능성을 높인다고 판단했다. 카터는 또한 남한이 자국 방위에 더 많은 부담을 져야 한다고 믿었고, 박정희의 인권 탄압에도 관심을 가졌다. 카터는 선거에서 승리한 후 자신의 계획을 실천에 옮기려 했으나, 남한과 미국 양국에서의 강력한 반대에 부딪쳐 감축 규모를 줄이는 것으로 매듭지었다. 이로써 남한에 미군이 계속 주둔하게 되었지만, 닉슨 독트린과 카터 대통령의 미군 철수 계획은 한국인들 사이에 남한 방위를 위한 미국의 공약에 대한 의문과 함께 남한 포기에 대한 두려움을 상당히 불러일으켰다.

이런 우려를 더욱 악화시킨 것은 1978년 10월에 발견한 세 번째 남침용 땅굴이었다. 3개의 땅굴과 아직 발견되지 않은 다른 땅굴이 있을 수도 있는 가능성이 북한의 의도에 대한 두려움을 더욱 증폭시켰다. 남북한 간 신뢰가 부족하고 미국의 공약이 약화하는 것처럼 보여 안보에 대한 남한의 우려는 여전히 높았다.

1979년의 박정희 암살은 대한민국의 두려움을 더욱 가중시켰다. 많은 사람이 그런 상황을 이용해 북한이 남한을 허물어뜨릴지도 모른다고 우려했다. 짧은 과도 정부 기간을 거친 후, 전두환이 쿠데타로 정권을 잡았다. 전두환은 남북한의 적대 행위를 줄이기 위해 민족화해와 민주적 통일 방안을 발표했다. 이 목적을 위해 남한은 남북한의 비정치적이고 비군사적인 교류의 확대를 시도했다. 북한은 1983년 10월 9일, 버마(미얀마) 랑군의 아웅산 묘소에서 폭탄을 터뜨려 대한민국 정부의 고위 관리 17명을 살해하는 것으로 이에 응답했다. 폭탄은 전두환 대통령을 암살하는 것이 목적이었지만, 그는 폭발 후에 도착해 살아남았다. 암살 기도 실패 후에도 북한은 계속해서 어선을 납치하고 남쪽에 공작원을 침투시켰다.

남한은 1988년 하계 올림픽을 개최했다. 올림픽의 성공적 개최를 방해하고 공포를 조장해 대회 참가를 못하게 하려고 북한은 일련의 테러 공격을 감행했다. 1986년 9월 14일에는 김포공항에 폭탄을 터뜨리고, 1987년 11월에는 공작원 2명이 대한항공 858편을 폭발시켜 탑승객 115명 전원이 사망했다. 이러한 테러 공격의 결과, 북한은 미국 국무부의 테러 지원국 명단에 올랐다.[15]

1989년 11월 9일, 베를린 장벽이 무너지고 냉전이 종식되자, 남한이 과거 공산권의 적국들과 관계를 수립할 수 있는 기회가 열렸다. 남한은 북방 정책을 추구해 과거 공산주의 국가였던 헝가리·폴란드·유고슬라비아와는 1989년, 체코슬로바키아·불가리아·루마니아와는 1990년에 관계를 정상화했다. 남한은 또한 1990년 소련과 그로부터 2년 후에는 중국과 완전한 외교 관계를 수립했다. 그러나 남북한 관계는 변화가 거의 없었다.

1990년 3월, 네 번째 남침용 땅굴이 비무장 지대에서 발견되었다. 1991년 6월, 북한 노동당의 공식 기관지 〈노동신문〉은 노태우 정부를 축출할 것을 남한 사람들에게 촉구했다. 〈노동신문〉은 1997년 6월에도 이러한 호소를 반복하며 김영삼 정부를 전복시킬 것을 촉구했다. 북한은 또한 1994년 3월, 판문점 남북 회담 도중 전쟁의 개시를 암시하는 위협을 가했다. 대한민국 대표가 유엔의 제재 가능성을 언급하자, 북한 수석대표가 "여기서 서울이 멀지 않다. 전쟁이 일어나면 불바다가 되고 만다"고 말한 것이다.[16] 따라서 냉전을 종식시킨 1990년대 말 소련의 붕괴에도 불구하고(공식적으로 소련은 1991년에 붕괴했으므로 1990년대 말이라는 저자들의 표기는 착오로 보인다—옮긴이) 북한의 안보 위협은 변하지 않은 채로 남아 있었다.

북핵 문제

1980년대 중반 핵무기 프로그램의 개발로 새로운 유형의 안보 위협이 북으로부터 가해졌다. 북한의 핵 프로그램은 1982년 최초로 탐지되었다. 당시 미국의 인공위성 사진으로 영변에 건설한 핵 시설의 존재가 밝혀진 것이다. 미국은 북한이 핵확산금지조약(Nuclear Non-Proliferation Treat, NPT)에 가입하도록 압력을 행사할 것을 소련에 요청했고, 북한은 1985년 이 조약에 가입했다. 핵확산금지조약의 회원국이 되기 위한 서류 작업이 이뤄지는 가운데, 북한은 1989년 3개월간 영변의 원자로를 폐쇄했다. 그러나 핵 연료봉을 제거해서 무기급 플루토늄을 재처리하려고 원자로 운행을 중단했다는 강력한 의심이 일었다.

이러한 우려를 잠재우기 위해 북한은 1991년 12월 '남북 사이의 화해와 불가침 및 협력에 관한 합의서(남북 기본합의서)'에 서명했다. 이 합의서는 남북한의 평화 공존과 경제 협력 그리고 분쟁 해결을 위한 계획을 제시한 것이었다. 1992년 1월, 남한과 북한은 '한반도 비핵화 공동 선언'에도 서명했다.[17] 여러 번 연기한 끝에 북한은 또한 핵확산금지조약 회원국의 의무 사항인 영변 핵시설에 대한 국제원자력기구

(International Atomic Energy Agency, IAEA)의 사찰을 허용했다. 국제원자력기구 사찰단은 북한이 보고한 핵 프로그램 보고와 사찰 결과가 일치하지 않는다는 사실을 발견했다. 이에 따라 국제원자력기구는 핵 폐기물 시설에 대한 접근을 요구했지만 북한은 이를 거부했다. 긴장이 고조되자 클린턴 행정부는 영변 핵 시설을 파괴하기 위한 외과 수술식 폭격을 고려했다. 막바지 노력의 일환으로 지미 카터 전 대통령은 가능한 해결책을 모색하기 위해 1994년 6월 북한 지도자 김일성을 만났다. 협상을 위한 잠정적인 개요를 갖고 평양에서 돌아온 카터는 '1994년의 기본 합의('제네바 합의'라고 부르기도 한다—옮긴이)'를 이끌어냈다. 합의문에서 북한은 영변 핵 시설의 동결과 종국적인 해체를 약속했다. 그에 대한 보상으로 2기의 경수로 건설을 포함한 합의를 이행하기 위해 미국과 남한 그리고 일본은 '한반도에너지개발기구(Korea Energy Development Organization, KEDO)'를 설립했다. 그뿐만 아니라 미국은 북한에 매년 50만 톤의 원유를 제공하기로 합의했다. 마지막으로 기본 합의는 미국과 북한의 관계 정상화를 위한 절차를 마련했다.[18]

기본 합의는 합의에 명시된 다양한 최종 시한을 맞추지 못하는 등 이행에 여러 가지 문제를 노출했다. 미국은 2002년 10월, 북한이 고농축 우라늄에 근거한 두 번째 핵무기 프로그램을 가동한 사실을 인정했다고 발표했다. 기본 합의에 대해 항상 비판적이던 부시 행정부는 북한이 기본 합의를 어겼다고 맹비난했다. 북한은 2003년 1월 핵확산금지조약의 탈퇴로 응수했고, 4월에는 핵무기를 보유하고 있다고 선언했다. 그 뒤 몇 년 동안 남한, 북한, 중국, 일본, 러시아 그리고 미국이 참여하는 여러 번의 6자 회담에도 불구하고 북핵 현안은 해결되지 않았고 현재까지 계속 심각한 문제로 남아 있다.

핵무기 프로그램뿐만 아니라 북한은 장거리 및 중거리 탄도미사일 시험을 여러 차례 감행해 안보 우려를 더욱 증폭시켰다. 2006년 6월, 북한이 장거리 미사일을 시험 발사하자 유엔 안전보장이사회는 이를 규탄하고 제재를 부과하는 결의안 1695호로 응수했다. 북한은 2006년 10월, 첫 번째 핵무기 실험으로 대응했다. 그에 따라 안전보장이사회는 또 다른 결의안 1718호로 핵무기 실험을 비난하고 제재를 확대했다.

북한은 2009년 5월 25일, 2차 핵실험을 실시했다. 유엔 안전보장이사회는 핵실험을 규탄하면서 결의안 1874호를 통과시켰다. 결의안 1874호는 제재를 확장해 무기 수출 금지를 확대하고, 핵 프로그램과 관련한 기술 훈련, 자문, 지원과 제조는 물론 금융 거래도 제한했다. 2013년 2월 13일, 북한은 3차 핵실험을 실시했다. 그리고 2016년 1월에는 북한이 수소폭탄이라고 주장하지만 확인되지는 않은 4차 핵실험을 실시했다. 2개월 뒤 북한은 탄도미사일에 탑재할 만큼 충분히 작은 핵탄두의 소형화에 성공했다고 발표했다. 유엔 안전보장이사회는 또다시 제재 수위를 높인 결의안 2270호를 통과시켜 북한을 오가는 모든 화물의 검색을 포함해 북한과의 모든 무기 거래를 금지하고, 북한의 사치품 수입을 제한하고, 조선민주주의인민공화국 외교관 일부를 추방하기로 했다.

2016년 9월, 북한의 5차 핵실험 후 안전보장이사회는 2016년 11월 또 한 차례의 제재를 부과하는 결의안 2321호를 채택해 다수의 북한 광물 자원 수출을 금지시켰다. 2017년 북한은 미사일 시험의 속도를 높여 열여섯 번의 개별적인 시험을 통해 23기의 미사일을 발사하고,[19] 2017년 9월에는 또다시 수소폭탄이라고 주장하는 6차 핵실험을 실시했다. 이에 안전보장이사회는 또다시 세 차례의 결의안(2371호, 2375호, 2379호)을 통과시켜 석탄과 원유를 비롯한 북한의 수출입 제한, 북한 선박의 나포와 검색을 위한 더욱 강력한 절차, 북한 해외 노동자에 대한 제한 등 제재를 확대했다.[20]

2017년 11월, 북한은 역대 최고 규모의 탄도미사일인 화성 15호를 시험 발사했다. 이 시험은 고각 발사로 실시되었고, 이전의 어떤 시험에서보다 높은 고도로 비행해 미국 본토에 도달하기에 충분한 잠재적인 사거리를 증명했다. 북한은 이것이 핵탄두를 장착하고 미국을 목표물로 삼을 수 있는 대륙간탄도미사일이며, 이로써 "로켓 무기 체제 개발의 완성 목표"를 달성했다고 선언했다.[21] 이런 주장이 정확한지는 논쟁의 대상이지만, 북한의 미사일과 핵 프로그램은 많은 이들의 예상보다 빨리 진전되었다. 하지만 북한의 과학자와 기술자에게는 대륙간탄도미사일 비행의 혹독한 환경을 견뎌낼 수 있는 재진입 운반체의 개발과 유도 시스템의 개선 등을 비롯해 해결해야 할 과제가 많이 남아 있다.[22] 핵물리학자 지그프리드 헤커(Siegfried Hecker)에 따르면 "그처럼 멀리 날아갈 수 있으려면 어떤 무기라도 더 작고 더 가벼워져야 하며, 대기권으로 재진입할 때의 격렬한 압박과 온도에 따른 추가적인 난관을 극복해야만 할 것이다".[23] 북한이 이런 능력을 개선하기 위해서는 추가적인 시험이 필요할 것으로 보인다.

남북한의 군사적 균형과 주한미군

북한은 1970년대 대부분의 기간 동안 남한에 대해 군사적 우위를 누렸고, 주한미군은 이러한 불균형을 메워주었다. 하지만 남한 경제가 발전하면서 남한의 군사력은 개선되었다. 오늘날 북한은 군대 규모나 일부 무기 체계, 특히 전차·잠수함·대포 등에서 계속 우위를 점하고 있다. 북한의 많은 무기 체계, 특히 전차나 전투기는 구식 소련제 모델이어서 대한민국 국군이나 미군보다 앞선 체계로 전환하는 데 어려움을 겪고 있다. 남한의 군대는 현대화되고 역량을 갖춘 군대여서 질적·기술적으로 북한보다 크게 앞서 있다.

대한민국의 《2016 국방백서》에 따르면, 북한군의 규모는 120만 명으로 대한민국 국군의 거의 2배에 달한다.[24] 그중 지상군의 70퍼센트는 평양과 원산을 잇는 선 남쪽에 배치되어 있다. 많은 사람들이 이런 배치로 북한은 언제라도 기습 공격을 감행할 수 있다고 주장한다. 한편으로 이는 남한으로부터의 공격이 북쪽으로 깊숙이 전개되기 전에 저지하기 위한 신중한 방어 계획이기도 하다. 더욱이 북한은 남한의 2.5배에 달하는 770만 명의 예비군을 보유하고 있다. 북한은 또한 6000명의 사이버전 병력과 침투 같은 임무를 수행하는 특수 작전 병력을 20만 명 보유하고 있다. 북한은 병력 수에서 이미 우위를 점하고 있음에도 불구하고 최근 1만 명의 군인을 보충했다. 김정은 정권은 이른바 선군 정책으로 군사력을 계속 증강하고 있다.

무기 체계에 있어 북한은 전차 4300대, 야포 8600문, 그리고 다연장 로켓포(방사포) 5500문을 보유하고 있는데, 이는 대한민국보다 각각 1.8배, 1.5배, 27배 많은 수치다. 이 중 240밀리 다연장 로켓포는 기습 공격에 사용할 경우 서울 수도권에 막대한 피해를 입힐 수 있다. 조선민주주의인민공화국 무기 체계의 양적 우위는 지상군에만 머무르지 않는다. 북한 해군은 남한보다 26배나 많은 상륙함정과 7배의 잠수함정을 갖고 있다. 하지만 조선민주주의인민공화국 해군은 주로 소형 경비정으로 이루어져 있고, 소수의 호위함을 제외하면 규모 면에서 그다지 크지 않은 연안 함대다. 북한 공군은 전투기와 폭격기를 비롯한 전투용 항공기를 대량 보유하고 있으며, 그중 40퍼센트는 평양 이남에 배치되어 있다.

북한의 수적인 우세에도 불구하고 대한민국 국군은 북한보다 질적으로 뛰어나다. 예를 들면, 북한 전투기는 대부분 구식이다. 한 보도에 따르면, 북한의 모든 비행기는 2014년 유지 관리 문제와 보수로 인해 한동안 지상에 계류되어 있었다.[25] 북한의 최고 전투기 미그 29는 남한의 중급 수준인 KF-16에 해당하고, 그나마 20대만 보유하고 있을 뿐이다. 반면 대한민국은 60대의 F-15K와 170대의 KF-16 전투기를 보유하고 있다.[26] 이 전투기들은 남한에 기지를 둔 미군의 F-16 2개 편대와 A-10 지상 지원 항공기 1개 편대 등 총 60대의 지원을 받고 있다. 더욱이 조선민주주의인민공화국 조종사들은 연료와 부품 부족으로 대한민국 조종사들보다 비행 훈련 시간이 훨씬 부족해 전투 대비에 심각한 문제를 드러내고 있다. 주한미군 사령관 빈센트 브룩(Vincent Brook) 장군은 2016년 미국 상원 군사위원회 회의에서, 시대에 뒤떨어진 무기 체계 때문에 비무장 지대 인근의 북한군 대부분은 장비를 제대로 갖추지 못했고, 조선인민군이 대규모 공격을 감

행할 만큼 충분한 자원을 갖추고 있는지 매우 의심스럽다고 말했다.[27]

북한의 실질적 위협은 비대칭적 자산에서 나온다. 추정에 따르면, 북한은 2500~5000톤의 화학 무기와 11개 유형의 생물학전 작용제를 보유하고 있다. 만약 북한이 화학 무기나 생물학 무기를 서울에 떨어뜨린다면 그 피해는 상상도 할 수 없을 것이다. 게다가 북한은 지금까지 여섯 차례에 걸쳐 핵실험을 실시했고, 전문가들은 북한이 20~40기의 핵탄두를 보유하고 있을 것으로 추정한다.[28] 미국 정보 관계자들에 따르면, 북한의 핵무기는 트럼프 행정부 말기인 2020년까지 50기에 이를 수도 있다. 이는 파키스탄이 보유한 핵무기 규모의 거의 절반 수준이다.[29] 북한은 탄도미사일에 탑재하도록 핵탄두의 소형화에 성공했다고 주장하지만, 전문가들은 북한이 사실상 이 목표를 달성했는지에 대해 의견이 엇갈리고 있다.[30] 더욱이 북한은 핵탄두의 주요 운반 체계인 탄도미사일에서 상당한 진전을 이루어냈다. 《2016 국방백서》에 따르면 북한은 스커드, 노동, 무수단, 대포동 등의 미사일을 비롯해 약 1000기의 탄도미사일을 보유하고 있는 것으로 추정된다. 그중 2017년에 시험한 화성 14호와 화성 15호는 미국 본토에 도달할 만큼 충분한 사거리를 지닌 것으로 여겨진다.

트럼프 행정부는 북한의 핵 야심을 중단시킬 시간이 별로 남지 않았다는 것을 깨달았다. 그래서 2017년 봄, 시진핑과의 정상 회담에서 트럼프는 만약 중국이 핵무기와 탄도미사일 개발을 중단하도록 북한에 압력을 행사한다면 중국을 환율 조작국 명단에 포함시키지 않을 것이라고 암시했다. 중국은 조선민주주의인민공화국의 석탄 수출품을 반송하고, 중국과 북한 국경 부근에서의 군사 훈련을 확대하면서 북한에 대한 압박을 가중했다.[31] 최근 중국은 북한 음식점 종업원들의 비자 갱신을 거부했는데, 이는 그들을 추방하고 있다는 걸 의미한다.[32] 중국은 또한 북한의 6차 핵실험 후 석유 수출을 삭감하는 데 동의했다. 북한에서 소비하는 석유의 95퍼센트가 중국에서 온다는 점을 고려하면, 석유 공급 중단은 북한 경제에 상당한 충격을 줄 것이다.[33] 그 결과, 북한의 휘발유 가격은 2017년 80퍼센트 넘게 급등했다.[34] 중국과 러시아가 바다에서 북한 선박에 석유를 넘겨주는 방식으로 제재를 빠져나갈지도 모른다고 언론들은 전했다. 중국과 러시아는 이러한 혐의를 부인하고 있으며, 중국은 북한에 대한 제재를 시행하는 데 과거보다 의욕적인 것으로 보인다.

이와 동시에 트럼프 행정부는 군사력을 포함한 모든 선택지를 검토하고 있다고 공개적으로 발표해왔다. 2017년 봄, 미국 국방부는 항공모함 칼 빈슨과 유도미사일 순양함 1척 그리고 구축함 2척이 포함된 항모전단을 동해에 전개했다.[35] 유도미사일 잠수함 미시간호도 부산에 입항했다. 미시간 잠수함에 150기 이상의 토마호크 크루즈미사일을 실을 수 있고 비밀리에 작전을 수행하는 네이비 실(Navy SEAL)이 66명까지 탑승할 수 있다는 점을 고려하면, 이러한 전개는 북한에 강력한 신호를 보낸 것이다.[36]

북한의 핵 위협으로 한반도 주변의 긴장이 고조되었지만 남한은 놀라울 정도로 차분하게 대응했다. 주식 시장은 영향을 받지 않았고 시민들은 두려워하지 않았다. 이화여자대학교 심리학과 양윤 교수는 남한의 반응을 '양치기 소년과 늑대' 이야기에 비교했다. 양윤 교수에 따르면 "남한 사람들은 북한이 늘 짖지만 물지는 않는다는 걸 배웠고,

그래서 북으로부터의 계속되는 위협에 무관심해졌다".[37] 다른 학자들은 김대중과 노무현 정부가 채택한 포용 정책 때문에 안보 인식에 변화가 있었다고 주장한다.[38] 북한의 천안함 격침과 연평도 포격이 안보 우려를 빚어냈지만, 대부분의 남한 사람들은 북한의 핵 위협을 크게 걱정하지 않는 것처럼 보였다.

남한 사람들은 일반적으로 북한의 핵 위협에 차분히 대처했지만, 2017년 여름과 가을에는 공포가 극적으로 고조되었다. 이 기간에 북한은 여러 번 핵실험을 실시했고, 트럼프 대통령은 이에 트윗과 공개적인 성명으로 대응했다. 트럼프는 북한이 핵무기 보유국이 되는 걸 허용하지 않을 것이라고 선언하는 한편, 김정은을 '로켓맨'이라고 불렀다. 또한 북한이 '화염과 분노'에 직면하게 될 것이라고도 말했다. 미국 행정부는 항상 "모든 선택지를 검토 중이다"라는 전형적인 발언을 해왔지만, 트럼프 행정부는 북한에 대한 군사적 조치를 심각하게 검토하고 있는 것처럼 보였다. 남한을 더욱 당혹스럽게 만든 것은 미국이 대한민국 정부와 협의하지 않은 채 일방적으로 군사 작전을 수행할 가능성이었다. 그 후 문재인 대통령은 트럼프로부터 군사적 조치는 남한과 협의 후 그리고 남한의 허락을 받은 후에만 취할 것이라는 다짐을 받았다. 위기가 고조될 가능성이 남한에서 우려를 증폭시켰다.

남북한의 군사적 균형의 변화를 보여주는 표 4.1~4.5는 1950년 이후 남북한의 병력, 무기 체계 그리고 군사비 지출을 비교한 것이다. 자료 출처는 대한민국 통계청의 '남북한 통계 변화'(http://kostat.go.kr/portal/korea/index.action)와 미국 무기 통제 및 군축국(US Arms Control

표 4.1 병력 규모('00,000)

연도	총계		육군		해군		공군	
	남한	북한	남한	북한	남한	북한	남한	북한
1950	11	20	9	19	1.4	0.5	0.2	0.2
1960	58	37	52	33	4.1	0.7	2.2	3.5
1970	63	45	55	39	5.1	1.4	2.8	4.5
1980	61	79	52	70	5.4	3.4	4	5.2
1990	65.5	99	55	86.5	6	4.5	4.5	8
2000	69	117	56	100	6.7	6	6.3	11
2010	65	119	52	102	6.8	6	6.5	11
2016	62.5	128	49	110	7.0	6	6.5	11

표 4.2 육군 군사력

연도	전차		장갑차		야포		다연장/방사포		지대지 미사일	
	남한	북한	남한	북한	남한	북한	남한	북한	남한	북한
1950	0	250	0	0	100	550	0	0	0	0
1960	750	450	380	0	1,400	2,200	0	0	0	0
1970	700	750	420	20	1,800	2,700	0	500	0	0
1980	1,300	2,600	1,000	1,100	2,900	4,400	0	2,000	10	20
1990	1,500	3,600	1,550	2,300	4,200	7,200	–	2,200	–	–
2000	2,400	3,700	2,400	2,200	5,000	9,800	200	4,400	30	70
2010	2,400	4,100	2,600	2,100	5,200	8,500	200	5,100	30	100
2016	2,400	4,300	2,700	2,500	5,700	8,600	200	5,500	60	100

and Disarmament Agency)의 '2016년 세계 군사비 지출과 무기 거래 (World Military Expenditures and Arms Transfers 2016)'이다.

표 4.3 해군 군사력

연도	전투함정		상륙함정		기뢰전함정		지원함정		잠수함정	
	남한	북한	남한	북한	남한	북한	남한	북한	남한	북한
1950	5	20	0	0	30	0	2	0	0	0
1960	20	90	20	0	10	0	10	0	0	0
1970	50	120	20	10	10	0	10	1	0	5
1980	90	310	20	100	10	0	10	1	0	20
1990	130	400	10	130	10	20	10	1	0	60
2000	130	420	10	260	10	30	10	1	10	90
2010	120	420	10	260	10	30	20	30	10	70
2016	110	430	10	250	10	20	20	40	10	70

표 4.4 공군 군사력

연도	항공기 총계		전투기		감시·통제·훈련기		헬기	
	남한	북한	남한	북한	남한	북한	남한	북한
1950	20	200	10	90	10	110	0	0
1960	300	910	160	750	140	160	5	20
1970	290	770	210	600	80	170	60	20
1980	570	1,090	380	680	190	410	350	70
1990	690	1,320	500	840	190	480	530	280
2000	810	1,390	540	870	270	520	600	320
2010	730	1,350	460	820	270	530	680	300
2016	700	1,340	410	810	290	530	690	290

표 4.5 군사비 지출(10억 미국달러)

연도	남한			북한		
	총액	GNI 대비(%)	예산 대비(%)	총액	GNI 대비(%)	예산 대비(%)
1970	0.323	3.62	22.5	0.73	22.7	37
1980	3.7	5.74	34.7	1.62	12	15.4
1990	9.37	3.47	24.2	1.99	11.65	12
2000	12.8	2.3	16.3	1.37	8.2	14.3
2010	25.5	2.52	14.7	0.81	3.1	15.8
2016	24.4	2.4	14.5			

주: 2016년 군사비 지출의 출처는 대한민국 통계청의 'e-나라지표'(www.index.go.kr/potal/main/EachDtlPageDetail.do?idx_cd=1699). 268,387억 원으로 표기된 것을 1:1100의 환율로 계산해 미국달러로 전환했다.

주한미군

1949년 6월, 미국은 소수의 미군 인력만 남기고 제2차 세계대전 후부터 시행한 남한 점령을 끝냈다. 한국전쟁 기간 동안 미국은 30만 명 이상의 미군을 투입했다. 전쟁이 끝나고 미군 병력은 6만 3000명으로 줄어들었다. 닉슨과 카터는 추가로 미군을 철수했고, 냉전이 종식되자 주한미군은 다시 감축되어 1991년 말에는 3만 6000명이 되었다. 따라서 주한미군의 규모는 고정적이지 않았다. 남한 경제가 군사적 역량과 함께 성장하자 대한민국 국군은 자국 방위에 더 큰 책임을 지게 되었다. 주한미군이 대한민국 국군의 작전 통제권을 보유하고 있지만, 남한은 한반도에서 주도적 방위 역할을 담당하고 있다. 이러한 새로운 역할과 함께 대한민국 정부는 국방비를 현저히 증액했고, 대한민국 국군에 대한 평시 작전 통제권의 환수를 요청해 1994년 12월 1일 이를 완료했다. 그 후 대한민국 국군은 1996년 북한 잠수정의 동해 침투와 1999년과 2002년 연평해전을 비롯한 소규모 전투에서 특히 군사 작전을 스스로 수행해왔다.[39] 하지만 한국에서 대규모 전쟁이 발발할 경우, 전시 작전 통제권은 아직 미국에 남아 있다. 현재 남한에 주둔하는 미군은 2만 8500명이다.

주한미군은 과거보다 훨씬 소규모이지만, 주한미군의 존재는 두 가지 이유로 남한의 안보에 결정적이다. 첫째, 주한미군은 최상의 무기 체계로 무장하고 있다. 예를 들어 남한에 주둔한 미 육군은 M1A1 전차 140대, 브래들리 장갑차 170대를 보유하고 있다. 게다가 주한미군은 F-16 16대, A-10 대전차 전투기 24대 등 64대의 전투기를 갖고 있다. 미군은 또한 다연장포(방사포) 30문과 AH-64 헬기 70대를 비롯해 지대지 미사일과 지대공 미사일도 보유하고 있어 한미동맹의 화력을 현저하게 증강시키고 있다.

둘째, 주한미군의 존재는 미국의 방위 공약을 과시하는 것이자, 억지가 실패할 경우 미국의 추가적인 자산이 뒤따를 것이라는 확신을 심어준다. 대부분의 미군 부대가 서울 북쪽에서 남쪽으로 이동해 '인계철선'으로서 역할은 줄어들었지만, 주한미군은 여전히 미국이 제공하는 안전 보장의 가시적 신호다. 더욱이 대한민국 국군의 전시 작전 통제권은 주한미군 사령관의 지휘하에 고도로 통합된 지휘 구조를 갖춘 한미연합군사령부에 속해 있다. 이 체계는 또 다른 전쟁으로부터 북한을 더욱 효과적으로 억지하려는 한미 공동 대응의 가능성을 과시하기 위한 목적으로 구축되었다. 북한의 계속되는 안보 위협을 고려하면, 주한미군은 한미동맹에서 결정적 요소다.

그럼에도 불구하고 주한미군은 한미 양국에서 주기적으로 비판을 받아왔다. 군사 기지 유지에 드는 막대한 비용—연간 약 15억 달러—과 부진한 미국 경제로 인해 주한미군 철수를 주장해온 이들이 미국에 있다. 예를 들면, 카토 연구소(Cato Institute)의 더그 밴도(Doug Bandow)는 남한을 '복지 여왕(Welfare Queen)'에 비유했다. 그에 따르면 남한은 경제 발전에 성공하고 강력한 군사력을 구축할 수 있음에도 계속 미군에 의존하고 있다.[40] 그는 미국 정부가 미군을 철수시켜 안보 공약을 끝내야 한다고 주장한다.[41] 경희대학교의 양준희 교수 역시 주한미군이 철수하면 북한의 두려움이 줄어들고, 남한은 자국 군대에 대해 완전한 통제력을 확보해 군사력을 개선할 기회를 갖게 될 것이라고 주장했다.[42]

반면, 대한민국 국방부는 주한미군이 여러 가지 이유로 필수적이라고 본다. 첫째, 주한미군은 지난 60여 년 동안 동북아시아에서 평화와 안정에 중요한 기여를 해왔다. 현재에도 주한미군은 인계철선의 역할을 하고 있으며, 대한민국 군대와 군사 정보를 공유하고 있다. 더욱이 미국의 핵 확장 억지는 북한의 재침을 막는 데 일조해왔다. 둘째, 주한미군 덕분에 남한은 군사비를 덜 지출할 수 있었다. 주한미군의 역할과 기여를 고려할 때, 주한미군이 철수하면 남한으로서는 군사비 지출을 상당히 늘려야 할 것이다. 마지막으로, 주한미군은 한미동맹이 제공하는 지원과 관련해 중요한 상징적 의미를 부여하고 있으며, 통일 과정이 시작될 경우 대한민국 정부에 도움을 줄 것이다.[43] 미국의 확장 억지와 미군의 존재는 남한 안보의 핵심 요소였다. 주한미군이 없다면 미국 공약의 신뢰성이 약화할 것이고, 이는 남한이 공격받았을 때 미국이 추가로 파병할 것이라는 공약을 불확실하게 만들 것이다. 만약 주한미군이 철수한다면, 남한은 국방비를 현저히 증액할 필요가 있을 것이고, 이는 민주화 이후 복지비 지출이 이미 급증해온 상황에서 남한 경제에 상당한 부담으로 작용할 것이다.

김경옥은 주한미군이 남한에 기여한 또 다른 안보와 경제적 혜택이 있다고 주장한다. 첫째, 주한미군은 대한민국 군대의 결함을 보충하고 억지에 결정적 역할을 한다. 더욱이 한미연합군사령부의 작전계획과 시간대별 군사 전개 데이터(Time Phased Forces Deployment Data, TPFDD)에 따르면, 전쟁이 발발할 경우 미국은 남한을 지원하기 위해 63만 명의 병력을 파병할 계획이다. 둘째, 주한미군의 추정 가치는 약 1100억 달러다. 주한미군이 떠나면, 남한은 국방비를 상당히 증액해야 할 것이다. 또한 제프리 존스(Jeffrey Jones) 주한 미국상공회의소 대표는 주한미군 덕분에 외국인들이 남한의 투자에 안도감을 느낀다고 말했다.[44]

한국전쟁 이후 대부분의 남한 사람은 한미동맹과 주한미군의 필요성에 긍정적 견해를 갖고 있다. 대부분 한미동맹을 한국의 안보에 결정적이라고 여긴다. 2000년대 초중반에 예외가 있었다. 부시 행정부는 진보적 지도자인 김대중 및 노무현과 대북 정책에서 의견이 맞지 않았다. 남한은 포용 정책의 유지를 원한 반면, 미국은 강경한 접근을 선호했다. 미군 훈련 도중 10대 소녀 2명이 사망한 사건과 그 가해자인 미군 병사들의 무죄 방면으로 반미 감정은 극적으로 상승했다.

랜드 연구소(LAND Corporation)가 2002년 실시한 여론 조사에서 응답자의 단 34퍼센트만 미국에 우호적인 견해를 보였다.[45] 한국갤럽이 같은 해 실시한 여론 조사에서는 단 37.2퍼센트만 미국에 우호적인 반면, 57.2퍼센트는 비우호적이었다. 비우호적인 의견의 비율이 높았지만 54.8퍼센트가 주한미군의 철수에 반대한 데 비해 31.7퍼센트만 철수를 원했다.[46] 하지만 다른 경우에는 한국인의 과반수 이상이 다양한 여론 조사에서 미국 그리고/또는 주한미군에 우호적인 의견을 표명해왔다.[47] 이러한 갈등과 반미주의의 급증에도 불구하고, 남한의 안보에서 한미동맹과 주한미군의 중요성은 폭넓은 공감대를 유지해왔다.

현재, 한미동맹은 견고하고 남한 사람들은 주한미군의 가치를 인정한다. 아산정책연구원이 2012년 실시한 여론 조사에 의하면, 응답자의 94퍼센트가 한미동맹이 필요하다고 여겼다. 남한 사람들의 압도적 다수가 한미동맹이 필수적이고 한반도에서 억지의 핵심 요소라고 간주하고 있다. 같은 여론 조사에서 84퍼센트가 한미동맹의 유지를 지지했고, 68퍼센트는 통일 후에도 미군이 한국에 주둔하는 것을 지지했다.[48] 같은 연구원이 2013년 실시한 여론 조사에서는 83.9퍼센트가 주한미군의 필요성에 동의한 반면, 9.8퍼센트만 주한미군의 철수를 지지해 2002년의 31.7퍼센트에 비해 현저히 낮아졌다.[49]

이러한 감정은 미국인들도 공유한다. 시카고 국제문제협의회(Chicago Council on Global Affairs)가 2016년 실시한 여론 조사에 의하면, 미국인 응답자의 70퍼센트와 한국인 응답자의 62퍼센트가 주한미군의 '장기' 주둔을 지지해 2014년의 64퍼센트와 2012년의 60퍼센트보다 상승한 것으로 나타났다. 이는 일본이나 독일 또는 오스트레일리아에서의 미군 주둔에 대한 지지율보다 높은 수치다. 68퍼센트의 한국인과 60퍼센트의 미국인이 북한의 핵무기를 심각한 안보 위협으로 간주하고 있다는 점을 고려하면 이는 놀라운 일이 아니다.[50] 이러한 여론 조사 결과는 마지막 결론 부분에서 좀더 자세히 다룰 트럼프 행정부와 문재인 정부의 잠재적 불화에도 불구하고 한미동맹의 필요성과 강력함을 보여준다.

결론

동맹 이론은 공동의 안보 위협이 안보 공약의 수립과 유지에 중요한 변수라고 강조한다. 냉전 기간 동안 미국과 남한은 공산주의의 팽창에 대한 두려움을 공유했다. 냉전이 종식되었지만, 위협의 수준은 거의 변하지 않았다. 사실 북한의 핵무기와 탄도미사일 프로그램 개발, 특히 미국 본토를 공격할 수 있는 북한의 능력으로 위협은 심화되어 왔다. 따라서 60여 년이 지났지만 처음의 위협이 남한에는 언제나 그래왔듯이 여전히 그대로 남아 있고, 미국에도 더욱더 위협적이 되었다. 결과적으로 공동의 안보 위협은 앞으로도 여전히 동맹 관계를 유지하는 핵심 요소가 될 것이다.

다른 많은 동맹들처럼 한미동맹은 군사 동맹으로 시작했다. 왜냐하면 남한은 안보상 동맹이 필요했고, 미국은 공산주의와의 전쟁에서 남한이 최전선에 있다고 믿었기 때문이다. 남한의 안보에 대한 지속적 위협 때문에 그리고 두 나라의 이익에 있어 동맹의 중요성 때문에,

미군은 한국전쟁 종결 후 남한에 주둔해왔고 북한의 재침을 억지하는 데 결정적 역할을 해왔다. 북한의 위협이 계속되고 있으므로 한미동맹은 지역에서 남한의 안보와 안정에 핵심적이다. 주한미군은 규모는 작지만 첨단 무기 체계를 갖추고 있으며, 이 지역에서 미국의 안보 공약에 대한 확실한 신호를 제공하고 있다. 그래서 남한 사람들의 압도적 다수는 남한의 안보를 위해 당분간은 주한미군의 필요성을 인정하고 있다. 특히 북한의 위협이 커져감에 따라 한미동맹에 대한 미국인의 지지 역시 여전히 높다.

5

경제 성장과 한미 자유무역협정

한미동맹은 안보 목적을 위해 시작되었지만, 그 관계의 또 다른 중요한 차원은 경제적인 것이다. 한미동맹은 한국전쟁으로 남한이 초토화된 후 1953년에 발족했다. 그 후 7~8년 동안 남한의 1인당 국민총소득은 100달러를 밑돌아 세계에서 매우 가난한 나라 중 하나였다.

박정희 정부가 1962년 1차 5개년 경제개발계획을 실시한 후 남한 경제는 도약하기 시작했다. 급속한 경제 발전은 민주주의로의 이행에 결정적 요소였을 뿐만 아니라, 자원과 자신감 그리고 자국의 방위를 위해 더 많은 부담을 지겠다는 포부를 낳았다.[1] 게다가 남한은 대외원조 제공, 유엔 평화유지군 참여, '아프리카의 뿔(Horn of Africa)'이라고도 부르는 소말리아 해역에서의 해적 퇴치 작전 참여 등 국제적 안보 활동에 기여하기 시작했다.[2] 따라서 대한민국의 경제 성장과 그에 따른 역량의 향상은 한미동맹의 성격이 진화하는 데 결정적 요소라고

할 수 있다.[3]

남한의 경제 성장은 통상에 있어서도 미국과의 유대를 강화했다. 1960년대까지 남한은 미국 원조의 많은 부분을 미국 상품을 구매하는 데 사용했고, 미국은 무역 흑자를 누렸다. 하지만 남한이 공업화하면서 미국은 한국과의 무역에서 적자를 내기 시작했다. 이 문제에 대처하기 위해 두 나라는 한미 자유무역협정을 체결했다. 2012년 3월에 발효된 자유무역협정으로 두 나라의 경제적 결속은 강해져 상품과 서비스의 교역과 함께 해외 직접 투자도 증가했다.

현재 한미동맹은 안보 관계를 넘어 경제와 안보 차원을 아우르는 동반자 관계로 성장했다.[4] 이 장에서는 남한과 미국의 경제 관계가 한국전쟁 종결 후 어떻게 발전해왔는지 검토할 것이다.

냉전 기간 동안 남한과 미국의 경제 관계

제2차 세계대전이 끝나고 한국이 일제의 식민지 지배에서 해방된 것은 굉장한 뉴스였지만, 한반도의 분단으로 남한 경제는 혼돈의 시간을 맞이했다. 1945년 남한의 인구는 1600만 명이었다. 하지만 일제 식민지 지배 기간 동안 외국에 거주하던 사람들이 귀국하자 그다음 해에는 인구가 21퍼센트 증가했다. 남한은 이미 식량과 생필품의 부족을 겪고 있었기 때문에 이런 급격한 인구 증가는 경제의 어려움을 더욱 가중시켰다. 게다가 발전소를 비롯한 대부분의 중공업 시설이 한반도 북쪽에 있었다. 그 결과, 1947년에 500만 명 정도만 일자리를 가졌고, 사회적 동요는 심해져갔다. 이런 난관에 대처하기 위해 미국은 그 후 5년에 걸쳐 5억 달러를 제공했는데, 이것이 남한 경제에는 생명줄이었다.[5]

1950년 6월 발발한 한국전쟁은 3년에 걸쳐 대부분의 남한 산업 및 제조업 시설 그리고 가옥을 파괴해 이미 긴박했던 남한 경제를 더욱 악화시켰다. 1950년대 내내 미국의 원조는 남한의 복구 작업에 필수적이었다. 1953~1961년 미국의 원조는 총 19억 달러에 이르러 남한 수입의 약 70퍼센트와 자본 축적의 75퍼센트를 차지했다.[6] 1950년대 중반부터 1960년대 초까지 미국의 원조는 남한 국민총생산의 약 10퍼센트, 국가 예산의 약 40퍼센트에 달했다. 그 기간 동안 농업과 서비스 부문의 성과는 부진했지만 제조업 부문은 연평균 11.2퍼센트씩 성장해 전체적으로 연평균 3.9퍼센트라는 경제 성장률을 누렸다. 이는 주로 미국의 원조에 힘입은 덕분이었다.[7] 미국의 원조가 정점에 달한 1957년 군사 부문을 제외한 경제 원조는 남한 정부 예산의 47.5퍼센트를 차지했다.[8]

이런 막대한 원조와 더불어 미국은 원조를 효율적으로 사용하도록 대한민국 정부의 경제 정책과 정책 운용에 상당한 영향력을 행사했다. 1953년 8월, 미국은 '한국경제조정관실(Office of Economic Coordinator for Korea)'을 설치했다. 1957년 미국의 요청에 따라 대한민국 정부는 예산안과 통화 공급 계획을 비롯한 재정 안정 계획을 개발했다. 남한은 재정 안정을 위해 미국과 협력했다. 대한민국 정부에 경제와 재정 전문가가 거의 없었기 때문에 미국과의 협력은 남한 경제에 상당한 도움을 주었다.[9]

전반적으로 이승만 정부는 남한이 1950년대에 처한 심각한 경제 문제에서 탈출할 수 있는 비전과 태도를 별로 보여주지 못했다. 미국의 원조가 대규모로 투입되었지만 대부분의 남한 사람들은 여전히 가난했고, 경제는 개선의 징조가 없었다. 이승만의 경제 발전 비전이 결여되어 있고 경제 정책 성과가 빈약함에도 그의 권위주의 경향은 짙어만 가서 미국 지도자들은 우려했다. 1960년 아이젠하워는 한국인이 "경제 사다리를 스스로 타고 올라갈 방안을 찾아야" 하며, 그렇지 않을 경우 미국은 "손에 거지 한 움큼을 쥐게 될 것"이라고 언명했다.[10]

1960대에 대한민국 정부는 미국의 지원 덕분에 부족한 외환을 식량과 시멘트나 철강 같은 필수품을 구입하는 데 사용할 수 있었다. 남한은 또한 경제 성장 초기 단계에서 과중한 해외 차관의 부담을 원조를 통해 회피하고, 정부는 은행보다 정부 계획에 기초해 신용을 할당할 수 있었다. 1960년대 중엽부터 한국 경제는 도약하기 시작했다. 그에 따라 미국은 남한 원조 계획을 단계적으로 축소해 1970년대 중반 완전히 종결시켰다. 미국의 원조는 남한의 경제 발전에 따라 감소했지만, 1966년부터 1974년까지 남한 국민총생산의 4.5퍼센트와 투자의 20퍼센트를 차지했다.[11]

냉전 기간 동안 동서 대립과 베트남 전쟁은 남한의 경제 발전에 좋은 기회를 제공했다. 미국은 베트남의 공산화를 바라지 않았기 때문에 전쟁에 개입했다. 그러나 전쟁은 미국이 바라는 대로 진행되지 않았고, 미국의 요청에 따라 남한은 미국의 군사 작전을 지원하기 위해 베트남에 군대를 파병했다. 전쟁이 진행되는 동안 30만 명 넘는 대한민국 군인이 미국 편에서 싸웠다. 그 보상으로 미국은 자본을 제공하고 남한에서 전쟁 물자를 구매함과 동시에 대한민국 군대에 특별 수당을 지불했다. 더 나아가 남한 기업들은 베트남에서 건설과 서비스업의 하청을 수주했다. 베트남 전쟁을 통해 남한이 1965년부터 1973년까지 얻은 경제적 혜택의 총액은 대략 21억 달러에 달했을 것으로 추정한다.[12]

더욱이 미국은 남한의 수출품에 시장을 개방하고, 군사 원조를 늘려 대한민국 국군을 현대화했다.[13] 그 결과, 베트남 전쟁 기간(1965~1973) 동안 남한의 대미 수출은 약 50퍼센트 증가했다. 아울러 미국의 군사 원조는 1965년 남한 국민총생산의 7.2퍼센트에 달해 대한민국의 무기 체계를 향상시키는 데 중요한 기여를 했다.[14] 또한 미국 정부는 남한이 외국에서 상업 차관을 확보할 수 있도록 지원했다.[15] 따라서 남한과 미국의 협력은 현저히 늘어났고, 경제와 안보 모든 영역에서 중요한 효과를 낳았다.

하지만 두 나라의 경제 관계가 1960년대와 1970년대에 항상 장밋빛인 것만은 아니었다. 닉슨 독트린에 따른 주한미군의 감축은 남한에서 동맹 포기의 두려움을 자아냈다. 게다가 이 기간 동안 미국 경제의 침체로 인해 미국은 남한의 대미 섬유 수출을 규제하는 무역 협정 체결을 강제했다. 섬유 제품이 당시 대미 수출의 38퍼센트와 전체 수출의 15퍼센트를 차지했기 때문에 이러한 요구는 남한 경제에 상당한 충격을 주었다.[16] 이 사건은 두 나라 경제 관계 변화의 시작이었다. 즉 미국의 무역 적자가 증가하기 시작하자 미국의 대한 정책은 바뀌었다.

1970년대에 남한과 미국의 관계는 경제적 접촉이 증대함에 따라 새로운 단계로 진입했다. 남한은 강력하고 중앙 집중화한 정부의 주도로 계속해서 급속한 경제 발전을 이루었고, 경제는 계속 더 높은 수준으로 나아갔다. 박정희 정부는 산업화의 역점을 중화학 공업으로 변경했다. 남한 산업 구조의 변화에는 막대한 양의 자본이 필요했으므로 산업 정책 변경은 장기적으로는 오히려 해로운 것이었다. 남한은 충분한 자원이 없었기 때문에 정책을 집행하기 위해서는 해외 차관으로 눈을 돌려야 했고, 결국 남한 경제는 여러 가지 취약점을 노출했다.

경제 정책 변경으로 남한은 가장 큰 자본 공급국인 미국에 대한 의존도가 현저하게 높아졌다.[17] 1980대 말 남한의 대미 차관은 2400만 달러에 달했다. 따라서 정상훈은 "성장을 위해 수출과 외국 자본에 대한—그리고 주요 상대국인 미국과 일본에 대한—과도한 의존은 한국 경제를 외부 교란에 극단적으로 취약하게끔 만들었고, 고위험 및 불안정 요소에 노출시켰다"고 지적했다.[18]

남한의 대미 의존은 자본 외에 또 다른 어려움을 낳았다. 남한 경제는 수출 지향적 산업화로 알려진 전략에 기초해 발전했다. 미국은 남한 제품의 가장 큰 수입국이어서 1970년 남한 수출의 47퍼센트를 차지했다.[19] 그러나 같은 해에 남한은 미국 수출의 1퍼센트도 차지하지 않아 큰 무역 불균형을 초래했다. 1979년 미국과 남한의 교역은 미국 무역의 2퍼센트에 불과했다.[20] 두 나라의 무역 관계는 매우 비대칭적이었다. 남종현 교수는 "한국이 1960년대 중엽 외부 지향적 경제 발전을 시작한 이래 미국 시장에 대한 접근은 한국 수출 성장에 결정적이었다"고 기술했다.[21]

하지만 미국 경제가 예산과 무역에서 쌍둥이 적자에 지속적으로 시달리는 반면, 남한은 급속한 경제 부흥을 계속하자 미국과 남한의 경제 관계는 1980년대에 변화하기 시작했다. 1962년 1차 5개년 경제개발계획을 실시한 이후 남한의 국민총생산은 1990년까지 연평균 10퍼센트씩 성장했다. 같은 기간 동안 남한의 1인당 국민총생산은 88달러에서 6200달러로 치솟았다. 게다가 1980년대가 되자 남한은 미국의 10대 무역 상대국이 되었다. 그에 따라 미국은 남한을 더 이상 가난한 나라로 여기지 않게 되었다.[22] 대신 미국 정부는 남한을 경쟁적인 경제 상대국으로 간주하기 시작했다. 1989년 조지 H. W. 부시 대통령의 한국 국회 연설은 남한에 대한 미국의 시각 변화와 한미 경제 관계에 대한 우려를 명확하게 보여준다. "한국은 산업 강국이자 주요 무역 파트너이고 최고의 경쟁자가 되었다. ……남한은 보호주의를 거부하고 국제 무역의 장벽을 철폐하는 데 미국과 함께해야 할 것이다."[23]

미국의 우려는 주로 남한에 대한 미국의 무역 적자에서 비롯되었다. 1970년대부터 미국은 남한과의 무역에서 적자를 내기 시작했다. 무역 적자는 시간이 갈수록 증가해 1987년 98억 달러에 이르렀다. 남한이 유치산업을 보호하기 위해 수입을 제한하는 다양한 조치를 구사했기 때문에, 미국은 공정 무역과 시장 접근성이 부족하다고 항의했다. 미국은 남한을 이제 가난한 국가로 간주하지 않았고, 남한이 '시장질서유지협정(Orderly Marketing Agreement, OMA)'과 미국 시장 접근을 스스로 규제하는 '자발적 수출 제한(Voluntary Export Restraints, VER)'을 수용하도록 강요했다.

1974년 통상법의 슈퍼 301조에 의거해 미국 정부는 또한 은행, 보험, 광고, 통신, 주식 거래를 포함한 금융 서비스와 농산물 같은 미국 제품에 시장을 개방하도록 남한에 요구했다. 미국은 또한 저작권, 특허, 컴퓨터 소프트웨어 등과 같은 외국의 지식 재산권을 존중하도록 남한에 요청했다. 미국 정부는 외국으로부터 불공정 무역 관행이 있다고 판단할 경우 슈퍼 301조에 따라 높은 관세를 매기거나 무역 제재 같은 보복 조치를 취할 수 있기 때문에, 대한민국 정부는 양보해서 소고기와 유제품 같은 농산물과 담배에 시장을 개방했다.[24]

게다가 미국 정부는 주기적으로 반덤핑 조사를 실시해 관련 한국 산업에 큰 타격을 입히는 조치를 취하기도 했다. 예를 들면, 1985년 미국 정부는 반덤핑 조사에 근거해 남한에서 수입하는 사진 앨범에 65퍼센트의 관세를 부과했다. 그 결과, 남한에서 다수의 사진 앨범 제작자가 파산하고, 이 산업에 종사하는 수천 명의 노동자가 일자리를 잃었다.[25]

무역 적자에 대한 미국의 불만을 인식한 대한민국 정부는 두 가지 방식으로 대응했다. 첫째, 남한은 보호 조치 없이 시장을 개방함으로써 국제적 경쟁에 맞닥뜨릴 만큼 자국 경제가 충분히 강력하지 않다고 주장하며 미국을 설득하려 했다. 대한민국 관료들은 이런 입장에 대해 다음과 같은 다섯 가지 근거를 댔다. (1) 수입 원자재와 원유에 대한 높은 의존도. (2) 국제적으로 경쟁력 없는 다수의 유치산업. (3) 원자재와 원유 수입에 의한 많은 외채. (4) 북한의 위협에 따른 높은 수준의 국방비. (5) 일본과의 만성적 무역 적자에서 오는 재정적 어려움. 둘째, 남한은 미국과의 무역 흑자를 더 확대하지 않도록 하는 정책을 채택했다. 이 정책에는 미국으로부터의 수입을 늘리기 위해 원화 가치의 강세 유지, 관세 인하, 비관세 장벽 제거 등이 포함되었다. 남한은 또한 미국 기업에 서비스 시장을 개방했다.[26]

1980년대 내내 남한과 미국은 무역 분쟁에 자주 휘말려 양국 정부 사이에 다수의 협상이 전개되었다. 1989년 조지 H. W. 부시 대통령과 노태우 대통령(원서에는 노무현으로 쓰여 있으나 오기인 것으로 보임—옮긴이)의 다음과 같은 대화는 무역 분쟁에 대한 두 나라의 서로 다른 인식을 잘 보여준다. 요컨대 부시 대통령이 남한 시장의 접근성에 대해 불만을 토로하자, 노태우 대통령은 "사과를 익기 전에 따면 쓰고 실 수 있다. 그러나 익으면 달고 맛있다"고 대답했다. 이에 부시는 "늙어서 맛을 즐길 수 없을 만큼 익는 데 시간이 너무 걸리길 바라지 않는다"고 응수했다.[27]

이러한 무역 분쟁은 또한 남한을 경제 자유화와 시장 다변화의 길로 나아가도록 자극했다. 대한민국 정부는 미국 시장에 대한 의존도를 줄일 필요성을 깨닫고, 무역 자유화와 대외 무역 협상을 관리하고 경제 자유화를 촉진할 '해외협력위원회'를 설립했다.[28] 남한은 또한 수출 판로를 다변화하기 위해 다른 시장을 모색하기 시작했다. 이런 대한민국 정부의 노력으로 남한 수출에서 미국이 차지하는 비중이 떨어지기 시작했다. 예를 들면, 1980년 남한 수출의 40퍼센트가 미국으로 갔지만 1988년에는 35.3퍼센트로 하락했다. 동시에 남한의 대미 수입은 증가해 1988년에는 총수입의 24.6퍼센트를 차지했다.[29] 표 5.1은 1954년부터 2016년까지 미국의 대한 무역 상황을 상세하게 보여준다.

표 5.1 미국의 대한 무역(100만 미국달러)

연도	미국의 대한 수출	미국의 대한 수입	연도	미국의 대한 수출	미국의 대한 수입
1954	86	20	1986	6,355	13,497
1955	127	6	1987	8,099	17,991
1956	193	10	1988	11,257	21,164
1957	278	4	1989	13,478	20,543
1958	216	2	1990	14,630	19,287
1959	137	4	1991	14,399	17,742
1960	153	5	1992	15,518	17,362
1961	162	7	1993	14,630	14,910
1962	215	10	1994	14,776	20,374
1963	235	23	1995	25,413	24,891
1964	200	30	1996	26,583	23,297
1965	274	58	1997	25,046	23,173
1966	379	93	1998	16,485	23,941
1967	416	125	1999	22,958	31,178
1968	510	212	2000	27,830	40,307
1969	699	309	2001	22,180	35,181
1970	637	393	2002	22,575	35,571
1971	681	491	2003	24,072	37,229
1972	735	750	2004	26,312	46,167
1973	1,237	1,032	2005	27,765	43,781
1974	1,546	1,561	2006	32,441	45,803
1975	1,762	1,586	2007	34,401	47,562
1976	2,015	2,646	2008	34,669	48,069
1977	2,371	3,162	2009	28,612	39,216
1978	3,160	4,087	2010	38,821	48,875
1979	4,191	4,347	2011	43,462	56,661
1980	4,685	4,433	2012	42,283	58,899
1981	5,116	5,474	2013	41,649	62,371
1982	5,529	6,011	2014	44,625	69,680
1983	5,925	7,657	2015	43,446	71,759
1984	5,983	10,027	2016	42,266	69,932
1985	5,956	10,713			

출처: US Census Bureau, Statistical Abstracts of the United States, www.census.gov/library/publications/time-series/statistical_abstracts.html.

냉전 후 한국과 미국의 경제 관계

1990년대에 미국과 남한의 무역은 급증했다. 남한은 미국의 일곱 번째로 큰 무역 상대국이자 캐나다, 멕시코, 일본, 독일, 영국에 이어 여섯 번째로 큰 수출 시장이 되었다. 미국은 여전히 남한의 가장 큰 수출 시장이었지만, 그 비중은 떨어져 남한 전체 무역의 20퍼센트만 차지했다. 1994~1997년 미국은 남한과의 무역에서 흑자를 누렸다. 흑자는 1996년 약 40억 달러로 최고조에 달해 이전의 비대칭적 무역 관계가 급격히 바뀌었다. 미국의 무역 흑자는 대한 수출의 급등을 초래한 남한의 경제 붐에 기인한 것이었다.

미국의 대한 무역 흑자는 오래 지속되지 않았다. 1997년 남한이 금융 위기로 심한 타격을 받자, 그다음 해부터 미국의 대한 무역 적자는 다시 시작되었다. 1997년의 금융 위기가 남한에 경제 불황을 몰고 와 국내총생산이 거의 7퍼센트 줄어들었다. 그 결과, 남한의 수입은 곤두박질 쳤다. 남한의 경제가 불황에서 점차 회복하자 미국의 대한 수출도 조금씩 증가했다. 하지만 남한의 대미 수출이 훨씬 빨리 증가해 미국의 대한 무역 적자 역시 늘어났다.[30]

냉전이 끝난 1990년대는 한미 경제 관계의 변환기이기도 했다. 왜냐하면 남한이 경제 자유화를 과감하게 실시하고, 미국에 대한 경제 의존도를 줄였기 때문이다. 남한의 경제 자유화에는 세 가지 사건, 즉 1997년 금융 위기, 1998년 미국과의 자동차 무역 분쟁, 그리고 냉전 종식에 따른 중국과의 관계 정상화가 작용했다.

1997년 인도네시아에서 시작된 금융 위기는 남한을 비롯한 이 지역의 다른 국가들로 확산되었다. 남한은 외환 부족 사태로 국제통화기금(IMF)에 구제 금융을 요청했다. 국제통화기금은 남한에 총 570억 달러의 구제 금융을 지원했는데, 여기에는 미국이 핵심 역할을 수행했다. 국제통화기금은 또한 남한을 압박해 시장 자유화와 공기업 민영화를 비롯한 경제 개혁 과정을 감시했다.[31]

남한 경제의 변화를 몰고 온 또 다른 사건은 1990년대 중엽 시작된 미국과의 자동차 무역 분쟁이었다. 미국 정부는 1974년의 통상법에 근거해서 남한 자동차 시장에 대해 슈퍼 301조의 검토를 실시했다. 남한의 자동차 시장을 조사한 미국 무역대표부(US Trade Representative, USTR)는 1997년 남한이 미국 자동차 수출을 제약하고 있다고 결론지었다. 미국 무역대표부는 자동차 무역과 관련한 모든 규제와 제약의 해제를 요구했고, 이에 따라 두 나라는 1년에 걸친 협상을 벌였다. 남한은 1997년의 금융 위기로 심각한 타격을 받았기 때문에 미국의 잠재적인 무역 보복을 매우 우려했다. 다행히 1998년 남한과 미국은 합의에 도달해 재난을 몰고 올 무역 갈등은 피할 수 있었다.[32]

1997년의 금융 위기와 1998년의 자동차 분쟁은 남한 시장에 극적인 자유화를 몰고 왔다. 과거 미국이 남한에 시장 개방 압박을 가하면 남한은 마지못해 최소한도로 요구를 수용했다. 하지만 자동차 무역 분쟁 이후 미국이 남한의 보호무역주의를 더 이상 방관하지 않을 것이므로 남한은 스스로 변해야 한다는 것을 깨달았다. 동시에 시장 자유화는 국제통화기금이 구제 금융을 지원하는 조건 중 하나였기 때문에 남한은 경제를 자유화해야 했다. 그 이후 남한은 무역 상대국들과 무역 및 투자 협상을 공격적으로 추진했다. 이러한 노력의 결과로 미국 및 일본과 쌍무투자협정을, 칠레와 자유무역협정을 체결했다.

1997년 금융 위기로 한국은 심각한 경제적 고통을 겪었지만, 외환 보유고 부족으로 원화가 매우 평가 절하되어 수출을 확대하는 기회를 얻기도 했다. 원화 가치의 하락으로 남한의 대미 수출은 1997년 231억 달러에서 2002년 355억 달러로 급증했다. 미국의 대한 무역 적자 또한 1998년 74억 달러에서 2002년 130억 달러로 증가했다. 미국으로서는 나쁜 소식이었다.

냉전 종식으로 남한은 무역 상대국을 더욱 다변화할 수 있었다. 1990년 남한은 소련/러시아와 관계를 정상화하고, 1992년에는 또 다른 과거의 적이던 중국과 완전한 외교 관계를 수립했다. 정상화 이후 한중 경제 관계는 현저히 확대되어 중국은 2003년 남한의 가장 큰 무역 상대국이 되었다.[33]

이러한 변화들로 무역 상대국으로서 미국의 상대적 중요성은 감소했다. 하지만 두 나라 사이의 해외 직접 투자가 급격히 증가해 미국은 여전히 중요한 경제 파트너였다. 예를 들면 1996년 남한의 대미 해외 직접 투자는 15억 7000만 달러에 불과했고, 1997년 7억 2900만 달러로 하락했다가 1998년에 8억 7400만 달러로 늘어났다. 하지만 2000년에는 다시 매우 증가해서 157억 달러에 달했다. 이는 지난 4년 동안 미국의 대한 해외 직접 투자 총액을 상회하는 수치였다. 1998~2000년 미국의 대한 해외 직접 투자 또한 현저히 늘어 거의 100억 달러에 이르렀다. 두 나라 사이의 해외 직접 투자가 급등한 가장 주된 이유는 국제통화기금이 구제 금융 조건으로 남한 경제의 자유화를 요구했기 때문이다. 남한 정부는 규제와 제약을 철폐해 투자 시장을 개

방해야 했다. 하지만 시간이 흐르면서 남한의 대미 해외 직접 투자는 점차 감소하고, 대신 중국이 남한의 해외 직접 투자의 주요 목표가 되었다.[34]

2001년 8월, 남한은 국제통화기금의 대출을 상환했다. 미국과 남한의 양자 간 무역은 2000년 670억 달러로 최고조에 달한 후 감소하기 시작했다. 2002년 두 나라의 무역 총액은 580억 달러였고, 미국의 대한 무역 적자는 130억 달러였다.[35] 미국의 대한 무역 적자가 지속적으로 증가하자 미국에서 우려를 제기했고, 이에 자유무역협정의 체결 가능성을 논의하게 되었다.

한미 자유무역협정

미국과 남한 사이에 자유무역협정과 관련한 대화를 처음 나눈 것은 2004년 11월 칠레에서 열린 통상 장관 회담 때였다. 이 회담에서 양측은 공동 타당성 연구 그룹을 발족하기로 합의했다. 2005년 세 번의 실무자급 회의를 거친 다음, 미국과 남한은 자유무역협정 가능성에 대한 연구를 더 진척하기로 결정하고 대화를 고위급으로 격상했다.

자유무역협정에 대한 미국의 최우선적 동기는 남한에 대한 수출을 늘려 무역 적자를 줄이는 것이었다. 남한은 15개 세계 경제 대국 중 하나였고, 미국 상품의 중요한 수출 시장이 될 잠재력을 갖고 있었다. 미국은 자유무역협정으로 은행과 보험을 비롯한 금융 서비스와 농산물, 약품 등 상대적으로 우위를 누리는 분야에서 대한민국 시장에 대한 접근이 확대되길 희망했다. 미국 기업들이 이런 분야에서 남한 시장 접근에 제약을 받고 있었기 때문에 미국은 자유무역협정에서 긍정적 효과를 기대했다.[36]

더욱이 미국 입장의 배후에는 경제적 이익은 물론 정치적 동기도 있었다. 미국은 중국의 부상과 한중 간 급속한 관계 개선을 우려했다. 관계 정상화 이후, 남한의 대중 무역이 급등해 중국은 2003년 미국이 오랫동안 차지했던 남한의 최대 무역 상대국이 되었다. 중국은 경제 관계를 더욱 확장하기 위해 남한과의 자유무역협정 모색에 관심을 표명했다.[37] 그에 따라 미국은 남한과 미국의 경제 관계가 양국의 자유무역협정으로 굳건히 남아 있기를 원했다.

남한으로서는 자유무역협정으로 대미 수출을 더 늘릴 수 있길 기대했다. 미국이 세계에서 가장 큰 시장이라는 점을 고려하면, 자유무역협정을 통해 더 많은 수출이 가능할 것이다. 자유무역협정으로 서비스 분야에서 발생하는 새로운 경쟁이 단기적으로는 위축 효과를 낳을 수도 있지만, 장기적으로는 남한 서비스 산업에 습득과 개선의 기회를 제공할 것이다. 게다가 남한은 자유무역협정에 정치적 동기도 있었다. 왜냐하면 자유무역협정은 한미 양자 관계를 더욱 굳건하게 다져 안보 협력 또한 고취시킬 것이기 때문이었다.[38]

남한과 미국이 협상 개시에 합의하자, 남한에서는 강력한 반대가 일어났다. 자유무역협정 반대자들은 '한미 FTA 저지 범국민운동본부'를 결성했다. 자유무역협정으로 미국 농산물이 한국 시장을 지배할 것이므로 자유무역협정은 남한 농민들에게 재앙이 될 것이라고 그들은 주장했다. 경쟁력이 부족한 한국 농민은 한미 자유무역협정으로

결국 농토를 포기하게 될 것이고, 이는 심각한 환경 문제가 될 것이라고 그들은 경고했다.[39]

허욱과 테런스 로릭에 따르면, 반대 측 주장의 논리는 시장 개방의 이익은 간과하고 부정적 효과에만 근거하고 있었다. 시장 개방은 취약한 부문들을 새로운 경쟁에 노출시켜 고통을 초래하고 실업의 폭등을 촉발시킨다고 반대 측은 주장했다.[40] 예를 들면, 남한의 영화 산업은 외국 영화 상영을 제한하는 스크린쿼터제로 보호받아왔지만, 자유무역협정이 실행되면 이러한 보호는 사라질 것이다. 영화 제작에서 할리우드의 축적된 지식과 기술 그리고 자본력을 고려할 때, 스크린쿼터제가 없어지면 한국 영화 산업이 붕괴할 것이라고 자유무역협정 비판자들은 믿었다. 영화 산업이 큰 대가를 치를 유일한 산업은 아니었다. 미국 제약 회사들은 연구와 신약 개발에 천문학적 자금을 쏟아붓는다. 자본력이 부족한 남한 제약 회사들은 미국의 상대 기업들과 경쟁할 수 없을 것이다. 휘발유, 전기, 상수도 회사 같은 공공시설 역시 유사한 상황에 놓여 있었다. 따라서 한미 자유무역협정으로 수많은 남한 기업이 도산하고 미국 회사들이 남한 시장을 지배하게 될 것이다. 물가 급등과 공기업의 민영화가 그 뒤를 이을 것이고, 이는 남한 경제에 더욱 심한 혼란을 초래할 것이다. 한미 자유무역협정은 남한 소비자들을 희생시키면서 미국의 기업과 투자자들에게만 그 혜택이 돌아갈 것이다.[41]

반대로 자유무역협정 찬성 측은 반대 측 주장의 오류를 지적한다. 한미 자유무역협정 반대 측은 칠레와의 자유무역협정이나 관세 및 무역에 관한 일반 협정(General Agreement of Trade and Tariffs, GATT)의 우루과이 라운드(Uruguay Round)에 대해서도 비슷한 주장을 했다. 예를 들면, 한국농촌경제연구원은 칠레와의 자유무역협정과 GATT의 우루과이 라운드가 발효되면 한국의 농업 인구가 급격하게 줄어들 것이라고 예측했다. 반대 측은 농업 인구가 1992년 570만 명에서 2001년 240만 명으로 감소하고, 농업 부문의 무역 적자가 동일한 기간 동안 42억 달러에서 130억 달러로 증가할 것으로 예상했다. 한미 자유무역협정 찬성 측은 농업 인구가 예상치의 반만 감소했다고 지적했다.[42] 농업의 무역 적자도 2006년 72억 달러로 예상치보다 훨씬 적었다.[43]

한미 자유무역협정 지지자들은 또한 자유무역협정의 긍정적 효과를 강조했다. 그들은 자유무역협정으로 자동차, 가전제품, 전자제품, 반도체, 정보 기술 제품 등에서 한국 기업들이 관세의 철폐나 축소 덕택으로 미국 시장에서 경쟁력을 더 가질 것이라고 주장했다. 게다가 한미 자유무역협정으로 규제와 제약이 사라져 미국으로부터 더 많은 해외 직접 투자가 유인될 것이다. 해외 직접 투자의 증가는 새로운 사업이나 기존 사업의 확장을 통해 더 많은 일자리를 창출할 것이다. 해외 직접 투자원인 수많은 미국 다국적 기업의 국제적 네트워크를 고려하면, 투자 증가로 남한 기업들이 해외 생산과 외국 시장 접근을 통해 국제적 사업을 증진할 기회가 열릴 것이다.[44]

여론 조사 자료에 의하면, 남한에서는 한미 자유무역협정을 강력하게 지지했다. 전국경제인연합회(전경련)가 2004년 11월 실시한 여론 조사에 따르면, 응답자의 87퍼센트가 한미 자유무역협정을 지지했다. 한국무역협회가 2005년 실시한 여론 조사에서는 75퍼센트가 찬성했다.[45] 반대로 퓨 리서치 센터(Pew Research Center)가 2010년 실시한 여론 조사에서 한미 자유무역협정에 대한 미국인의 지지는 그만큼 높지 않아서, 응답자의 45퍼센트만 협정에서 혜택을 볼 것으로 기대했다.[46]

양국 정부는 2006년 6월 협상을 시작했다. 두 나라에서 수행한 연구들이 지속적으로 한미 자유무역협정의 긍정적 효과를 보고했기 때문에 양측은 신속한 종결을 모색했다. 당시 미국 무역대표부의 대표였던 롭 포트먼(Rob Portman)은 협상 개시 선언에서 심의가 그해 말까지 완결될 것이라고 밝혔다. 한국의 통상교섭본부장 김현종은 미국-바레인 자유무역협정을 이상적인 모델로 인용하면서 이런 낙관주의에 공감했다. 미국-바레인 자유무역협정이 단 두 차례의 협상 후 체결되었다는 점을 생각해보면, 미국과 한국은 협상의 조기 합의에 매우 낙관적이었다.

하지만 협상은 기대만큼 빨리 끝나지 않았다. 게다가 한미 자유무역협정 협상의 중단을 요구하는 시위가 남한의 주요 도시를 휩쓸었다. 예를 들면, 2006년 11월 22일 남한의 13개 도시에서 한미 자유무역협정 반대 시위가 발생했다.[47] 미국 정부 또한 민주당이 더 많은 양보를 남한에 요구해 난관에 봉착했다. 1년에 걸친 협상 끝에 양측은 합의에 도달해 한미 자유무역협정은 2007년 6월 30일 체결되었다.[48]

서명 당시 한미 자유무역협정이 양국 경제에 끼칠 영향을 많은 정부 기관과 연구소가 평가했는데, 모두가 긍정적이었다. 미국 국제무역위원회(International Trade Commission, ITC)는 한미 자유무역협정으로 한국의 관세가 철폐 및 삭감되면 미국의 대한 수출이 증가해 미국 국내총생산이 연간 100억~120억 달러 증가할 것이라고 예측했다. 이런 예측은 두 나라 사이에 거래되는 소비재와 공산품의 95퍼센트에 대한 관세를 즉시 철폐하고 잔여 관세는 향후 10년에 걸쳐 제거한다는 합의에 근거했다.

미국 무역대표부는 한미 자유무역협정의 혜택을 다음과 같이 정리했다. (1) 미국의 산업 생산자에게 새로운 시장의 개방. (2) 미국 승용차에 대한 관세 철폐. (3) 미국 농산물 수출품에 대한 관세의 즉각적이고 단계적인 철폐. (4) 미국 기업에 금융 시장과 미디어 시장 개방.[49] 전체적으로 무역 상품의 90퍼센트가 즉각적 관세 철폐의 혜택을 받고, 잔여 관세는 단계적으로 제거될 것이다. 약 1조 달러에 달하는 남한의 경제 규모를 고려하면, 시장 개방과 관세 철폐 그리고/또는 축소는 미국 산업과 기업에 기회를 제공할 것이다.[50] 따라서 미국 무역대표부는 누리집에 다음과 같이 밝혔다. "한미 자유무역협정은 지난 약 20년간 미국이 체결한 자유무역협정 가운데 가장 중요하다. 미국 국제무역위원회는 상품에 대한 한국 관세와 관세율 쿼터의 축소만으로도 미국 국내총생산은 연간 100억~120억 달러, 한국에 대한 상품 수출은 연간 100억 달러 증가할 것으로 추정한다."[51] 헤리티지 재단(Heritage Foundation)은 또한 한미 자유무역협정으로 미국이 남한의 탁월한 무역 상대국으로 재부상할 수 있을 뿐만 아니라 한미 관계가 군사 동맹을 넘어 강화될 것이라고 주장했다.[52]

남한도 한미 자유무역협정의 긍정적 효과에 공감했다. 한국개발연구원과 대외경제정책연구원에 따르면, 한미 자유무역협정으로 한국의 대미 수출은 연간 13억 달러 증가할 것이다. 무역 증가로 새로운 일자리가 연간 3만 3600개 생기고, 제조업 생산량이 매년 55억 달러 늘어날 것이다. 미국의 제조업 역시 동일한 혜택을 누릴 것이므로 소비자들은 소비재를 낮은 가격에 구입할 수 있을 것이다. 전체적으로 자동차와 전자 그리고 섬유 부문이 한미 자유무역협정으로 큰 혜택을 보는 반면, 농업 부문은 어려움에 직면할 것으로 그들은 예상했다.[53]

긍정적 혜택을 예측하는 이러한 연구들에도 불구하고 협정 비준은 다양한 정치적 이유로 두 나라 모두에서 지연되었다. 미국에서의 반대로 남한과 미국은 조정을 위한 추가 협상을 가졌고, 2010년 12월 개정 관련 합의에 도달했다. 미국 의회는 한미 자유무역협정 법안을 2011년 10월 통과시켰고, 한국 국회는 2011년 11월 이를 비준했다. 3개월의 이행 준비를 거친 다음, 한미 자유무역협정은 2012년 3월 15일 발효되었다.

한미 자유무역협정이 발효되자, 미국과 한국은 각각 무역 상품의 82퍼센트와 80퍼센트에 대한 관세를 즉각 철폐했다. 협정이 발효되기 전에는 무역 상품 가운데 미국은 38퍼센트, 한국은 13퍼센트만 무관세였다. 협정 체결 10년째인 2022년까지 미국 관세 품목의 99퍼센트와 한국 관세 품목의 98퍼센트가 면세품이 될 것이다. 관세 철폐는 단계적으로 이루어지고 민감한 제품에 대해서는 시간이 더 걸릴 것이다. 서비스와 해외 투자에 대한 규제와 제한 같은 비관세 장벽 또한 단계적으로 축소되거나 철폐될 것이다.[54]

한미 자유무역협정이 발효된 지 5년이 지난 2017년 현재, 발효 이후의 무역과 해외 직접 투자 변화에 관한 자료는 3년 치만 확인할 수 있다. 따라서 한미 자유무역협정의 포괄적 효과를 알기에는 아직 너무 이르다. 양국에서 나온 협정의 초기 평가는 다음과 같다. 미국 국제무역위원회의 2016년 보고서에 따르면, 한미 자유무역협정에서 미국이 얻은 이익은 18억~21억 달러로 추정되는데, 이는 북미 자유무역협정(NAFTA)을 제외하고 미국이 체결한 다른 어떤 자유무역협정보다 크다. 그럼에도 불구하고 미국의 대한 무역 적자는 협정 체결 전인 2011년 124억 달러에서 2015년 281억 달러로 상승했다. 미국의 무역 적자가 급등했지만, 협정이 없었다면 이 수치는 158억 달러 더 많아졌을 것으로 보고서는 추정했다. 그 이유는 대한민국의 경제가 그 기간 동안 침체해 한국의 전체 수입이 감소했기 때문이다. 따라서 남한의 무역 상대국들 대부분은 남한과의 무역에서 수출 감소를 겪었다. 미국은 한미 자유무역협정으로 남한과의 무역에서 수출 감소 규모가 다른 나라들보다 훨씬 작았다.[55]

더욱이 무역 적자 규모가 금융, 보험, 교육 등 미국이 비교 우위를 가진 서비스 부문을 포함하지 않았기 때문에 한미 자유무역협정의 전체 효과를 반영하는 것은 아니다. 서비스 부문에서 미국의 무역 흑자는 2011년 69억 달러였지만, 협정 발효 후인 2015년에는 113억 달러로 증가했다. 상품과 서비스를 포함하면, 미국의 대한 무역 적자는 281억 달러가 아니라 168억 달러가 될 것이다. 게다가 서비스 부문에서 미국의 수출은 협정 발효 후부터 급격히 증가해 2011년 166억 달러에서 2015년 224억 달러로 늘어났다. 그뿐만 아니라 미국의 대한 무역 적자는 대중국, 대일본, 대독일, 대멕시코보다 훨씬 적다. 한미 자유무역협정 발효 후 상품과 서비스 무역의 변화 양상은 표 5.2에 실려 있다.[56]

해외 직접 투자는 한미 자유무역협정의 효과를 평가할 때 고려해야 할 또 다른 분야다. 해외 직접 투자는 다양한 요인 때문에 상대적

표 5.2 미국의 대한 무역(10억 미국달러)

연도	미국 수출		미국 수입		무역 수지		총교역량	
	상품	서비스	상품	서비스	상품	서비스	상품	서비스
2011	45.2	16.7	57.6	9.7	−12.4	6.9	102.8	26.4
2012	44.4	18.2	59.6	10.6	−15.2	7.5	103.9	28.8
2013	43.5	21.0	63.0	10.8	−19.5	10.2	106.5	31.8
2014	46.1	20.7	69.8	10.4	−23.7	10.2	116.0	31.4
2015	44.4	22.4	72.5	11.1	−28.1	11.3	116.9	33.5
2016	42.7	21.1	70.4	10.9	−27.7	10.1	113.1	32.0

출처: US Census Bureau and Bureau of Economic Analysis, FT−900, March 4, 2016.
주: 무역 데이터는 국제 수지를 기준으로 작성했음.

으로 빨리 변할 수 있는 무역과 달리 경제 관계에서 장기적 투자를 의미한다. 2011년 한국을 상대로 한 미국의 해외 직접 투자는 240억 달러에 약간 못 미쳤지만, 협정을 발효하고 3년이 경과한 2015년에는 320억 달러로 증가했다. 미국을 상대로 한 한국의 해외 직접 투자 또한 2011년 200억 달러 미만에서 2015년 400억 달러 이상으로 급증했다. 해외 직접 투자의 변화 양상은 표 5.3에 실려 있다.[57]

한국 측으로 눈을 돌려보면, 한국의 대미 수출은 2011년 560억 달러였고, 2016년에는 664억 달러로 증가했지만 2014년의 702억 달러보다는 약간 감소했다. 2012년 한미 자유무역협정이 발효된 이래, 남한의 대미 수입은 430억~450억 달러로 거의 비슷하게 머물러 있었다. 지금까지 한미 자유무역협정이 남한의 수입에 끼친 파급 효과는 아직 최종적 판단을 하기에는 너무 이르지만 제한적인 것으로 보인다. 한국의 대미 무역은 표 5.4에 실려 있다.

표 5.3 한국과 미국의 직접 투자(100만 미국달러)

연도	미국의 대한 직접 투자	한국의 대미 직접 투자
2011	28,173	19,860
2012	32,202	25,260
2013	32,108	31,790
2014	35,540	39,966
2015	36,931	40,585
2016	39,068	40,937

출처: US Bureau of Economic Analysis, "US Direct Investment Position Abroad on a Historical-Cost Basis and Foreign Direct Investment Position in the United States on a Historical-Cost Basis," https://bea.gov/iTable/index_MNC.cfm.

한미 자유무역협정이 미국의 대한 수출에 끼친 영향이 제한적인 것은 두 가지 방식으로 설명할 수 있을 것이다. 첫째, 한미 자유무역협정은 농업과 자동차 산업에 긍정적 영향을 끼쳤지만, 다른 경제 부문은 쇠퇴를 겪었다. 그 이유는 아마도 2014년 세월호 사건과 2015년 중동호흡기증후군(MERS) 때문에 남한에서 개인 소비가 현저히 추락하

표 5.4 한국의 대미 무역(10억 미국달러)

연도	2011	2012	2013	2014	2015	2016
수출	56.2	58.5	62	70.2	69.8	66.4
수입	44.5	43.3	41.5	45.2	44	43.2
교역	100.7	101.8	103.5	115.5	113.8	109.6
한국의 대세계 교역	1,079.6	1,067.4	1,075.2	1,098.1	963.2	901.6

출처: 정혜선 · 박지은 · 김은영, 《한미 FTA 5주년 평가와 시사점》, 〈Trade Focus〉 2017년 7호 (한국무역협회, 국제무역연구원, 2017), 1.

며 저축이 증가한 때문일 것이다.[58] 많은 한국인이 비극적인 세월호 사건을 애도하면서 소비 지출을 상당히 줄였다.[59] 둘째, 남한의 전체 교역량이 앞에서 논의한 것처럼 지난 몇 년간 하락했다. 따라서 한국의 모든 자유무역협정 상대국이 대한 수출에서 하락세를 겪었다. 남한의 다른 무역 상대국들과 비교하면, 미국의 수출은 상대적으로 좋은 성과를 냈다.

한미 자유무역협정 후에도 미국의 대한 무역 적자가 증가하자, 미국 정부는 남한의 불공정한 환율 관행과 협정의 완전한 이행에 우려를 표명했다. 외환과 관련해 미국은 불공정한 환율 정책을 실시하는 국가인지 여부를 결정하는 세 가지 기준을 개발했다. (1) 미국과의 무역에서 200억 달러 이상의 무역 흑자. (2) 국내총생산의 3퍼센트 넘는 무역 흑자 규모. (3) 정부의 지속적 통화 시장 개입. 남한은 앞의 두 가지 기준을 충족했기 때문에 미국의 감시 목록에 올랐다. 이는 두 나라의 관계에 실질적 영향을 끼칠 수 있는 민감한 쟁점이었다. 하지만 미국 재무부의 보고서에 따르면, 이 쟁점에 관한 미국의 견해는 신중하지만 낙관적으로 보인다. 미국 정부는 앞으로 저축 감소와 소비 증가가 있을 것으로, 아울러 그에 따라 미국의 대한 무역 적자도 자율적으로 교정될 수 있을 것으로 기대하고 있다.[60]

오린 해치(Orrin Hatch) 미국 상원 재무위원장은 한국의 협정 이행과 관련해 2016년 3월 주미 한국 대사에게 보낸 서한에서 두 가지를 요청했다. (1) 의약품과 의료 기기의 가격과 환급 산정의 투명성 개선. (2) 미국 법률 회사에 대한 법률 서비스 시장 개방과 관련한 자유무역협정의 완전한 이행.[61] 미국 무역대표부 또한 한국 공정거래위원회의

강제 조치가 비차별적 대우에 대한 잠재적 합의 위반이라는 우려를 표명했다.[62]

한미 자유무역협정에 따른 두 나라의 무역 확대로 야기된 또 다른 우려는 미국 생산자와 한국 수입업자 사이에 한층 더 치열해진 경쟁에서 발생하는 무역 마찰이다. 미국 정부는 철강, 화학제품, 가전제품 같은 한국 상품이 미국의 반덤핑법을 위반했는지 조사를 실시했다. 조사 결과, 한국에서 수입되는 18개 상품이 반덤핑 관세 대상이었고, 5개 상품은 2016년까지 상계관세 대상으로 지정되었다.[63]

긍정적이고 낙관적인 모든 견해와 분석에도 불구하고, 도널드 트럼프 대통령은 자유무역협정에 대해 강력한 비판을 표명해왔다. 2017년 4월 〈워싱턴 포스트〉와의 인터뷰에서 트럼프는 한미 자유무역협정은 미국을 파괴하는 "끔직한 거래"라고 말했다. 인터뷰에서 그는 자신의 행정부가 현재 그대로는 협정을 지키지 않을 것이라고 지적하면서 "우리는 그들에게 끝을 내거나 협상할 것이라고 말해왔다"고 언급했다. 그러나 남한은 이 문제에 관해 두 나라 사이에 심각한 의견 차이가 있을 것으로 보고 재협상에 관심을 보이지 않았다.[64] 트럼프의 발표로 한미 자유무역협정의 미래가 불확실해졌고, 이로 인해 한국의 자동차 제조사 현대의 주가는 하락했다. 분명히 무역 협정 개정은 미국보다 한국에 더 큰 영향을 줄 것으로 보인다. 그렇지만 전문가들은 양측이 협정을 방기할 것으로는 예상하지 않는다. 그 대신 트럼프의 발표가 또 한 차례의 변화를 모색하는 협상장으로 한국을 데려다놓기 위한 협상 전략이라고 생각한다.[65]

2017년 7월 미국 무역대표부는 한미 자유무역협정 재협상을 위한 회담을 요청했고, 8월 22일 양측이 처음으로 회동했다. 미국은 무역 적자 확대로 인한 협정의 재협상을 요구했다. 그에 대한 대응으로 남한은 협정을 변경하는 대신 한미 자유무역협정의 효과를 공식적으로 평가하자고 제안했다. 양측에 의견 차이가 있는 것은 확실하고, 이는 자유무역협정 개정을 위한 협상에 오랜 시간이 걸릴 가능성이 있다는 의미다.[66] (서론에서도 언급했듯 2018년 1월부터 한미 자유무역협정을 개정하기 위한 협상을 시작했고, 9월에 합의에 도달해 2019년 1월부터 개정 의정서가 발효되었다—옮긴이.)

결론

한미 관계는 군사 동맹으로 시작했지만, 경제적 관계 또한 양국 관계의 중요한 측면이었다. 처음에 남한은 미국의 원조에 심하게 의존했지만, 발전을 거듭해 세계 11위의 경제 대국이 되었다. 경제 교역을 확대하기 위해 두 나라는 자유무역협정을 체결했고, 협정은 2012년에 발효되었다. 2017년 현재 5년이 경과했으므로 자유무역협정의 효과를 완전히 평가하기에는 이르다. 그렇지만 지난 3년간의 무역과 해외 직접 투자 통계를 보면, 미국 무역대표부가 '2017년 해외 무역 장벽에 관한 국가 무역 평가 보고서'에서 평가하며 지적한 것처럼 한미 자유무역협정은 양자 관계에 긍정적 기여를 한 것으로 보인다. 미국 무역대표부는 한미 자유무역협정의 전반적인 긍정적 효과를 다음과 같이 요약했다. (1) 무역과 해외 직접 투자의 증가. (2) 남한 규제 제도의 투명성 강화. (3) 지식 재산권 보호의 개선. (4) 미국 수출품에 대한 비관세 장벽 제거로 사업 환경 개선. (5) 미국 수출업자들의 시장 접근성 확대. 미국 무역대표부는 결론으로, 한미 자유무역협정이 미국과 한국의 유대를 강화하고 확대시킬 것이라고 보았다.[67]

그럼에도 불구하고 무역 문제는 트럼프 행정부의 '미국 우선(America First)' 정책을 고려하면 쟁점으로 부상할 가능성이 있다. 선거 유세 내내 트럼프는 일자리 창출을 강조하면서 무역을 일자리 소멸의 주범으로 비난했다. 아울러 자신의 행정부는 자유무역협정을 재검토할 것이라고 지적해왔다. 그 결과, 두 나라는 자유무역협정을 개정하기 위한 협상을 시작했다. 어쨌든 양측은 통상 관계의 영향에 이견이 있는 게 분명하다. 따라서 한미 관계의 경제적 미래는 불투명하다.

6

변화하는 한미동맹의 군사적 차원

한미동맹의 핵심적이고 근본적인 이유는 안보, 즉 남한이 침략당하지 않게 억지할 필요성과 필요하다면 남한을 침략으로부터 방어해주는 것이었고, 지금도 여전히 그러하다. 그 결과, 군사적 차원은 한미동맹의 핵심이었다. 그러나 시간이 지나면서 위협에 대한 인식이 변하고, 대한민국 국군의 역량이 성장하고, 지역의 세력 지형이 변화함에 따라 한미동맹의 성격 또한 진화해왔다. 한미동맹의 구조와 함께 계획과 작전의 변화는 남한에 적잖은 두려움을 낳기도 했다. 이 중 어떤 사항이라도 변경되었을 때, 한미동맹이 기초하고 있는 근본 원칙이 변한 것 아니냐는 의문이 제기되면서 한미동맹의 약화를 지적하곤 했다. 사실 한미 양국에서 이러한 변화가 충분하지 않았다고 주장해온 이들도 있다. 남한이 강력한 군대를 보유하고 있고 한반도에서 미군의 지속적인 유지는 더 이상 필요하지 않을뿐더러 한반도의 긴장을 증폭시킬 뿐이라는 것이다. 따라서 이제 주한미군이 철수하고 안보 책임을 남한에 넘겨야 할 때가 되었다는 것이다.

한미동맹의 초기 대부분 기간 동안 군사적 차원은 미국이 압도했다. 그러나 대한민국의 경제가 성장하고 그에 따라 국군의 역량이 성장하면서, 남한은 군사적 임무의 상당 부분을 서서히 넘겨받았다. 덧붙여 지휘 구조가 더욱 통합되었고 북한의 핵과 탄도미사일 능력이 증가해 도발적 행위가 증폭됨으로써 지난 10년 동안 합동 계획과 통합은 한층 더 진전되어왔다. 통합 방위 계획은 미래의 어떠한 분쟁에서도 전투 작전이 효과적이고 효율적일 것임을 보장하는 동시에, 굳건한 억지 입장을 더욱 강력하게 지원하는 공동 전선을 제시하고 있다. 따라서 대한민국과 미국 군대는 통합과 연합 방위 태세를 지향하고 있고, 이는 한국인들이 잘 쓰는 "같이 갑시다"라는 문장에 잘 담겨 있다.

한미동맹의 다양한 측면이 더욱 통합되어왔지만, 남한은 또한 스스로 군사적 역량의 강화와 함께 기획과 지휘 구조에 더 많은 통제권을 추구해왔다. 이러한 조치 가운데 많은 것은 전반적으로 한미동맹의 강화에 기여하고 있으며, 또한 남한이 미국과의 동맹에 지나치게 의존하지 않도록 하는 울타리로 작용하고 있다. 어떤 관계라도 60년 넘게 지속되면 정체된 채로 남아 있지는 않을 것이고, 한미동맹이 겪어온 많은 변화도 진화의 일부로서 놀라운 일이 아니다. 한미동맹은 변화해왔고 앞으로도 계속 변할 것이다. 이 장에서는 군사 구조와 지휘 관계 그리고 방위 계획을 비롯한 한미동맹의 군사적 차원에서 발생한 이러한 조정을 검토할 것이다. 특히 지난 10년 동안 발생했고, 아직 완결되지 않은 측면들에 초점을 맞출 것이다.

미군의 존재와 군사 구조

한반도에서 미군의 지속적인 주둔은 여러 가지 중요한 역할을 한다. 첫째, 한미동맹과 남한에 대한 미국의 방위 공약이 강력하다는 중요한 신호다. 둘째, 미군은 이 지역에서 분쟁이 발생하면 추가로 미군을 투입할 것이라는 직접적 연결 고리를 제공하는 인계철선 기능을 계속해서 수행한다. 셋째, 미군은 전투 초기 단계에서 침략 저지를 돕는 중요한 역할을 한다.

한국에서 미군의 존재는 한미동맹이 시작된 이래 상당히 변화해왔다. 한미 상호방위조약은 4조에서 "상호적 합의에 의하여 미합중국의 육군, 해군과 공군을 대한민국 영토 내와 그 부근에 배치하는 권리를 대한민국은 허여하고 미합중국은 이를 수락한다"고 명시하고 있다.[1] 한국전쟁 후 미국은 남쪽으로 침투 가능한 통로를 따라 비무장 지대 가까이에 2개 전투사단을 포함해 6만 3000명의 병력을 유지했다. 닉슨이 1971년 1개 전투사단을 철수시키자 총병력 수는 약 4만 3000명으로 줄어들었다. 카터는 선거 때 한국에서 미국의 모든 전투 병력을 철수하겠다고 유세했지만 3400명을 줄이는 데 그쳤고, 그 대부분은 지원 인력이었다. 그러나 레이건은 재임 기간 동안 미군 병력의 수준을 4만 3000명으로 되돌려놓았다.

냉전의 종식과 예산 압박에 직면한 부시 행정부는 주한미군 감축

3단계 계획을 시작했다.[2] 부시는 계획의 1단계만 이행해 5000명의 전투 병력과 2000명의 지원 인력을 철수시키고, 북한의 핵무기 개발에 대한 우려로 나머지 계획은 중단했다. 이에 대해 미국의 한 관계자는 "우리가 계획대로 미군 감축을 계속한다면 나쁜 신호를 보내는 것이 될 거라고 우리는 생각한다"고 언급했다.[3] 미군 철수는 두 번의 클린턴 재임 기간 동안 보류된 채로 있었고, 그 후 10년간 미군 병력 수준은 대략 3만 7500명을 유지했다.

조지 W. 부시 행정부 초기에 미군 병력 수는 주한미군 기지 이전과 함께 다시 면밀한 조사에 들어갔다. 2001년의 테러 공격으로 미국 국방부는 새로운 도전에 적응할 수 있고 조정 가능한 군대, 즉 새로운 위협 환경에 더욱 적합한 군대로의 '변환'을 모색했다. 간단하게 말하면, 군대는 미국의 적을 패퇴시키기 위해 민첩하고 신속하고 파병에 용이할 필요가 있었다. 미국 상원의 증언에서, 도널드 럼스펠드(Donald Rumsfeld) 국방장관은 미국의 적이 변하는 동안 미군은 그렇지 못했다고 주장했다. "적들이 지구 전역에 흩어져 작은 조직으로 이루어진 시대로 우리는 접어들었다. 그러나 미군은 계속 본질적으로 대규모 육군과 해군 그리고 공군과 싸우도록, 그리고 방어해야 할 영토와 준수해야 할 조약도 없는 적들에게 적용되지 않는 접근법인 정적인 억지를 지원하도록 준비되어 있다."[4] 한국과 관련해 럼스펠드는 "우리 군대는 1953년 한국전쟁이 끝날 때 있었던 그 자리에서 사실상 동결되었다"고 신랄하게 언급했다.[5] 미국은 중요한 동맹국인 남한에 대한 공격을 억지하기 위해 남한에 미군을 계속 유지할 것이지만, 이제는 더 이상 이 목적만을 위해 군대를 훈련시키고 전개할 수는 없을 것이다. 이에 따라 미군을 다른 우발 사태에 사용할 수 있도록 줄이거나 재조직할 필요가 있을 것이다. 억지와 남한 방어는 여전히 주한미군의 가장 중요한 임무이지만, 주한미군은 또한 다른 작전에 대비해 활용할 필요가 있었다.[6]

남한과의 재검토와 심의를 거친 후, 미국은 주한미군을 변환시키면서 2005년 12월까지 1만 2500명을 철수시키려는 또 다른 단계적 조치를 발표했다. 2004년 완료된 1단계에서 이라크로 전출된 2보병사단의 2여단 3600명을 포함해 5000명이 철수했다. 이어 2006년까지 또 5000명이 철수했다. 더 많은 감축이 예정되어 있었지만, 조지 W. 부시 대통령과 이명박 대통령은 감축을 일단 중지하고, 미군 병력의 수준을 원래 의도한 2만 5000명 대신 2만 8500명 정도로 유지한다고 발표했다.[7] 연기 합의에는 미국의 다연장 로켓포와 아파치 공격 헬기를 남한에 남겨두는 것도 포함되었다. 이후 주한미군 병력은 약 2만 8500명으로 유지되었고, 추가 축소의 조짐은 거의 없었다. 북한과의 긴장이 계속되는 한 이 병력을 그대로 유지할 것 같은 분위기다.

현재 남한에 주둔하고 있는 미군에는 제2전투항공여단(공격 헬기), 제2기갑여단전투단, 제1기갑사단, 제210야전포병여단, 제23화학대대와 함께 지원 부대와 사령부 참모진 등이 포함되어 있다. 주한미군의 또 다른 주요 구성 요소는 F-16 전투기 총 40대와 24대의 A-10 근접공중 지원 항공기를 보유한 제8전투비행단과 제51전투비행단으로 이뤄진 제7공군이 있다.

미군 기지 이전

조지 W. 부시 집권 기간 동안 미국 국방부의 '변환' 계획에는 또한 주한미군의 기지를 재배치하는 것도 포함되어 있었다. 미군은 1953년에 있던 자리를 대부분 그대로 유지해왔다. 한 미국 관리는 "기본적으로, 한국전쟁 후 우리는 있던 자리에 그냥 정착했다. 그래서 대체로 이전에 주요 보급로였던 곳을 따라 온 사방에 흩어져 있었다"고 언급했다.[8] 2003년 2월, 미국 상원 군사위원회의 증언에서 럼스펠드 장관은 "나는 우리 군대 다수가 서울 지역으로부터 그리고 비무장 지대와 가까운 지역으로부터 이동해 하나의 공군 허브 기지와 하나의 해군 허브 기지로 한층 더 집중되길 바란다. 아울러 강력한 억지 능력을 갖추고, 가능하다면 병력 이동 역량을 개선해 일부가 귀국할 수 있게 되길 바란다"고 말했다.[9] 럼스펠드의 발언은 '변환'이라는 말로 표현되었지만, 많은 사람이 그의 제안에 또 다른 동기가 있을까봐 두려워했다. 남한의 새 대통령 노무현은 선거 유세에서, 남한의 10대 소녀 2명이 미군 장갑차에 치여 희생된 2002년의 훈련 사고에 대한 분노에 편승해 반미 연설을 한 적이 있었다. 어떤 이들에게 럼스펠드의 이런 언급은 미군이 환영받지 못한다면 철수할 것이라는 일종의 보복으로 비춰졌다. 1990년 6월, 남한과 미국은 용산 기지의 이전에 합의했지만 비용 문제 등으로 보류됐었다.[10] 2003년 4월 이 계획은 되살아나서, 조지 W. 부시 대통령과 노무현 대통령은 이 계획을 다시 진전시키기로 한 합의에 도달했다.

2004년에 시작된 이전 계획의 이행에는 두 가지 구성 요소가 있었다. 첫째, 주한미군은 연합토지관리계획(Land Partnership Plan, LPP)에 따라 기지 부지의 상당 부분을 남한에 반환하는 절차를 시작했다. 연합토지관리계획에 의하면, 미군 기지의 수를 104개에서 47개로 줄이고, 약 57개의 기지를 반환하도록 되어 있었다. 이는 3만 6000에이커(약 1억 4570만 제곱미터—옮긴이)가 넘고, 10억 달러 이상의 가치에 해당하는 것이었다. 〔저자들이 약(approximately)이라고 표현한 데서 알 수 있듯 반환 예정 기지의 수와 면적에 대한 정확한 계산은 간단하지 않은 듯하다. 한 언론 기사에 따르면, 국방부 주한미군기지이전사업단은 반환 예정 기지가 80곳이라고 밝혔다. 하지만 이 언론의 계산에 따르면, 총 44개 기지에서 4637만 2968제곱미터의 면적이 반환 대상이다(임지선, "미군 기지 반환 이행률, 약속했던 면적의 11% vs 50%", 〈한겨레〉, 2017. 7. 11). 반면 경기도청에 의하면, 전국적으로 총 93개의 미군 기지 가운데 54개 기지에서 180제곱미터의 면적이 반환 대상이다(https://www.gg.go.kr/budongsan-usa_moving)—옮긴이.〕 미군은 2개의 허브 기지로 집결하도록 재구성되었다. 서북 허브 기지에는 미 육군 기지와 캠프 험프리스 그리고 오산 공군 기지가, 동남 허브 기지에는 대구에 주둔한 미 육군 기지가 포함되었다. 이러한 변화를 수용하기 위해 캠프 험프리스는 이전보다 3배나 확장되어 면적이 3450에이커가 넘는다. 캠프 험프리스 부지 공여는 시민 단체와 지역 주민들로부터 많은 반발을 불러일으켰고 이 때문에 공사가 지연되었다. 기지는 미군과 그 가족들에게 최고 수준의 시설을 제공한다. 캠프 험프리스는 미국의 해외 기지 가운데 가장 큰 규모이고, 미 8군과 2보병사단의 사령부가 될 것이다.

주한미군 재구조화의 두 번째 구성 요소는 용산 기지 이전 계획이다. 용산 기지는 서울 도심에서 값비싼 부동산을 차지하고 있어 특히 중요한 문제이고, 외국 점령의 상징으로 민감한 역사를 갖고 있다. 청나라 군대가 용산에 주둔한 데 이어 1876년 강화도조약으로 일본 군대가 들어와 1910년 조선을 병합한 후 이곳을 점령하고 기지를 확장했다. 제2차 세계대전 종결 뒤에는 서울에 진입한 미군이 동일한 시설물을 사용했고, 그때부터 줄곧 이곳에 주둔했다.[11] 용산 기지 이전 계획은 처음에 기지 전체를 남한에 반환하도록 되어 있었다. 하지만 2014년 10월, 전시 작전 통제권 이양이 연기됨에 따라 미국과 대한민국 관리들은 최소한의 시설 및 인력과 함께 한미연합군사령부는 전시 작전 통제권 문제가 해결될 때까지 용산에 잔류할 것이라고 발표했다. 이는 제210야전포병여단이 원래 계획했던 대로 캠프 험프리스로 이전하는 대신 동두천에 잔류할 것이라는 의미이기도 했다. 남한의 치명적 취약성 가운데 하나는 서울이 비무장 지대에 근접해 있다는 점이다. 따라서 한미 연합군의 핵심 임무는 전진 배치된 북한의 야포와 로켓을 분쟁 초기에 제거하는 능력이다. 제210야전포병여단을 남쪽으로 멀리 배치하면 이러한 임무에 기여하기가 불가능할 것이다. 남한이 북한의 포 공격에 응전하는 임무를 넘겨받을 만큼 충분한 역량을 구축할 수 있을 때까지 제210야전포병여단은 현재의 위치에 잔류할 것이며, 남한의 이러한 역량은 아마도 2020년에야 가능할 것이다.

이전 계획의 비용은 남한과 미국이 분담할 텐데, 남한은 80억 달러(8조 8600억 원)에 달할 것으로 추정되는 용산 기지 이전 계획을 부담할 것이다. 미국은 연합토지관리계획의 이행에 소요되는 약 63억 달러(7조 1000억 원)의 비용을 지불하고, 전체적으로 107억 달러를 들여 캠프 험프리스를 확장할 것이다.

변환과 더불어 부대 이전에는 또 다른 동기가 있었다. 미군 기지 통합으로 저비용으로 더욱 효율적인 훈련을 하고 군사 시설의 이동 비용을 줄일 수 있을 것이다. 대한민국 도로에서 이동하는 미군과 차량이 감소하면, 사고 위험과 '호송 혼잡'에서 발생하는 지역 주민의 분노를 줄일 수 있을 것이다. 또한 새로운 기지, 특히 캠프 험프리스 건설로 시급한 정비 필요성이 제기된 기존의 미군 시설을 개선할 수 있다. 마지막으로, 미군 이전은 자국 영토에 주둔하는 외국 군대로 인해 발생하는 마찰에 대처하는 것이기도 했다. 한반도에서 미군의 자취를 줄이는 것은 불가피한 마찰을 줄이는 데 도움을 주고 한미동맹의 장기적인 지속에도 도움이 된다. 따라서 "이전으로 효율성을 개선하고, 인구가 밀집한 한국의 도시에서 벗어나 덜 과밀한 지역으로 이동함으로써 존재 자체만으로 지역 공동체에 개입하게 되는 미군의 성격을 감소시킬 수 있다. 이는 궁극적으로 미군의 대비 태세를 강화하고, 대한민국을 지원하는 능력을 고양시킬 수 있다"고 주한미군은 언급했다.[12]

이전 계획에 따라 남아 있는 논쟁적 요소는 환경 문제다. 1966년 조인된 주한미군지위협정은 남한에서 작전을 수행하는 미군에 대한 규칙을 제공한다. 최초 문서에는 환경에 관한 조항이 없었지만, 2001년 개정한 주한미군지위협정에서는 주한미군이 "유해한 환경 효과를 최소화"하고 "주한미군에 의해 야기되는 인간 건강에 대한 공지(公知)의 급박하고 실질적인 오염의 치유, 그리고 인간 건강의 보호에 필요한 치유 조치의 고려를 신속하게 수행할 것"을 촉구했다.[13] 2010년의 한

연구에 따르면, 미국이 남한에 반환한 31곳 가운데 23곳에서 벤젠과 비소·납·아연·구리 등과 같은 중금속을 비롯해 다양한 수준으로 지하수와 토양이 오염되었다.[14] 최근에는 대한민국 시민 단체들이 미국의 정보공개법에 따른 요구를 통해 1990년부터 2015년까지 용산에서 84건의 기름 유출을 기록한 문서를 발견했다. 그중 7건에서는 1000갤런(약 3785리터) 넘는 기름이 유출되었는데, 주로 노후화한 저장고와 송유관 탓이었다.[15] 이런 사고 중 일부는 대한민국 정부에 통보했지만, 모든 사고에 대해 그런 것은 아니었다. 연구에 의하면, 벤젠과 기타 오염 물질의 수준은 기준치를 훨씬 초과했다. 시민 단체들이 인용한 2건의 기름 유출은 항공유 1250갤런과 디젤유 7620갤런이었다.[16]

남한과 미국은 주한미군지위협정의 해석에 대해 그리고 오염 정화의 책임이 누구에게 있는지에 대해 이견을 보이고 있다. 주한미군은 주한미군지위협정의 범위를 넘어선 선의의 노력이라는 입장을 갖고 일부 장소에 대해 오염 정화를 실시했지만, 많은 한국인은 이러한 조치에 실망했다. 이런 것이 한미동맹에서 미국의 권력이 계속되는 표시라고 많은 한국인은 여기고 있다. 남한 정부는 마지못해 정화되지 않은 상태로 기지 반환을 수락했는데, 기지 반환을 연기할 경우 동맹 관계에 마찰 요소가 추가될 것을 두려워했기 때문이다.[17]

이전 계획은 또 다른 우려를 자아냈다. 대한민국 정치 스펙트럼의 어느 쪽에 서 있느냐에 따라 이런 우려는 다양하게 표출되었다. 일부 좌파에서는 '전략적 유연성'과 연결된 이런 이전으로, 주한미군이 중국과의 분쟁에 개입하게 되어 남한이 원하지도 않는 싸움에 휘말리는, 고전적인 연루 가능성을 우려했다. 2006년 1월, 대한민국과 미국 관계자들은 이러한 우려를 명확히 할 필요가 있다고 판단했다. 이에 남한은 미국에 전략적 유연성이 필요하다는 것을 확인하고, 미국은 자신의 의지에 반해 분쟁에 휘말릴 수 있다는 대한민국의 우려를 인정했다.[18] 우파에서는 미군 감축과 서울 이남으로의 이전이 미국의 눈에는 한미동맹의 격하로 비쳐지고, 그로 인해 언젠가는 한반도에서 모든 미군이 철수할지도 모른다고 걱정했다.

주한미군을 철수할 때?

분석가들은 때때로 미국이 군대를 남한에서 철수하고 유용성이 다한 한미동맹을 종식시켜야 할 때라는 주장을 제기한다.[19] 이러한 조치에 대한 변함없는 지지자는 더그 밴도인데, 그는 "주한미군을 정당화하는 논리는 수십 년 전에 사라졌다"고 주장한다.[20] 밴도 등은 냉전 기간 동안엔 남한을 방어하는 것이 의미가 있었지만, 이제 남한은 스스로를 더 잘 방어할 수 있다고 주장한다. 남한은 이제 더 이상 소련과 각축을 벌이던 때처럼 미국의 필수적 국익이 아니고, 이미 긴축에 들어간 미국 예산에 비해 너무 값비싼 짐이라는 것이다. 나아가 북한으로서는 미국과 미국이 추구하는 북한의 정권 교체가 주요 위협이므로, 주한미군을 철수하면 조선민주주의인민공화국의 생존이 확보되어 미국이 북한의 목표물에서 벗어나고 지역 안정을 증진시킬 수 있을 것이라고 본다. 이러한 주장이 주기적으로 등장하긴 하지만, 남한에서 미군 지상군의 존재는 남한에 대한 미국 공약의 중요한 신호이자 북한에 대한 억지 신호이기도 하다. 게다가 주한미군은 지역 현상 유지의 중요한 요소이며, 동아시아의 평화와 안정에 대한 미국의 공약을 증명한다.

통합: 한미동맹의 역량, 지휘, 계획

남한에 대한 미국의 공약과 주한미군의 존재는 이 지역에서 억지와 평화 보장에 중요한 부분이다. 또한 미군과 대한민국 군대의 통합은 이러한 목표를 달성하기 위해 중요하다. 수년에 걸쳐 한반도에서 미군의 전투력은 다양한 부대, 특히 지상군 감축으로 약화해왔고, 위기 대응 시 한국에 추가 투입할 미군에 더 많이 의존하게 되었다. 그에 따라 남한은 자국 방위에 더 많은 부담을 지게 되었는데, 이는 남한 경제 및 군사력의 성장으로 가능했다. 그러나 연합 계획과 연합 전투 작전을 통한 한국군과 미군의 통합은 여전히 한미동맹의 핵심이다. 한미동맹의 연합 군사 태세는 한국과 미국의 방위 관계가 강력함을 보여주는 중요한 억지 신호이자, 만약 언제라도 필요하다면 한미동맹이 동시적이고 효과적으로 대응할 것임을 보장하는 데 기여한다. 어떤 계획도 적과의 첫 접촉에서 살아남지 못한다는 옛 격언은 한국에서도 의심할 여지없이 적용될 것이다. 그러나 한미동맹의 통합은 동맹의 군사적 측면의 성공을 위해 여전히 중요한 기초다. 여기서는 통합의 두 가지 핵심적 측면인 지휘 관계와 작전 계획을 검토할 것이다.

지휘 관계

한미연합군사령부

한미동맹의 통합에서 그리고 효과적 연합 계획을 위한 능력에서 중요한 구성 요소는 동맹의 지휘 구조다. 덧붙여 지휘 구조의 통합은 신뢰할 수 있는 동맹의 안전 보장을 뒷받침해 미국의 공약을 증명하고, 미국이 위기 시 도피하는 것을 더욱 어렵게 만든다. 한국과 미국의 공식적 지휘 관계는 유엔 안전보장이사회가 북한의 침략에 대응해 유엔군 사령부를 설치한 1950년에 시작되었다. 유엔군 사령부는 참전한 유엔 회원국의 활동을 관장하는 임무를 부여받았고, 미군 장교가 조직의 지휘를 맡았다.[21] 그다음 달에 이승만 대통령은 대한민국 국군을 유엔군 사령부의 작전 통제권 아래 두었다. 한국전쟁이 끝난 후 대한민국 국군의 작전 통제권은 미군 사령부로 이관되었다.

이러한 지휘 계통은 1978년까지 유지되었다. 1978년 남한과 미국은 한미연합군사령부를 설치하고 더욱 강화된 연합 그리고 통합 지휘 구조를 창설해 사령부의 의사 결정에서 남한에 더 많은 역할을 부여했다. 한미연합군사령부는 14개 부서로 이뤄져 있으며, 각 부서는 '지휘관'이 이끌고 서열 2위인 '부지휘관'을 두고 있다. 남한은 이 중 6개 부서(인사, 정보, 통신, 공병, 작전 분석, 본부 사령)에서 지휘관, 미군 장교가 부지휘관 지위를 맡는다. 나머지 부서(연합사 사령관, 참모장, 기획, 작전, 군수, 법무, 공보, 연합사 장교단 총무)에서는 미군 장교가 지휘관, 대한민국 장교가 부지휘관을 맡는다. 한미연합사 사령관은 미군 4성 장군으로 주한미군 사령관 및 유엔군 사령관이기도 하다.[22] 한미연합사 부사령관은 대한민국의 장성이다.

한미연합군사령부의 발전에는 몇 가지 함의가 있었다. 첫째, 지휘 구조의 통합으로 한미동맹의 기획과 전투 기능이 개선되어 양국이 더 통합적인 방식으로 협력할 수 있게 되었다. 만약 한반도에서 전쟁이 재발한다면, 한미연합군사령부는 어떠한 전투 작전이라도 성공적으로 수행할 수 있는 강력한 토대를 제공한다. 둘째, 남한의 능력과 역량이 증가함에 따라 한미연합군사령부는 이러한 지휘 구조의 통합을 통해 대한민국 국군에 더 많은 역할을 부여했다. 이는 한미동맹의 또 다른 중요한 변화이기도 하다. 셋째, 한미연합군사령부를 미국이 주도해 미국은 한미동맹을 계속 통제하고 남한의 행동을 '제약'하는 기능을 유지할 수 있었다. 마지막으로, 미국이 연합 지휘 구조에 통합되고 지배적 위치에 있음으로써 한미동맹에 대한 미국의 공약이 강력한 억지 신호라는 점을 알리는 데 기여했다. 미국은 이러한 지휘 계통에 깊숙이 개입되어 있지만, 위기 시 남한을 포기하라는 심각한 압력에 시달릴 수도 있을 것이다. 만일 미국이 남한을 포기한다면 미국의 신뢰성에 심각한 타격을 줄 것이고, 이는 다른 동맹국에도 혼란스러운 메시지를 보내는 일이 될 것이다.[23]

한미연합군사령부의 장점에도 불구하고 지휘 계통은 민감한 쟁점이었고, 주권과 관련해 특히 그러했다. 다른 나라의 지휘 아래 자국 군대를 두는 것을 즐기는 국가는 없다. 시간이 지나면서 이러한 지휘 관계를 변경하라는 압력이 남한에서 일어나기 시작했다.

전시 작전 통제권의 이양

지휘 관계에서 논란의 핵심 가운데 하나는 군대의 작전 통제권이다. 한국전쟁이 일어났을 때 이승만은 작전 통제권을 유엔군 사령부에, 그 후에는 미국에 양도했다. 박정희 정부는 작전 통제권의 변화를 모색했지만 진전은 별로 없었다. 냉전 종식으로 미군의 감축과 동시에 노태우 대통령은 1990년 이 쟁점을 다시 제기했다. 1994년 남한과 미국은 평시 작전 통제권을 남한에 반환하기로 합의해 국군의 일상적 관리를 대한민국이 담당하기로 했다. 하지만 전쟁이 발발할 경우 전시 작전 통제권은 여전히 미국의 한미연합사 사령관에 남겨두었다.

전시 작전 통제권 반환에 관한 대화는 2002년에 재개되어 노무현 대통령의 당선 및 그다음 해의 취임과 더불어 본격적 논의에 들어갔다. 작전 통제권이 국가 자부심과 주권의 문제라고 믿은 노무현은 다음과 같이 주장했다. "한국은 자국 군대의 완전한 작전 통제권을 가지지 못한 유일한 나라이다. ……요점은 어느 국가든지 자주 국방이 주권의 핵심이라는 것이다. 심각한 문제가 없는 한 국가는 어떤 대가를 치르더라도 작전 통제권을 필요조건으로 가져야 한다."[24] 따라서 작전 통제권 이양은 국가 안보의 필수 사항이라기보다는 대단히 국내 정치적인 문제였다.[25] 게다가 "우리 국군은 …… 작전을 통제할 수 있을 만큼 충분히 강력하게 성장했다. 우리 스스로의 작전 통제권을 갖는다고 해도 우리와 미국의 동맹에는 영향을 끼치지 않을 것이다"라고 노무현은 믿었다.[26] 이러한 감정은 여러 주한미군 사령관들에게도 반향을 불러일으켰다. 다음과 같이 언급한 제임스 서먼(James Thurman) 장군도 그중 한 명이었다. 대한민국 국군은 "첨단 무기 체제의 배치를 능숙하게 다루는 현대적이고 능력 있는 군대다. 대한민국 국군은 직업 장교단에 의해 통솔되고 있으며 이라크, 아프가니스탄, 아덴만, 레바논 파병과 유엔 평화유지군 참가 그리고 인도주의적 지원 작전을 통해 귀중한 경험을 획득했다".[27] 대한민국 국군과 미군이 높은 수준의 통합을 유지하더라도, 작전 통제권을 이양하면 남한은 전시에 주도권을 쥐게 될 것이다. 군사 용어로 표현하면, 남한은 '지원받는 지휘권'을 갖는 반면 미국은 '지원하는 지휘권'을 갖게 될 것이다. 더욱이 한미연합군사령부를 전면 개편해 한미연합군사령부에 상응하는 독자적인 한국사령부(Korea Command, KORCOM)를 설치하거나, 한미연합군사령부와 유사한 구조를 유지하되 대한민국의 4성 장군이 사령관을 맡아 한미연합군사령부 참모부에서 대한민국의 존재감이 더 커질 수도 있을 것이다.

미국은 남한의 요청을 적극 수용해 여러 차례 회담 후 2012년 4월 17일에 작전 통제권을 이양하기로 합의했다. 하지만 이양일이 다가오던 2009년 북한이 2차 핵실험을 감행했다. 이와 함께 미사일 발사 시험과 천안함 격침 같은 사건이 발생하는 분위기에서 작전 통제권 이양이 과연 현명한 결정인지를 많은 사람이 의심하게 되었다. 2010년 6월 토론토 G20 정상 회담에서 오바마와 이명박은 작전 통제권 이양을 2015년 12월까지 연기한다고 발표했다. 하지만 2013년 봄, 당시 '전략적 동맹 2015'로 명명된 작전 통제권 이양이 다시 문제로 떠올랐다. 2014년 4월 오바마가 서울을 방문해 박근혜와 정상 회담을 갖고, 양 정상은 공동 기자 회견에서 작전 통제권을 이양하는 시간표는 재검토 중이라고 밝혔다. 2014년 10월 안보협의회의에서 2015년

12월 이양을 백지화하되 그 대체일은 설정하지 않았다는 결정이 발표되었다. 대신 "대한민국과 동맹이 핵심 군사 능력을 구비하고 한반도 및 역내 안보 환경이 안정적인 전시 작전 통제권 전환에 부합할 때" 달성할 수 있는 "조건에 기초한 접근 방식"으로 "적정한 시기에 안정적인 전시 작전 통제권 전환"을 보장할 것이라고 남한과 미국은 확인했다.[28]

작전 통제권은 탄핵당한 박근혜를 대체할 보궐 선거의 유세 기간 동안 다시 수면 위로 부상했다. 문재인 후보는 선거 승리 며칠 전 "한미동맹은 우리 외교와 국가 안보에 가장 중요한 토대다"라고 선언하면서 한미동맹에 강력한 지지를 보냈다.[29] 그러나 선거 유세 도중 그는 또한 동맹 관계의 변화를 추구할 것이며, 특히 가능한 한 빠른 시일 내에 작전 통제권 이양을 획득하도록 모색할 것이라고 밝혔다. "우리는 모든 의도와 목적을 가지고 우리의 방위를 스스로 책임질 것이다"라고 그는 언급했다.[30] 문재인은 취임하고 나서 선거 공약을 지킬 것이지만 한국이 작전 통제권을 떠맡기 위해서는 국군의 역량을 더 많이 개선할 필요가 있고, 여기에는 국방비 증액이 요구된다는 것을 인정한다고 밝혔다. 첫 번째 조치로 문재인 정부는 2018년 국방비를 2017년보다 6.9퍼센트 늘어난 43.1조원(384억 달러)으로 책정했다. 국방비는 매년 연평균 5.8퍼센트씩 증가해 2021년에는 500조 원(4500억 달러) 이상에 달할 것으로 예상된다.[31] (출처로 밝힌 〈중앙일보〉의 같은 기사에 따르면, 매년 5.8퍼센트 증가해서 2021년 500조 원 이상이 될 것으로 예상되는 것은 국방비가 아니라 전체 국가 예산 규모인데, 저자들이 혼동한 것으로 보인다—옮긴이.) 결과적으로, 문재인 대통령 재임 기간 동안 국방비는 현재

국내총생산의 2.4퍼센트에서 2.9퍼센트로 증가할 것이다.[32]

계획과 준비 태세

한미동맹 통합의 핵심적 구성 요소 중 하나는 군사적 우발 사태에 대처하기 위해 수년간에 걸쳐 개발해온 작전 계획이다. 한미동맹의 작전 계획은 시간에 따라 변해왔고, 이는 대부분 위협에 대한 인식과 동맹 역량이 변화한 결과다. 한미동맹 결성 이후, 작전 계획(OPLANS)은 이러한 변화 가운데 가장 중요하다. 그 첫 번째인 '작전 계획 5027'은 국군과 미군의 연합 전쟁 계획이었다. 주로 방어적이고 북한의 또 다른 침략에 대응하는 이 계획은 대규모 미군이 도착해 기존 경계선을 회복할 때까지, 공간을 내주는 대신 시간을 벌 수 있도록 고안한 '후퇴해서 버티기' 작전에 입각해 있었다. 1970년대에는 미국이 베트남에서 철수하는 것을 남한에 대한 미국 공약의 쇠퇴 징후라고 북한이 오판할 수 있었다. 그래서 미국과 남한은 북한의 침략을 초기에 격퇴하고 경계선을 넘어 북으로 이동하고, 최종적으로는 평양을 장악하기 위해 '작전 계획 5027'을 좀더 전진형으로 수정했다. 이 계획에는 북한의 후방 목표물에 대한 대량 폭격도 포함되었다.[33] 또한 서울의 규모와 중요성이 증가해 대한민국 수도와 멀리 떨어진 곳에서 전투를 벌이는 것이 필요했기 때문에 '후퇴해서 버티기' 접근법은 포기할 수밖에 없었다.

1990년대에 북한 핵 위기가 가열되자 작전 계획은 다시 바뀌었다. 북한이 공격할 경우 작전 계획은 이제 현상 유지를 회복하는 것보다 북한 정권을 제거하는 내용을 담았다. 1998년의 추가 개정은 북한의 공격이 임박했다는 증거가 있을 경우, 북한을 선제 타격하도록 촉구했다. 1999년 주한미군 사령관 존 틸럴리(John Tilelli) 장군은 조선민주주의인민공화국의 붕괴 가능성과 그에 따른 난민 유입 가능성에 대비한 또 다른 계획인 '작전 계획 5029'의 존재를 인정했다.[34] 클린턴 행정부 시절, 미국 관리들은 또 다른 계획인 '작전 계획 5026'을 고안했다. 이로써 전면전의 개시를 의도하지는 않더라도 북한의 주요 시설을 정밀 공중 타격하는 작전을 구상했는데, 그 대부분은 북한의 핵무기 프로그램과 관련된 것으로 보이는 시설이었다.[35] 럼스펠드 국방장관은 2003년 분쟁이 일어나기 전에 타격을 가해 북한의 군사적 능력을 저하시키는 작전을 수행할 수 있는 권한을 지역 사령관에게 부여하는 또 다른 계획인 '작전 계획 5030'을 마련하도록 지시했다. '작전 계획 5030'의 조치에는 조선민주주의인민공화국 영공에 근접한 감시 비행과 함께 단기 군사 훈련이 포함되었다. 단기 군사 훈련은 북한으로 하여금 전투기를 발진하고 경계 수준을 높이게 함으로써 북한의 방어 체계를 드러내도록 만들고, 그러는 와중에 북한이 연료와 식량을 비롯한 자원을 허비하도록 고안한 훈련이었다. 이 계획을 완성했는지는 명확하지 않지만, 비판자들은 불필요하게 도발적인 계획이라고 주장했다.[36]

2015년 6월, 대한민국 국군과 미군 지도자들은 새로운 전략인 '작전 계획 5015'에 조인했다. '작전 계획 5015'는 북한의 사이버 위협에 대비한 우발 사태 계획과 함께 '작전 계획 5027과 5029'를 통합한 것이다.[37] 그 세부 사항은 기밀로 분류되어 있다. 대한민국 국방부가 강력한 비판을 받으면서도 국회의원들에게 세부 사항의 제공을 꺼려할 만큼, 대한민국 국군과 미군 지도자들은 이것이 언론에 유출되는 것을 매우 우려했다.[38] 차후의 분쟁은 더욱 비대칭적이고 한국전쟁 때처럼 대규모 지상 기습은 아닐 것이라는 견해를 가지고 작전 계획을 구상했다고 언론 보도는 전했다. 언론 보도에 따르면, '작전 계획 5015'에는 북한의 핵과 미사일 시설 그리고 통신 센터에 대한 신속하고 정밀한 타격과 함께, 북한이 공격을 개시한 후에는 조선민주주의인민공화국 지도자에 대한 참수 작전이 포함되었다.[39] 〈아사히신문〉은 또한 북한 지도자들을 암살하고 북한의 핵 시설을 확보하기 위한 특수 작전 부대의 투입도 언급했다.[40] 2016년 봄 훈련에서 미군과 대한민국 국군은 '작전 계획 5015'에 포함된 선제 계획 일부를 모의 실험했다. 안보 환경의 변화와 함께 신속한 대응으로 북한의 전쟁 확대를 저지할 필요성 그리고 분쟁이 남쪽으로 확산하지 않도록 할 필요성을 고려하면, 이 새로운 접근 방식이 전쟁을 제한하기 위해 필요한 노력이라고 계획 입안자들은 믿었다. 그러나 비판자들은 '작전 계획 5015'가 사실상 지나치게 도발적일 수 있고 분쟁을 제한하기보다는 전면전을 초래할 수 있다고 주장해왔다.[41]

2009년 북한의 2차 핵실험, 2010년 천안함 격침과 연평도 포격 후 방위 정책 입안자들은 한국에서 억지의 모든 측면을 재검토하기 시작했다. 최초의 조치 가운데 하나는 2010년 미국의 핵전략을 논의하기 위한 확장억지정책위원회(Extended Deterrence Policy Committee, EDPC)를 구성하는 것이었다. 북대서양조약기구의 핵계획그룹(Nuclear Planning group)과 유사하게 확장억지정책위원회는 핵전략에 관한 대화와 계획을 수행하고 양측이 핵 억지에 관한 이해를 증진하도록 했다. 과거 남한은 핵전략 계획의 많은 부분을 주한미군에 양도해왔지만, 이 위원회는 계획을 공유할 수 있는 기회를 제공했다. 지금은 억지전략위원회(Deterrence Strategy Committee)로 바뀐 이 위원회에서 양측은 아이디어와 활동을 진솔하게 교환하고, 미국의 방어 공약과 이러한 공약 중 핵우산 역할을 남한에 확신시키는 방안을 강구한다.[42]

확장억지정책위원회의 토론에서 방위 입안자들은 맞춤형 억지 전략(Tailored Deterrence Strategy, TDS)을 개발했다. 2013년 10월의 안보협의회의를 마치면서 공식적으로 발표한 맞춤형 억지 전략은 조선민주주의인민공화국의 핵, 화학 그리고 생물학 무기 프로그램에 대처하도록 구상되었고, 이러한 위협에 대처하기 위해 다양한 대안을 제시했다. 구체적 내용은 기밀 사항이지만, 2013년 안보협의회의의 공동 성명은 다음과 같이 밝히고 있다.

> 〔맞춤형 억지 전략은〕 전·평시 북한의 주요 위협 시나리오에 대한 억지의 맞춤화를 위해 동맹의 전략적 틀을 확립하고, 억지 효과를 극대화하기 위한 동맹 능력의 통합을 강화할 것이다. 양국은 앞으로도 대한민국에 대한 확장 억지의 신뢰성, 능력, 지속성을 보장하기 위해 억지 관련 사안을 긴밀히 협의해나가기로 했다.[43]

계획에는 미국의 핵우산을 공식적 계획 절차로 변경시키는 것과 선제 타격 옵션이 포함된 것으로 알려졌다.[44] 2014년 봄 한미 연합 훈련에서 맞춤형 억지 전략을 처음으로 실시하기 시작했다.

2010년 이후 주요 전쟁 수준 이하로 북한이 도발할 때의 대치 상황에 대한 우려도 커졌다. 1968년 박정희 암살을 기도한 무장공비와 푸에블로호 피랍, 1983년 버마 랑군에서 전두환 암살 기도, 1987년 대한항공 858편 폭파 등과 같은 위험한 행동을 감행하려는 의도를 북한은 오랫동안 보여왔다. 연평도 포격 이후, 북한이 이러한 행동을 또다시 감행한다면 동등한 또는 그 이상의 무력으로 군사적 대응을 할 것이라는 점을 남한 관계자들은 분명히 했다. 공동 대응을 일치시키기 위해 남한과 미국은 공동 국지도발 대비계획(Combined Counter-Provocation Plan, CCP)을 개발했다. 주한미군은 공동 국지도발 대비계획으로 "우리의 공동 대비 태세를 개선해 우리는 북한의 어떤 도발에도 즉각적이고 단호히 대응할 수 있다. 완성된 계획에는 북한의 도발에 한미가 공동으로 강력하고 단호한 대응을 할 수 있도록 협의와 행동을 위한 절차를 포함하고 있다"고 언급했다.[45] 대한민국 합참의장 정승조 장군에 따르면 "이 계획이 완성됨으로써 우리는 북한의 도발을 단호히 응징할 준비를 마쳤다. 이 계획으로 남한과 미국의 군대는 각각 독자적인 계획을 가졌을 때보다 더욱 강력하게 대응할 수 있게 되었다."[46]

공동 국지도발 대비계획의 조항은 기밀 사항이지만 남한이 북한의 도발에 대한 대응을 주도하고, 필요하다면 주한미군의 지원을 요청할 수 있다고 언론 보도는 추정한다. 만약 전면전이 발생한다면, 현행 작전 통제권의 절차에 명시된 대로 미국이 작전을 주도할 것이다. 공동 국지도발 대비계획으로 동맹의 계획을 개선해 북한의 도발에 대한 공동 대응이 가능해졌으며, 이러한 행동에 억지력을 부여하는 것이 이 계획의 희망 사항이다. 그러나 미국으로서는 공동 국지도발 대비계획에 또 다른 동기가 있었을 것이다. 동맹은 공동의 안보 위협에 대처하도록 되어 있지만, 또한 동맹 회원국들 특히 강대국의 행동을 제약하기도 한다. 북한이 연평도를 포격했을 때, 남한 관계자들은 응징할 준비와 더 나아가 대응을 단계적으로 확대할 준비가 되어 있다고 밝혔다. 미국 관계자들은 지나치게 과도한 대응이 한국에서 확전을 초래할 수도 있어 우려와 두려움을 드러냈다.[47] 결국 미국은 대응을 자제하도록 남한 정부를 설득했다. 미국은 연평도 포격 같은 향후의 어떤 시나리오에도 방관자로 남아 있는 대신, 공동 국지도발 대비계획으로 계획과 어떤 대응에서도 한 축을 담당할 수 있다.

자주: 대한민국 국군의 역량 성장

지난 수년간 남한은 자국의 안보 환경에 대처할 능력을 갖춘 현대적이고 뛰어난 군대를 건설해왔다. 대한민국 경제 성장의 결과, 많은 부분 가능해진 역량으로 남한은 자국 방위에서 많은 책임을 지게 되면서 미국의 확장 억지 보장에 덜 의존하기에 이르렀다.

이 책을 쓰는 시점에 남한은 63만 명의 현역병을 보유하고 있으며, 그중 대부분인 49만 5000명이 육군이다. 군 병력을 보충하기 위해 남한은 징병제에 의존하고 있는데, 복무 기간은 군에 따라 21~25개월이다. 대한민국의 출산율이 계속 감소함에 따라 앞으로 국군은 이 병력수를 유지하는 것이 하나의 도전 과제일 것이다.[48] 대한민국 육군은 2400대 이상의 전차와 2790대의 장갑차 그리고 1만 1000문 이상의 야포와 다연장 로켓포를 보유하고 있다.[49] 대한민국 공군은 F-15K와 F-16을 비롯해 567대의 전투기를 보유하고 있고, F-35 스텔스기를 40대 구매할 예정이며 여기에 20대를 추가 구매할 가능성도 있다.[50] 한국전쟁 후 대부분의 기간 동안 남한은 연안 방어만 담당하는 소형 함정을 보유한 해군을 유지해왔다. 그러나 2001년 김대중은 남한이 대양을 항행하는 함대를 건설할 것이라고 발표했다. 그 후 수년간 대한민국 해군은 첨단 이지스 구축함 3대를 건조했고, 또 다른 이지스 구축함 3대와 수륙양용 공격함 1대 그리고 소형 구축함 6대를 건조할 계획이다. 이러한 해군으로 대한민국은 소말리아 해역에서 해적 퇴치 활동에 기여하고 있다. 해군은 또한 다수의 초계함과 연안경비함을 보유하고 있고, 노후화한 선박을 현대적인 군함으로 대체하는 계획을 진행 중이다. 대한민국 해군은 또한 잠수함대도 확장하고 있다. 가장 인상적인 것은 이 모든 함선을 대한민국의 조선소에서 건조해왔다는 점이다.

대한민국 국군은 수년간 대단한 발전을 이루어 현대적이고 능력 있는 군대를 구축했다. 북한이 병력과 몇몇 부분에서는 우위를 유지하고 있지만, 대한민국 국군의 질과 능력은 많은 영역에서 북한을 앞선다. 방위 우선순위와 관련해 《밀리터리 밸런스 2017(Military Balance 2017)》은 남한이 "질적 우위를 유지하기 위해 재래식 군사력에 재투자하려는 노력과 동시에 북한의 야포와 탄도미사일 그리고 연안 잠수정 위협의 억지에 요구되는 적합한 능력을 추구하고 있다"고 언급했다.[51] 서울에 도달할 수 있는 수천 문의 대포와 로켓, 수백 기의 중단거리 탄도미사일, 잠수정 등을 비롯한 북한의 위협에 맞서는 것은 대한민국 국군에 변함없이 벅찬 도전이다.

북한 핵무기에 대응하기

남한과 미국은 북한의 핵 위협에 대처하기 위해 공동으로 많은 일을 해왔지만, 남한은 북한에 대응할 수 있는 스스로의 능력을 개발하기 위해 여러 조치를 강구해왔다. 이는 한국형 3축 체계라 일컫는 것으로, 조선민주주의인민공화국의 미사일을 선제 타격하는 '킬 체인(Kill Chain)'과 '탄도미사일 방어' 그리고 '한국형 대량 응징 보복 계획(Korean Massive Punishment and Retaliation, KMPR)'으로 이뤄져 있다.[52]

킬 체인

국제법에 의하면, 국가들은 적의 공격이 임박할 경우 선제적 행동을 취할 권리가 있다. 즉 국가들은 대응하기 전에 공격을 미리 받을 필요 없이 위협을 제거할 수 있다. 서울이 비무장 지대에 근접해 있다는 점을 고려하면, 대응하기 전에 일격을 받는 것만으로도 재앙일 것이다. 핵무기를 보유한 북한의 임박한 공격을 제거하는 능력을 보유하기 위해 대한민국 국군은 킬 체인 전략을 개발해왔다. 킬 체인은 또한 북한의 미사일 위협에 대응하는 4D 연합 작전 개념, 즉 탐지(detect), 교란(disrupt), 파괴(destroy), 방어(defend)와 연결되어 있다.[53] 이러한 역량을 갖춰 목표물을 탐지하고 조준해 타격할 수 있도록, 대한민국 국군은 개선된 정보(intelligence), 감시(surveillance), 정찰(reconnaissance), 즉 ISR 자산을 확보할 것이다. 대한민국 국군은 2023년까지 독자적인 첩보 위성 5기를 보유할 계획이고, 그때까지 4~5기를 외국에서 임대하기로 했다.[54] 계획에는 또한 남한이 이미 보유하고 있는 2대의 그린파인 레이더(Green Pine radar)를 보완하기 위해 추가로 2대를 구매하는 것도 포함되어 있다.

목표물을 타격하기 위해 남한은 북한 전역을 목표물로 삼을 수 있는 탄도미사일(현무 2)과 무인항공기 개발 계획을 세우고 있다. 이러한 조치를 위해서는 미사일의 사거리와 중량에 제한을 둔 미국과의 합의를 개정해야 할 필요가 있었다. 여러 차례의 열띤 협상 후에 미국은 고집을 꺾었다.[55] 탄도미사일에 대한 제한을 우회하기 위한 수단으로 남한은 장거리 순항미사일(현무 3)을 개발했고, 현무 3은 킬 체인의 일부가 될 것이다. 마지막으로 남한은 정밀 유도 폭탄의 보유량을 늘리고, F-15K용 토러스 공대지 순항미사일을 추가 구매할 의향을 내비치고 있다. 토러스 미사일은 북한 영공을 통과하지 않고도 어려운 목표물을 제거할 수 있을 만큼 충분한 사거리와 정확도를 갖고 있다.[56]

탄도미사일 방어

지난 10년간 미국은 북한의 증가하는 미사일 위협에 대처하기 위해 아시아 동맹국들로 구성된 지역 탄도미사일 방어(ballistic missile defense, BMD) 체제를 구축해왔다. 미 해군은 100개 이상의 목표물을 동시에 추적할 수 있는 AN-SPY 레이더를 장착한 이지스 구축함을 비롯한 다수의 탄도미사일 방어 자산을 아시아-태평양 지역에서 보유하고 있다. 이지스함은 '히트 투 킬(hit-to-kill, 직접 타격 방식)' 기술을 사용해 탄도미사일을 중간 궤도 단계의 고고도에서 격추할 수 있는 요격용 스탠더드 미사일 3(Standard Missile-3, SM-3) 블록 1B로 무장하고 있다. SM-3는 탄도미사일을 격추하도록 고안했지만 위성도 공격 목표로 삼을 수 있다. 미 해군은 22척의 순양함, 이지스함처럼 무장한 8척의 구축함을 포함해 총 62척의 구축함을 보유하고 있다. 이와 함께 일본에 전개해 있는 순양함 3척은 북한의 미사일 시험 감시를 위해 또는 긴장이 고조될 때 한국 해역에 자주 급파된다. 이러한 함선은 명령이 떨어지면 북한의 미사일을 격추할 수 있을 것이다.

일본은 미국 탄도미사일 방어 체제의 자발적 파트너다. 1998년 일본 영공을 통과한 북한 미사일 시험 이후 일본은 북한의 위협을 절감했다. 그 결과, 일본은 이지스 구축함 6척을 보유하게 되었고, 그중 4척은 SM-3 요격미사일로 무장하고 있다. 일본은 이지스 구축함 6척 전부에 SM-3를 장착하고 2척의 이지스함을 추가로 건조해 총 8척을 보유할 계획이다. 일본과 미국은 또한 더 진전된 SM-3 블록 IIA 요격미사일을 개발하기 위해 협력 중이다. 그리고 일본은 궤도의 마지막 단계에서 공격 미사일을 격추하도록 고안한 PAC-3 미사일도 보유하고 있으며, 2020년 도쿄 하계 올림픽까지 이 체제를 향상시킬 계획을 갖고 있다.[57]

남한은 미국이 주도하는 탄도미사일 방어 체제에 참여하길 꺼려왔고, 그 대신 독자적인 능력인 한국형 미사일 방어(Korea Air and Missile Defense, KAMD) 체제의 구축을 채택했다. 남한 정부는 미국의 체제에 참여할 때 발생하는 비용을 우려했지만, 그보다 중요한 것은 중국에서 나올 수 있는 부정적 반응이었다. 한국형 미사일 방어 체제는 북한의 단거리 미사일을 최종 단계에서 격추하는 PAC-2와 PAC-3 요격미사일 그리고 3척의 세종대왕급 대형 이지스 구축함으로 구성되어 있다. 남한은 좀더 작은 규모의 이 함선을 추가로 3척 건조할 계획이다. 2018년이면 남한의 이지스 구축함은 대함 미사일로 설계한 SM-2로 무장하고, SM-3와 같지는 않지만 제한적인 미사일 요격 능력을 보유하게 된다. 남한은 이지스함에 SM-3의 장착을 고려 중이지만 최종 결정을 내리지는 않았다. 대한민국 국군은 또한 중장거리 지대공 요격미사일을 개발해 패트리어트와 사드(THAAD)를 보완하는 고유한 체제를 구축할 계획이다.

탄도미사일 방어 체제에서 가장 최근에 화제로 떠오른 것은 사드의 남한 배치였다. 사드의 남한 배치는 주한미군 사령관 커티스 스캐퍼로티(Curtis Scaparrotti) 장군에 의해 2014년 6월 처음으로 거론되었다. 그 전 해에 미국 국방부는 북한 미사일 위협의 증가에 대응해 괌에 사드를 배치한다고 발표했다.[58] 그 후 미국 국무부는 지역 미사일 방어 체제에서 이 체제의 중요성과 역할을 다음과 같이 밝혔다.

> 〔한·미·일 3국 간의〕 상호 운용적인 지역 미사일 방어(MD) 구조의 개발이 북한의 핵과 미사일 위협 측면에서 가장 중요한 미래의 초점이다. 미래의 한미일 삼각 협력은 북한의 공격을 억지하는 우리의 노력에 긍정적 영향을 미치고, 조선민주주의인민공화국(북한)에 강력한 억지 메시지를 전달할 수 있다.[59]

이런 행동에 대한 중국의 반대는 분명했다. 2014년 미국이 X밴드 레이더를 일본에 배치하자, 이에 대한 반응으로 중국 외교부 대변인은 다음과 같이 밝혔다. "이웃 나라가 아시아-태평양 지역에서 미사일 요격 체제의 배치를 밀어붙여 일방적인 안보를 추구하는 것은 이 지역의 전략적 안보와 상호 신뢰에 도움이 되지 않는다. 이것은 동북아시아의 평화와 안정에 도움이 되지 않는다."[60]

남한과 미국은 사드에 대한 논의를 1년 넘게 끌었고, 박근혜 정부는 미국의 요청을 미루어왔다. 박근혜는 중국 시진핑 주석과의 관계를 개선하려 노력했는데, 사드로 이것을 망치고 싶지 않았다. 하지만 2016년 1월, 북한이 4차 핵실험을 감행했고, 중국의 반응은 남한이 예상한 것만큼 강력하지 않았다. 그 결과 남한은 사드를 적극적으로 고려하기 시작했고, 2016년 7월 8일 남한과 미국은 사드 배치 결정을 발표했다.[61]

중국의 분노가 즉각 뒤따랐고, 외교장관 왕이는 다음과 같이 불평했다. "남한 측의 최근 움직임은 양국 상호 신뢰의 바탕을 훼손했다. 사드는 확실히 단순한 기술적인 문제가 아니라 철저하게 전략적인 문제다."[62] 중국 관리들은 사드가 중국의 핵 억지력에 위해를 가한다고 주장하면서, 이 체제에 동반되는 레이더에 우려를 표명했다. 여기에 운용되는 레이더는 AN/TPY-2 X밴드 레이더이고, 사드 발사대 2기가 따라온다. 미국이 사드 발사대는 제한적으로 가동하도록 설치할 것이라고 중국을 안심시키려 했지만, 중국은 레이더를 장거리용으로 가동해 중국의 전략적 공간을 훨씬 더 정밀하게 들여다볼까봐 두려워한다. 미국 관리들은 사드의 파급 효과를 가능한 한 평가 절하하려 노력해왔지만, 중국으로서는 미국이 사실상 중국에 대항할 목적으로 군사적 자산을 이 지역에 전개하기 위해 종종 조선민주주의인민공화국을 편리한 구실로 삼는다고 믿고 있다. 실제로 미국의 정책 입안자들은 사드가 북한에만 영향을 미치는 것이 아니라 중국에 대해서도 부수적인 이익을 가져다준다고 인식하고 있을 것이다.[63]

중국은 구두 항의뿐만 아니라 남한의 경제에 대해서도 분노를 표출했다. 중국 정부는 남한으로의 관광을 제한하고, 케이 팝 공연을 취소하고, 대한민국 제품의 불매 운동을 획책했다. 특히 직격탄을 맞은 것은 사드 배치 부지를 제공한 거대 유통 회사 롯데였다. 중국 감독 기관은 다양한 위반을 이유로 중국에서 75개 이상의 롯데 점포를 폐업시켰는데, 이로써 롯데는 수백만 달러의 손해를 입었다.[64] 남한은 중국의 경제 보복과 관련해 세계무역기구에 공식적으로 제소했다. 〔한국 정부는 2017년 1월부터 세계무역기구 제소를 언급해왔지만 9월 들어 제소를 거의 공식적으로 포기했다. "'사드 보복은 위법' 확인하고도 WTO 제소 못한 정부", 《경향신문》(2017. 10. 13)—옮긴이.〕 중국은 2017년 5월 문재인 당선 후 이러한 조치를 약간 완화하는 것처럼 보였다. 2017년 5월 실시한 여론 조사에 따르면, 대한민국 시민들의 중국에 대한 호감도는 2017년 1월의 4.31에서 3.21로 떨어져 일본에 대한 호감도 3.33보다 낮았다. 이는 중국의 괴롭힘에 대한 명백한 반발의 표시다. 같은 조사에서 사드에 대한 지지는 2016년 11월의 46.3퍼센트에서 50.6퍼센트로 증가했다.[65]

중국의 반대를 무릅쓰고 사드 배치는 2017년 3월에 시작되었다. 배치는 예상보다 빨랐고, 이 문제가 박근혜 탄핵으로 공석이 된 대통령을 선출하기 위해 5월 9일 치러질 보궐 선거를 뒤흔들 것은 의심할 여지가 없었다. 사드는 논쟁의 대상이었지만 박근혜는 국회의 동의 없이 배치를 승인했다. 선거 결과는 불확실했지만, 사드 반대 선거 유세를 펼친 문재인이 승리할 가능성이 매우 높았다. 결국 사드는 조기 배치로 기정사실화되고, 이를 뒤집기는 훨씬 더 어려울 것이다.

문재인은 선거에서 승리하고 몇 주 후 사드에 관한 뉴스를 접했다. 보도에 따르면 그는 뉴스를 듣고 "큰 충격을 받았다". 그해 3월 사드가 배치되었을 때, 포대는 관련 레이더와 함께 2기의 발사대로 이뤄진다고 언론은 보도했다. 이것이 국방부의 최초 브리핑에서 문재인이 보고받은 내용이었다. 그는 4기의 사드 발사대를 추가로 배치하는 것이 원래 계획의 일부였다는 사실을 5월이 되어서야 알았다. 미 육군에 따르면 표준적인 사드 포대는 6~9기의 발사대로 이뤄진다. 이런 정보를 접한 문재인은 2기 외의 사드 추가 배치를 정지시키고, 국방부가 어떻게 그에게 보고를 누락했는지 조사하기 시작했다. 환경 영향 평가도 포함해 결정을 재검토하기로 했고, 언론은 재검토를 완전히 마치려면 최소한 1년이 소요된다고 보도했다. 선거 유세 중 문재인이 표명한 우려와 함께 재검토로 인해 미국에서는 사드 결정이 실제로 번복될지도 모른다는 걱정이 제기되었다. 하지만 그다음 날 청와대를 예방한 딕 더빈(Dick Durbin) 미국 상원의원을 면담하는 자리에서 문재인은 "사드와 관련한 조치는 전적으로 국내적 조치이며, 기존의 결정을 바꾸려 하거나 미국에 다른 메시지를 전하려는 게 아니다"라고 말하면서 결정을 번복할 의도는 없다고 밝혔다.[66] 다음 달, 서울에서 열린 포럼에서 강경화 대한민국 외교장관은 이러한 입장에 동조하면서 재검토는 정치적 정당성을 확보하기 위해 필요하다고 주장하며, 사드는 "동맹의 결정"이고 "우리 정부는 동맹 정신으로 결정된 공약을 기본적으로 번복할 의도가 없다"고 밝혔다.[67] 사드에 대한 우려에도 불구하고 이 문제는 문재인과 트럼프의 6월 정상 회담에서 의제로 등장하지 않았다. 게다가 트럼프는 사드 비용으로 10억 달러를 거론하며 남한도 비용을 부담해야 한다고 제안했다. 하지만 미국 행정부는 그 후로 남한에 대한 비용 부담 요구를 철회했다.

3축 체계의 세 번째 축은 한국형 대량 응징 보복 계획이다. 한국형 대량 응징 보복은 대량 보복과 응징에 의한 억지의 한국판으로, "북한이 핵무기로 위해를 가할 경우 동시·다량·정밀 타격이 가능한 미사일 전력과 전담 특수 작전 부대 등을 운용하여 북한 전쟁 지도 본부를 포함한 지휘부를 직접 겨냥하여 응징 보복"할 것이다.[68] 한 언론 보도에 따르면, 새로운 작전 개념은 평양을 격자로 분할해서 김정은을 비롯한 지휘부가 숨어 있을 것으로 믿어지는 곳을 파괴할 것이다.[69] 남한은 한국형 대량 응징 보복용으로 이미 다수의 탄도미사일과 순항미사일을 보유하고 있지만, 이 목적을 위해 특수 작전 능력 또한 개발하려 한다.

결론

한미동맹의 군사적 요소는 지난 수십 년 동안 상당한 변화를 겪어왔다. 미국이 지휘와 기획 구조에서는 여전히 지배적 위치에 있지만, 지상전 임무 등의 역할에서는 극적인 변화가 있었다. 1950~1960년대에 주한미군은 비무장 지대에 인접해 배치한 2개의 본격적인 전투사단으로 구성되어 있었고, 이 부대는 미국의 추가적 대응을 위한 인계철선 역할을 하면서 또한 전방에 상당한 전투력을 제공했다. 그 후 미 지상군은 점차 감축되었고 남한 방어에 준비가 매우 잘되어 있는, 현대적이고 역량 있는 대한민국 육군이 이러한 임무 대부분을 넘겨받았다. 대한민국 해군과 공군 또한 이 기간 동안 통합군으로 발전하며 규모나 역량 면에서 성장해왔다. 제2보병사단에서 남은 1개 여단전투단과 제210야전포병여단 그리고 제23화학대대처럼 특수전에 대비한 몇몇 부대를 제외하면, 동맹 초창기와 비교했을 때 미군은 한반도에서 훨씬 약한 전투력을 보유하고 있다. 오산과 군산 공군 기지의 미 공군 비행대대는 북한의 기습을 둔화시킬 중대한 공군력을 제공하고, 일본에 주둔하고 있는 미 공군 자산의 지원을 받을 것으로 보인다. 그러나 작전 초기에는 대한민국 국군이 주로 작전을 운용할 것이고, 미군은 가능한 한 신속히 그리고 필요한 만큼 추가 투입될 것이다. 따라서 남한은 1953년부터 자국 방위에 점점 더 많은 부담을 져왔고, 이는 대체로 자위 수단을 개발할 수 있는 남한의 경제 성장과 능력의 결과다. 이로써 확장 억지 상황에 내재해 있는 대응의 불확실성은 전혀 가능성이 없어 보인다. 미래의 언젠가 틀림없이 남한이 전시 작전 통제권을 보유할 때, 이런 상황은 더욱 심하게 변화할 것이다.

한미동맹은 그 어떤 장기적 관계에서도 예상할 수 있는 것처럼 어려움이 있었다. 지휘 관계, 미사일 방어, 북한의 위협에 대한 인식, 방위비 분담, 보장과 제약 문제 그리고 미중 관계에서 남한의 위상을 비롯한 다양한 현안과 관련해 한미동맹 관계에는 계속해서 마찰이 있을 것이다. 동맹 관리에 따른 현재 진행 중인 쟁점을 해결하기 위해서는 규칙적인 관심과 대화가 필요할 것이다. 오랫동안 변화는 남한과 미국 군사 관계의 한 부분이었고, 한미동맹에서 이러한 부분의 진화는 앞으로도 계속될 것이다.

결론: 공동 비전과 한미동맹의 미래

2009년 6월, 버락 오바마 미국 대통령과 이명박 대한민국 대통령은 '동맹의 미래를 위한 공동 비전'의 윤곽을 그리는 선언에 합의했다. 이 문서의 내용은 박근혜 대통령이 한미동맹 60주년을 맞아 2013년 5월 미국을 방문했을 때 재확인되었다. 두 나라 관계는 조지 W. 부시 행정부 시절 다소 긴장되었지만, 이후 완전히 회복해 이명박과 박근혜 정부에서 현저히 개선되었다. 예를 들어 아산정책연구원의 2014년 여론 조사에 따르면, 한국인 응답자 가운데 94퍼센트가 한미 상호방위조약을 지지했다. 또한 시카고 국제문제협의회(Chicago Council on Global Affairs)의 2012년 여론 조사에 따르면, 미국인 약 60퍼센트가 미군의 장기적 남한 주둔을 지지했으며, 한미 양국 모두에서 동맹에 강력한 지지를 보냈다.[1] 북한 핵문제가 격화될수록 한미동맹에 대한 지지는 상승해왔다.

공동 비전 선언은 두 나라의 미래 협력을 위한 지침으로 다음과 같은 사항을 강조한 폭넓은 내용의 문서였다. (1) 민주주의와 시장 경제에 대한 공약 지속. (2) 학술과 문화 교류를 통한 더욱 긴밀한 관계 구축. (3) 양자 간 경제·무역·투자 관계 심화. (4) 상호방위조약을 통해 남한에 대한 미국 안보 공약 지속. (5) 북한의 핵무기와 탄도미사일 프로그램을 제거함으로써 항구적 평화를 확립하기 위한 공동 노력. (6) 아시아-태평양 지역에서 번영을 증진하기 위한 협력. (7) 테러리즘, 해적 행위, 마약 유통, 기후 변화, 대량살상무기(WMD)의 확산 등 범세계적 도전 과제의 해결은 물론 평화 유지 노력에 대한 공조의 제고.[2] 선언은 한반도 안보에만 주안점을 두지 않고 한국을 넘어 아시아와 세계의 현안들과 함께 초국가적인 안보 현안에 대한 협력도 담고 있다. 이 지침은 구체성이 결여되었다고 비판받지만, 초기의 전통적 안보 관심을 넘어 한미동맹의 범위와 이익이 현저히 확장되었음을 보여주었다.

이 장에서는 공동 비전 선언 발표 후 발생한 한미동맹의 진척 상황에 대해 논의하고, 한미동맹이 직면하고 있는 도전 과제와 그러한 과제가 동맹의 미래에 어떤 영향을 줄지 검토할 것이다.

공동 비전 선언 후 한미동맹의 진척

공동 비전 선언을 공포한 후부터 남한과 미국은 무역, 평화 유지, 해적 퇴치, 기후 변화 대처 같은 다양한 분야에서 실질적 진척을 이루어왔다. 교역 관계를 증진하기 위해 양국 정부는 2007년 6월 자유무역협정에 서명하고, 양측 국내의 반대로 추가 협상을 한 뒤 2012년

3월 12일 협정을 비준했다. 5장에서 논의한 것처럼 그 후로 상품과 서비스의 교역은 물론 양국 간 해외 직접 투자는 현저히 증가했다. 한미 자유무역협정에 대한 미국 무역대표부의 2016년 평가에 따르면, 두 나라의 경제 관계는 확고히 진척되었다.

> 미국과 한국의 무역 및 투자 관계는 한미 자유무역협정의 체결 전보다 현저하게 더 커지고 강력해졌다. 협정이 발효된 2012년 이후, 미국과 한국은 다섯 차례에 걸쳐 관세를 삭감하고 철폐해 미국 수출 기업들이 새로운 시장에 접근할 수 있도록 의미 있는 기회를 창출했다. 협정은 또한 성장하고 있는 우리의 서비스 교역을 위한 기회를 확대했고, 한국 규제 제도의 투명성을 개선했으며, 지식 재산권 보호를 강화했고, 자동차를 비롯한 미국의 주요 수출품에 공평한 경쟁의 장을 마련해주었다. 전체적으로 보면, 미국과 한국의 상품과 서비스 교역은 2011년 1265억 달러에서 2015년 거의 1500억 달러로 상승했다.[3]

남한은 평화 유지와 기타 국제 협력에 기여하기 위해 2002년 바그람(Bagram) 공군 기지에 동의부대를 처음 파견한 데 이어 2010년에는 지방재건지원단(Provincial Reconstruction Team, PRT)인 오쉬노 부대〔Ashena Unit, 오쉬노는 지역어인 다리(Dari)어로 '친구'를 뜻한다〕를 바그람 인근 지역인 파르완(Parwan)주에 파견했다.[4] 오쉬노 부대는 기반 시설 재건은 물론 의료, 개발 지원 그리고 안전을 제공했다.[5] 이러한 평화 유지 작전 참여는 미국이 주도하는 국제 안보 활동에 상당한 기여를 하는 것이고, 남한이 안보를 제공하는 국가가 될 수 있음을 증명하는 것이기도 하다.[6] 이와 더불어 남한은 2010년 1월 아이티에 규모 7.0의 지진이 일어난 후 유엔 평화 유지 활동의 일환으로 단비부대를 파견했다. 단비부대에는 240명의 기술자가 포함되었는데, 이들은 정화 작업을 지원하고 도로를 건설하고 의료 서비스를 제공했다.[7] 2013년 또 다른 유엔 평화 유지 활동의 일환으로 남한은 남수단에 한빛부대를 파견해 전쟁 복구 작업을 지원했다. 한빛부대는 275명의 기술자와 의료진으로 구성되어 공항과 도시 기반 시설을 건설하고 의료 지원을 제공했다.[8] 이 모든 활동은 한반도 밖에서 미국의 안보 활동을 지원함과 동시에 세계 안보에 기여하고자 하는 남한의 의지와 능력을 보여주었다. 이러한 활동은 확장 억지 관계에서 남한을 방어하는 원래 목표를 넘어 한미동맹이 어떻게 더 포괄적인 안보 관계로 변화하는지를 보여준 중요한 신호탄이었다.

해적 퇴치 작전에서의 협력은 남한과 미국이 상당한 진척을 이루어낸 또 하나의 영역이다.[9] 대한민국은 소말리아 아덴만 해역에서 미국이 주도하는 (연합 해군사령부 예하의) 합동임무대(Combined Task Force, CTF) 151에 가담하면서 구축함 1척, 링스헬기 1대, 한국 네이비 실(Korean Navy SEAL, 해군 특수전전단) 30명으로 구성된 청해부대를 조직했다. 청해부대의 파병은 한국 역사에서 한반도 밖으로 해군을 파견한 첫 번째 사례였다. 위험 지역에 특수부대를 급파하는 것이 많은 작전에서 해적을 물리치는 데 결정적 요소였기 때문에, 특수부대를 급파할 수 있는 링스헬기는 해적 퇴치 작전에 필수적이다. 대한민국 해군은 또한 순환 업무인 합동임무대 151의 지휘를 2010년, 2012년, 2014년 그리고 2016년에 맡기도 했다. 청해부대는 파병 후 구출 작전을 수행해 덴

마크, 이집트, 일본, 북한, 파나마, 남한 등의 상선 10여 척을 구해냈다.[10] 가장 잘 알려진 작전은 2011년 1월 21일 삼호주얼리호의 구출이었다. 이 작전에서 청해부대는 선박과 선원 21명 전원을 구해냈다.[11]

더욱이 남한은 미국의 비핵화 제안을 지지하는 노력의 일환으로 2012년 핵 안보 정상 회의를 주최했다. 오바마 대통령은 세계의 비핵화를 적극적으로 추진했고, 2009년에는 '핵무기 없는 세계'를 만들겠다고 약속했다. 남한은 공개적으로 미국의 노력을 지지했다. 이는 두 동맹국의 광범위한 이익이 수렴되고 있다는 또 다른 징표이기도 했다.

오바마 대통령이 추구하는 또 다른 정책 구상은 기후 변화에 대처하는 것이었는데, 남한은 이 문제와 싸우는 미국과 공조했다. 기후 변화에 대처하는 남한의 노력은 인정을 받았고, 기후 변화에 대응하기 위해 2010년 설립된 국제기구인 녹색기후기금(Green Climate Fund, GCF) 본부가 송도에 자리를 잡았다. 녹색기후기금은 개발도상국의 온실가스를 감축하거나 제한하기 위해 2020년까지 매년 1000억 달러씩, 총 8000억 달러를 조성할 것이다.[12] 트럼프 행정부는 기후 변화의 대처에 소극적이고 파리 기후협약에서 탈퇴했다.[13] 그 결과 이 분야에서 동맹 협력의 장래는 불확실하다.

한미동맹의 현안들

다양한 분야에서 협력을 확대해왔지만, 한미동맹이 장기적으로 지속하는 데 장애물이 될 수 있는 여러 가지 현안이 존재한다. 이러한 현안 중에는 방위비 분담 조정과 남한의 안보 인식 변화 등이 포함된다. 또한 미국과 중국의 관계가 악화할 경우, 남한은 대중국 경제 관계와 대미 안보 관계를 조화시켜야 하는 난제에 직면하게 될지도 모른다.

모든 현안에 함의를 내포하는 또 다른 도전 과제는 문재인 정부와 트럼프 정부의 불화 가능성이다. 민주주의 국가에서 정치적 리더십과 정책 선호는 정기적으로 변할 수 있기 때문에, 미국과 대한민국 정부의 견해가 얼마나 일치하느냐에 따라 마찰 가능성은 항상 존재할 것이다. 미국에서 보수적 행정부가 들어선 반면 남한에서 진보적 대통령이 집권했을 때 남한과 미국은 어려움을 겪었고, 문재인과 트럼프가 이러한 현상을 반복할 수도 있다. 과거 분열의 주된 이유 중 하나는 북한에 대한 견해 차이에 있었다. 보수적인 미국 행정부는 북한을 심각한 안보 위협으로 인식한 반면, 남한의 진보적인 대통령들은 동포의 관점에서 북한에 접근했다. 더욱이 남한의 진보적인 대통령들은 보수적인 정부보다 한미동맹에 가치를 덜 부여하는 경향이 있다. 북한을 다루는 데 트럼프 행정부는 압박을 선호하는 반면, 문재인 행정부는 대화를 원함으로써 그들 사이에 차이가 있을 수 있다는 징후를 이미 드러낸 적이 있다.

그럼에도 불구하고 두 지도자는 2017년 7월 첫 정상 회담에서 협력 가능성을 보여주었다. 정상 회담 후의 보도 자료에서 트럼프는 북한 문제를 남한이 주도하겠다는 문재인의 제안을 수락했다고 밝혔다. 하지만 트럼프는 자유무역협정을 재협상할 필요가 있다고 강조했다. 두 정상이 심각한 의견 불일치를 아직 노출하지는 않았지만, 난관의 가능성은 여전히 남아 있다. 북한이 무기 체제의 실험을 계속하고 문재인의 대화 제의를 일축하는 한 한미 양국의 입장 차이는 덜 드러날 테지만 앞으로는 변할 수도 있다. 따라서 동맹 파트너를 결합시켜온 공동의 위협 인식은 한미 관계에서 항상 변화할 가능성이 있다.

이제 장차 한미동맹에 문제로 등장할 수 있는 현안들을 좀더 구체적으로 검토할 차례다.

방위비 분담

트럼프는 후보 시절 선거 유세에서 주한미군 비용의 남한 측 부담을 늘리기 위해 노력할 것이라고 반복해서 언급했다. 미국 국방부는 미군의 해외 기지를 위해 매년 약 100억 달러를 지출한다. 해외 미군 병력이 가장 많이 주둔하고 있는 일본과 독일 그리고 남한에 70억 달러 이상을 투입한다. 이들 국가에 주둔한 미군은 그 지역의 평화와 안보에 상당한 기여를 하고 있다. 그 대가로 이들 국가는 미군 기지를 무상으로 제공하고, 비용의 일부를 상쇄하기 위해 현금을 지불한다.[14] 그러나 트럼프 대통령은 남한의 비용 부담이 충분하다고 생각하지 않는다. 주한미군 비용 중 남한 측 부담을 늘리라는 미국의 압박이 있을 것으로 남한은 예상하고 있다.

방위비 분담 쟁점은 무임승차의 관점과 협상의 관점이라는 시각의 차이에서 발생한다. 트럼프 행정부는 이 쟁점에 대해 미국이 충분한 보상 없이 남한에 안보를 제공한다고 파악하는 반면, 남한은 현재의 비용 분담을 협상의 산물로 간주한다.[15] 미국 시각에서 보면, 한국전쟁에 미군을 파병해 남한을 북한의 침략으로부터 구하고 그 후로 미군을 남한에 주둔시킨 것은 일방적인 원조며, 그 대가로 미국이 받은 것은 별로 없다. 이러한 활동에서 미국이 비용 대부분을 치러왔고 남한은 수혜자였다.

게다가 대한민국의 경제가 성장하면서 미국에서는 남한이 더 많은 방위비 부담을 져야 한다는 주장이 있다. 남한 정부는 이러한 주장에 동의하고 미국의 도움을 높이 평가하지만, 다음과 같은 이유로 남한도 부담을 져왔다고 주장한다. (1) 미국이 남한에 군대를 파병한 것은 자국의 이익을 위해, 즉 한국과 동북아시아에서 공산주의 확산을 저지하기 위한 것이지 단순히 호의의 표시는 아니었다. (2) 남한은 주한미군 기지로 토지와 카투사(KATUSA)의 인력을 무상으로 제공해왔다. (3) 남한은 미국의 군사적 활동을 지원하기 위해 베트남, 아프가니스탄, 이라크 등지에 파병하는 등 가능할 때마다 미국의 노력에 보답해왔다. (4) 남한은 양자 협상을 통해 그리고 자국의 국방비를 늘림으로써 주한미군 비용 부담을 점차 늘려왔다.[16] 방위비 분담에 대한 이런 현격한 인식의 차이는 한미동맹에서 쟁점이 되어왔다.

이 쟁점은 1970년대에 처음 등장했다. 당시 미국 경제가 무역 적자와 예산 적자를 겪기 시작한 반면 남한 경제는 도약했다. 따라서 미국은 군사비 지출을 늘리라고 남한에 압력을 넣었고, 그중 일부를 미국 무기를 구입하는 데 사용하라고 했다.[17] 남한은 이러한 요구에 순응해 방위비 지출을 점차 늘렸다. 1964년 국내총생산의 4퍼센트 이하이던 남한의 국방비는 1976년에 거의 6퍼센트로 증가했다. 이 기간 동안 남한의 국내총생산이 거의 9배 증가한 것을 감안하면 국방비 증

액은 괄목할 만한 것이었다.[18]

이와 더불어 미국 정부는 1974년 다음의 두 가지 요청을 특정하면서 남한의 주한미군 비용 분담금 증액을 요구했다. (1) 동맹국을 위한 전시 예비 물자(War Reserve Stocks for Allies, WRSA) 유지에 필요한 군수 지원. (2) 연합 방위 증강 사업(Combined Defense Improvement Projects, CDIPs)의 비용 지불.[19] 1976년 미국은 주한 미합동군사업무단(Joint United States Military Assistance Group-Korea, JUSMAGK)의 운영비를 지불할 것을 남한에 요구했고, 이어 1983년에는 한미연합군사령부의 운영비를 분담할 것을 요청했다.[20] 미국 정부는 계속해서 1980년대와 1990년대 초에 다음의 세 가지 이유를 들어 더 많은 부담을 요구했다. (1) 미국의 지속적인 예산 적자. (2) 냉전 종식에 따른 방위비 감축 같은 평화 배당금에 대한 국민의 기대. (3) 남한의 급속한 경제 성장.[21]

국방비 축소는 예산 적자를 상당히 줄일 수 있기 때문에 이 세 가지 현안은 서로 배타적인 것이 아니었다. 이러한 이유로 해외 주둔 미군의 비용 삭감은 예산 매파들의 목표물이 되었고, 미국 정부는 부담을 충분히 분담하지 않는다고 동맹국들을 비난했다. 미국은 이 문제를 해결할 두 가지 선택지가 있었다. (1) 해외 주둔 미군의 규모 축소. (2) 동맹국에 주둔하고 있는 미군 비용에 대한 동맹국의 기여금 확대. 그 결과, 미국은 1986년 주한미군 비용에 대한 기여금을 늘릴 것을 남한에 요구했다. 여러 차례의 대화 후, 1991년 남한과 미국은 다년간에 걸친 비용 분담 합의에 도달해, 주한미군 비용의 남한 측 기여금을 확정하기 위한 방위비분담특별협정(Special Measures Agreement, SMA)을 협상하기로 합의했다. 방위비분담특별협정에 의해

표 C.1 남한의 방위비 분담금(100만 미국달러)

	1991	1992	1993	1994	1995	1996	1997	1998	1999
대한민국 지급	97.5	118.6	154	189.1	218.2	225	264	382.8	400.7
	2000	2001	2002	2003	2004	2005	2006	2007	2008
대한민국 지급	425.9	443.8	557.7	608.2	678.6	618.5	618.5	659.5	674.1
	2009	2010	2011	2012	2013	2014	2015		
대한민국 지급	690.9	718.5	738.6	760.1	790.5	836.4	847.3		

출처: e-National Statistics, Defense burden sharing indicators, www.index.go.kr/potal/main/EachDtlPageDetail.do?idx_cd=1712.

주: 한국의 원화를 1:1100의 환율로 미국달러로 환산했음.

남한이 부담하는 항목에는 주한미군이 고용한 한국인 노동자의 임금, 군사 시설 건설비 그리고 군수 지원비가 포함되었다.

1995년 주한미군 비용에 대한 남한의 기여금은 주둔 비용의 3분의 1인 3억 달러에 달했다. 그해에 남한은 1996년부터 1999년까지 연간 10퍼센트씩 기여금을 늘리기로 합의했다.[22] 하지만 1999년부터 두 나라는 주한미군 비용의 남한 측 분담금을 경제 성장률과 물가 상승률에 기초해 매년 재협상해오고 있다.[23] 주한미군 비용의 남한 측 분담금은 표 C.1에, 방위비분담특별협정에 따른 세부 사항은 표 C.2에 나와 있다.

표 C.1과 표 C.2에서 알 수 있듯이 남한은 주한미군 비용에 상당한 기여를 해왔다. 그러나 트럼프는 대통령 선거 유세 동안 남한의 분담금이 불충분하다고 반복해서 불평했다. 2016년 1월 10일 NBC 'Meet the Press'와의 TV 인터뷰에서, 트럼프는 "미치광이〔김정은을 지칭〕와 남한 사이에 2만 8000명의 우리 군인이 위태롭게 있다. 이와 비교하

표 C.2 연도별 남한 방위비 분담 실적(10억 미국달러)

연도	방위비분담특별 협정(차수)	남한의 주한미군 주둔 비용 분담금	방위비 분담금 결정 방식
1991	1차 협정과 2차 협정	1.5	비용 분담 목표액은 1995년 3억 달러 매년 협상
1992		1.8	
1993		2.2	
1994		2.6	
1995		3.0	
1996	3차 협정	3.3	매년 달러로 10퍼센트 증액 처음으로 3년간 분담금 결정
1997		3.63	
1998		3.99억 달러 합의, 금융 위기로 3.14억 달러 지급	
1999	4차 협정	3.39	경제 성장률+물가 인상률 한국 원화로 지급 시작
2000		3.90	
2001		4.44	
2002	5차 협정	4.72	8.8퍼센트+GDP 디플레이터 한국 원화로 지급률 인상(88퍼센트)
2003		5.52	
2004		6.22	
2005	6차 협정	6.8	인상률 동결 한국 원화로 총금액 지급
2006		6.8	
2007	7차 협정	7.25	2008년은 2007년 분담금에서 물가 인상률만 반영(실질 분담금 동결)
2008		7.41	
2009	8차 협정	7.60	전년 대비 2.5퍼센트 인상 물가 인상률만 반영(최대 4퍼센트)
2010		7.60	
2011		7.60	
2012		7.60	
2013		7.60	
2014	9차 협정	8.36	전년도 소비자물가지수 반영: 4퍼센트까지 인상

출처: 국회예산정책처, "2007 회계연도 예산 분석"; 국방부, "2008 국방 예산"; 국회입법조사처, "한미 방위비 분담의 현황과 쟁점", 현안 보고서 제4호 (2008. 8. 28); "The Defense Burden-Sharing of South Korea: The Present Conditions, Issues, and Policy Improvement", *The Studies of International Affairs*, Spring 2009; 박휘락, "한국 방위비 분담 현황과 과제 분석: 이론과 사례 비교를 중심으로", 《국방정책연구》 103권 (2014), 153-188.

면 우리가 얻는 것은 실질적으로 없다"고 말했다.[24]

하지만 남한은 2014년 8억 3640만 달러를 지불했고, 주한미군을 용산 기지에서 평택으로 이전하는 데 드는 108억 달러의 92퍼센트를 대고 있다.[25] 주한미군 사령관 빈센트 브룩스(Vincent Brooks) 장군은 상원 군사위원회 청문회에서 "대한민국은 상당한 부담을 지고 있고 …… 주한미군 인건비의 약 50퍼센트를 지급한다"고 말했다.[26] 그는 또한 청문회에서 미군을 본국보다 남한에 주둔시키는 것이 더 싸다고 말했다. 이러한 이유 때문에 전략국제문제연구소(CSIS)의 잭 쿠퍼(Zack Cooper)는 "만약 현재 일본과 한국에 주둔하고 있는 미군을 미국으로 송환하려면 어느 곳엔가 배치해야 할 텐데, 이를 위한 시설들을 건설하고 유지하는 데는 비용이 상당히 많이 든다"고 말했다.[27] 다시 말하면, 남한은 자기 몫을 다해왔다고 믿지만 트럼프 행정부는 다르게 생각한다. 따라서 군사비 분담은 양국 정부의 쟁점으로 남게 될 가능성이 높다.

방위비 분담이 계속해서 마찰의 진원지가 될 것이므로, 방위비 분담 조정은 동맹 관계의 핵심적 변수다. 1장에서 언급했듯이 만약 동맹 당사국들이 방위비 분담에 동의할 수 없거나 조정된 비용이 동맹의 대가로 받을 만하다고 동맹을 지배하는 국가가 더 이상 믿지 않는다면, 동맹은 종결될 가능성이 높다. 남한의 경제 성장과 함께 미국과 한국 지도자들의 평가 변화는 지난 수년간 방위비 분담에서 변화를 일으키는 주된 요인이었다. 지금까지 양측에서 관련 비용과 이해관계는 일치해왔지만, 이제는 신중한 관심과 관리가 요구되는 쟁점이 될 것이다.

안보 인식의 변화

홀(R. B. Hall)에 따르면, 국익은 국가 정체성에 의해 좌우되고 정책은 국익에 기초해 결정된다.[28] 따라서 지도자가 자국의 정체성을 어떻게 규정하느냐에 따라 정책이 결정된다. 남한에서 대통령은 국가 정체성 규정에 핵심 역할을 하는데, 초창기에는 반공과 친미가 그것이었다. 권위주의 지도자 박정희가 18년간 집권하고 또 다른 권위주의 지도자 전두환이 그 뒤를 이으면서 이러한 국가 정체성은 수십 년간 유지되었다. 하지만 1987년 민주주의로의 이행에 따른 새로운 헌법이 대통령 임기를 5년 연임 불가로 규정함으로써 대통령의 정기적인 교체를 맞이하게 되었다. 그 결과 5년마다 새로운 대통령이 나왔고, 그에 따라 국가 정체성도 변화할 가능성이 생겼다.

김기정과 윤덕룡은 남북한 관계와 관련해 남한에 국가 중심적 관점과 민족 중심적 관점이라는 두 가지 유형의 국가 정체성이 있어왔다고 주장한다.[29] 전자는 남북한 관계를 주권 국가인 대한민국과 조선민주주의인민공화국 간 관계로 규정한다. 2개의 한국 사이의 적의를 생각하면, 북한의 군사적 위협으로부터 스스로를 보호하는 것이 남한의 최우선 순위다. 반대로 남북한의 한국인들은 민족적으로 동일하기 때문에 후자는 남북한 관계를 한민족의 내부 관계로 간주한다. 따라서 이 관점은 2개의 한국 사이의 화해와 협력을 도모한다.[30]

1987년 민주주의로 이행하기 전에는 국가 중심적 관점이 남한의 국가 정체성을 지배했다. 보수적인 권위주의 지도자들은 북한을 주적으로, 그리고 국가 안보의 주요 위협으로 인식했다. 하지만 민주화 이후 정치 엘리트가 바뀌면서 민족 중심적 시각이 진보적인 김대중 대통령과 노무현 대통령 임기 동안 등장하기 시작했다. 이에 따라 보수와 진보 사이에 권력 이동이 발생할 때마다 국가 정체성과 외교 정책은 변해왔다.

민족 중심적 시각의 등장으로 나타난 영향 가운데 하나는 국가 안보 인식의 변화였다. 김대중과 노무현 정부의 대북 포용 정책은 남한의 안보 인식에, 특히 젊은 세대에 상당한 파급 효과를 낳았다. 남북한의 관계 개선으로 많은 한국인, 특히 젊은이들은 남북한 통일이 예상보다 빨리 이루어질 수도 있다고 믿기 시작했고, 북한 사람들을 동포로 간주했다. 예를 들면, 2000년 한국리서치의 조사에서 남한 사람의 63퍼센트는 북한 지도자 김정일에 대해 긍정적 시각을 가지고 있다고 응답했다.[31] 북한이 안보에 위협적이냐고 묻는 또 다른 여론조사에서 1996년에는 응답자의 19.2퍼센트가 그렇다고 대답했지만, 2003년에는 이 비율이 7.8퍼센트로 하락했다. 그중 20대는 2.3퍼센트만이 북한을 안보 위협으로 간주했다.[32]

이러한 안보 인식의 변화는 2013년에 다시 확인되었다. 그해 2월 12일 북한의 3차 핵실험 후 여론 조사를 실시한 KBS는 응답자의 59.5퍼센트가 북한의 핵 개발로 한반도에서 전쟁 가능성이 높아질 것으로 생각하지 않는다고 보도했다. 연령 집단별로 보면, 30대의 71.3퍼센트와 40대의 67.9퍼센트는 북한 핵무기가 남북한 전쟁의 가능성을 고조시킬 것으로 생각하지 않는 반면, 60대 이상에서는 47.7퍼센트가 그럴 것으로 생각했다.[33] 다시 말하면, 40대 이하의 젊은 세대는 북한의 핵 위협을 나이 많은 세대보다 덜 심각하게 간주하는 경향이 있다.

북한의 위협과 관련한 젊은 세대의 안보 인식 변화는 한미동맹에 대한 지지와 직접 관련되어 있다. 2003년 동아시아연구원(EAI)의 조사에 의하면, 연령 집단에 따라 한미동맹의 지지에 차이를 보였다. 예를 들어, 응답자 가운데 20대의 22.9퍼센트, 30대의 27.4퍼센트, 40대의 30.9퍼센트, 50대의 44퍼센트, 60대 이상의 47.1퍼센트가 각각 한미동맹을 지지했다. 50대 이상은 한미동맹을 젊은 세대보다 훨씬 강력하게 지지했는데, 이는 북한을 심각한 안보 위협으로 간주하는 인식과 일치한다. 즉 북한의 위협을 더 심각하게 여기는 사람들이 그렇지 않은 사람들보다 한미동맹을 더 강력하게 지지한다.

하지만 지난 몇 년 동안 북한은 2016년과 2017년 두 번의 추가 핵실험을 비롯해 다수의 추가 탄도미사일 시험을 실시했다. 보수적인 대한민국 정부가 한미동맹과 더불어 한 목소리로 옹호한 대북 강경정책은 남한에서 세대에 관계없이 한미동맹에 대한 더 강력한 지지를 이끌어냈다. 예를 들어, 2013년 동아시아연구원의 조사에서 응답자 가운데 20대의 66.9퍼센트, 30대의 62.4퍼센트, 40대의 58.9퍼센트, 50대의 69.1퍼센트, 60대 이상의 70.8퍼센트가 각각 한미동맹을 지지했다.[34]

그럼에도 불구하고 한미동맹 지지는 세대를 불문하고 한미 관계와 사건에 따라 변할 수도 있다. 남한은 진보적인 대통령이고 미국은 보수적인 대통령일 때, 두 동맹국의 관계가 악화한다는 것을 최근의 역사가 보여주었다. 현재 남한의 문재인 대통령은 진보적인 반면, 미국의 트럼프 대통령은 보수적이다. 양국의 대통령들은 이미 북한의 핵 프로그램을 어떻게 포기하도록 할지에 대해 이견을 보여왔다. 트럼프는 제재를 통한 압박을 선호하는 반면, 문재인은 평양과의 대화를 추구하려는 의지를 표명했다. 지금까지 양국 지도자들은 대북 정책에서 유사한 입장을 취해왔다. 이는 북한이 도발적인 행태를 계속하고 문재인의 포용 정책에 표면적으로 무관심한 태도를 보인 탓에 주로 기인한다. 그러나 양국 지도자들이 대북 정책에 대한 합의를 유지하는 데 실패한다면, 한미 관계는 긴장될 수도 있다. 특히 남한 청년들의 지지는 정책의 일치 여부에 따라 크게 변할 수 있다.

안보와 한미동맹에 대한 인식 변화, 특히 젊은 세대의 인식 변화는 남한 인구가 급속히 고령화하고 있기 때문에 동맹 관계에 중요한 함의를 지닌다. 2017년 현재 한국의 통계청에 따르면 인구의 13.8퍼센트가 65세 이상이다. 2060년에는 65세 이상이 40퍼센트를 차지할 것이다.[35] 그때에는 나이 많은 세대보다 북한의 위협을 덜 심각하게 여기고 한미동맹에 가치를 덜 부여하는 현재의 젊은 세대가 대부분의 인구를 차지할 것이다. 그에 따라 스티븐 월트가 지적한 것처럼, 만약 동맹국들이 공동의 위협이 과거보다 약해졌다고 인식하거나 또는 적이 호전적이지 않다고 인식한다면, 동맹은 지속되지 않을 것이다. 협력의 역사는 유효하지 않게 되고, 정치 엘리트들은 국내 정치용으로 동맹을 공격할 수도 있다.[36] 따라서 대한민국 인구의 고령화는 동맹의 미래에 심각한 함의를 가질 수 있다. 게다가 미국의 여론과 지도자들이 동맹에서 얻는 이익이 비용을 치를 만한 가치가 있다고 계속 생각할지도 확실하지 않다.

남한에서 안보 인식의 변화에 대한 우려에도 불구하고, 남한과 미국은 상호 이익을 위한 협력의 필요성이 있기 때문에 동맹의 미래를 오히려 낙관적으로 보는 견해도 있다. 빅터 차(Victor Cha)에 따르면 "공유하는 정체성이 상호 작용을 얼마나 뒷받침하느냐가 동맹 탄력성을 결정하는 핵심 요인이다".[37] 미국과 남한 양국 모두 남한과 일본의 방위를 넘어 동아시아의 지역적 안보 같은 새로운 현실에 투영된 상호 이익을 위해 협력해야 할 필요성을 인정하고 있다. 사실 상호방위 조약은 미국과 남한이 "태평양 지역에서 평화의 구조를 강화하기 위해" 협력해야 한다고 규정하고 있다.[38] 따라서 신기욱은 동아시아의 평화와 안정을 지켜야 한다는 지상 명령이 남한과 미국을 지속적인 협력으로 이끌 것이라고 주장한다.[39] 2008년 대통령 선거에서 오바마 후보는 다음과 같이 말했다.

> 반세기도 더 전에 한국전쟁에서 피로 맺어진 동맹은 냉전의 시련 속에서도 지속되어왔고 여전히 미국 동아시아 정책의 중심이다. ……한반도에서뿐만 아니라 지역과 그 너머에서도 한미동맹이 21세기의 도전 과제들을 타개할 수 있도록, 우리는 동맹을 위한 공동 비전을 기초로 남한과 협력해야 할 필요가 있다.[40]

다시 말하면, 한미동맹은 안보 인식의 변화에도 불구하고 지속될 것으로 보인다. 그 주된 이유는 한반도의 안보가 지역을 뛰어넘는 것으로 여겨지기 때문이다. 그러나 미국은 남한의 변화를 과소평가해서는 안 된다. 더욱이 신기욱은 "동맹 정체성과 관련된 정책과 미국에 호의적인 정책 사이에 반드시 직접적인 관련이 있는 건 아니라는 걸

깨달아야 한다"고 지적한다.[41]

중미 관계와 한미동맹

중국의 부상과 남한의 대중국 무역 의존에 따른 중국의 대남한 영향력도 한미동맹의 미래에 영향을 줄 수 있는 변수다. 2003년부터 중국은 남한의 가장 큰 무역 상대국이고, 남한의 해외 직접 투자에서 1위를 차지하고 있다. 2016년 남한의 대중국 수출은 548억 달러로 남한 총수출의 약 24퍼센트를 차지했다. 중국으로부터의 수입은 394억 달러로 전체 수입의 20퍼센트를 약간 넘었다. 같은 해에 남한의 대미 수출은 281억 달러, 수입은 212억 달러였다. 2016년 남한과 중국의 총교역량은 한미 교역량의 거의 2배에 달했다. 남한은 수출 시장과 교역국을 다변화하기 위해 노력해왔지만 중국에 대한 남한의 무역 의존, 특히 수출 의존은 여전히 상당하다.

중국의 부상과 남한의 경제적 의존의 심화는 남한으로서는 심각한 딜레마다. 이러한 관계가 남한 안보의 초석인 한미동맹에 갈등을 불러올지도 모르기 때문이다. 김정은이 그의 아버지 김정일을 계승한 후, 북한은 핵실험과 미사일 발사를 여러 번 감행했다. 2017년 11월 29일, 북한은 대륙간탄도미사일이자 조선민주주의인민공화국의 어떤 미사일보다 훨씬 큰 화성 15호를 발사했다. 전문가들은 화성 15호가 미국 본토를 타격할 수 있는 사거리를 지녔다고 믿는다. 미사일의 능력, 특히 대기권 재진입체와 유도 장치에 관한 문제는 아직 남아 있지만, 화성 15호 시험 후 김정은은 북한이 핵 무력 건설 목표를 완성했다고 선언했다. 북한은 2016년 9월의 핵실험에서 핵무기의 소형화에 성공했다고 주장했고, 이번 화성 15호 시험으로 북한의 핵 프로그램은 미국의 안보에 '직접적' 위협을 주는 데 더욱 가까이 다가섰다. 이에 따라 남한·일본과 함께 미국은 유엔의 제재를 강화하려 하지만, 중국과 러시아는 압박 수위를 높이는 안전보장이사회 결의안에 찬성표를 던지기는 했지만 추가 제재는 꺼리고 있다. 중국은 북한이 핵보유국이 되는 것을 원치 않지만, 북한이 중국의 완충 지대 역할을 하기 때문에 김정은 정권을 붕괴시킬 만큼 충분히 강경한 제재는 바라지 않는다.

게다가 미국과 중국 사이엔 서로의 관계를 더욱 악화시킬 수 있는 또 다른 현안들이 있다. 예를 들면, 2016년 미국의 대중국 무역 적자는 3470억 달러였다.[42] 트럼프 대통령은 이 적자가 주로 중국의 환율 조작 때문이라고 믿고 있다. 〈로이터〉와의 인터뷰에서 트럼프는 "나는 그들〔중국〕이 환율 조작에서 최강자이고 …… 우리는 어떤 일이 생길지 보고 있을 것이다"고 말했다.[43] 트럼프는 선거 유세에서, 중국이 자국의 화폐 가치를 고의적으로 낮게 유지함으로써 미국 제조업의 일자리를 "도둑질"하고, 엄청난 무역 적자를 초래했다고 중국을 비난했다. 중국을 환율 조작국으로 지정할 가능성도 제기되었지만, 트럼프는 2017년 4월 시진핑과 회담할 기회를 갖고 난 후 북한 문제에 대해 중국과 진전이 있다고 믿어 그러한 조치를 취하지는 않았다. 트럼프는 회담 후 트위터에 "중국이 북한 문제에 대해 우리와 협력하고 있는데, 왜 중국을 환율 조작국이라고 부르겠는가?"라고 썼다. 이러한 희망에도 불구하고 북한 문제에 진전이 별로 없자 트럼프 행정부는 중국에 실망했다. 그 결과, 미국 정부는 북한의 핵과 미사일 프로그램을 돕는 개인과 기업에 이른바 세컨더리 보이콧(secondary boycott: 북한, 이란 등 미국의 제재 대상 국가와 거래하는 제3국의 기업과 개인에 대해 미국이 부과하는 제재 조치—옮긴이)이라는 제재를 부과했다.[44] 트럼프 대통령은 또한 중국의 미국 지식 재산권 절도에 대한 조사를 승인했다.[45] 2018년 3월 보고서가 마무리되자 미국은 중국에 500억~600억 달러의 관세 부과와 함께 투자를 제한하고, 세계무역기구에서 중국에 대한 조치를 취할 것이라고 위협했다.[46] 이에 중국이 즉시 미국의 128개 품목에 대해 보복 관세로 응수하면서 또 다른 조치도 취할 것이라고 위협해, 중국과 미국 간 무역 전쟁이 가까이 다가왔다는 두려움을 키웠다. 이러한 경제적 마찰이 증폭된다면, 양국의 긴장은 상당히 고조될 수도 있을 것이다.[47]

미국과 중국의 긴장을 증폭시키는 또 하나의 쟁점은 남중국해의 섬과 해양 분쟁이다. 중국은 파라셀제도(시사군도)와 스프래틀리군도(난사군도)를 포함하는 구단선(九段線: 중국이 남중국해에서 주장하는 해상 경계선—옮긴이)으로 대부분의 남중국해에 대한 영유권을 주장해왔다. 이런 주장은 베트남, 필리핀, 말레이시아, 대만, 브루나이의 주장과 충돌하고 있다. 중국은 자국의 주장을 보강하기 위해 남중국해에 대규모 인공 섬을 여러 개 만들고, 그중 몇 곳에서는 군사 시설을 건설하고 있다. 미국은 중국의 주장은 물론 인공 섬의 건설과 군사화를 강력히 비난해왔다. 미국은 중국의 주장과 조처에 항의하기 위해 미 해군의 전함과 항공기를 남중국해에 파견해 '항행의 자유' 작전을 펼쳤다. “미국은 국제법이 허용하는 곳이라면 우리가 세계 어디에서도 하는 것처럼, 어김없이 비행하고 항해하고 작전을 수행할 것이다. 남중국해도 예외는 아닐 것이다”라는 과거 애시 카터(Ash Carter) 미 국방장관의 선언을 입증한 작전이었다.[48] 따라서 미국은 주요 해로와 항로에 대한 접근을 확보하는 데 확고한 의지를 갖고 있지만, 중국은 이 지역에서 긴장을 고조시키는 것은 미국이라고 주장하면서 이러한 조치를 비난했다.[49] 이 분쟁은 전개 양상에 따라 미중 관계에 심각한 파급 효과를 낳을 가능성이 있다.

남한은 이미 남중국해 분쟁에서 난관을 헤쳐나가야만 했다. 2015년 10월 한미 정상 회담 기자 회견에서 박근혜가 이 분쟁에 대해 발언하도록 오바마가 압박할 때까지 남한은 이 쟁점에 대해 침묵했다. 그 직후 대한민국 국방장관 한민구와 대통령 박근혜는 분쟁의 평화적 해결의 필요성과 중국이 이 지역에서 자유 항해권을 보장해야 할 필요성에 대해 공개적으로 발언했고, 이는 미국의 입장을 지지하는 명백한 신호였다. 2016년 7월 상설중재재판소(Permanent Court of Arbitration, PCA)는 필리핀이 중국을 제소한 사건에 대해 상충되는 주장과 관련해 판결을 내렸다. 판결은 압도적으로 필리핀의 입장에 유리했다. 판결 후 대한민국은 정제된 표현으로 성명을 발표해 분쟁의 평화적 해결을 촉구하고 국제법을 지지하면서 미국의 입장을 재확인했다. 하지만 대한민국 성명의 나머지 부분은 상설중재재판소의 결정을 단순히 인정하고 이 문제를 해결하기 위해 창조적인 외교가 필요하다고 제안하면서, 중국을 적으로 돌리지 않으려 고심한 흔적이 역력했다.[50]

그뿐만 아니라 미국은 영토 분쟁에서 주권 문제와 관련해 어떤 입장도 취하지 않는다는 정책에도 불구하고, 중국과 일본의 센카쿠열도/댜오위다오 영토 분쟁에서 일본의 입장을 지지해왔다. 오바마 대통령은 2014년 1월 일본 방문 때 "우리는 센카쿠열도의 최종 주권에 대해 입장을 취하지 않지만, 역사적으로 센카쿠열도는 일본이 관할해왔으며, 이것을 일방적으로 변경해서는 안 된다"고 말했다. 그리고 만약 센카쿠열도 때문에 중국과 분쟁이 발생한다면 미일 상호방위조약 5조에 근거해 미국은 일본을 방어할 것이라고 분명하게 밝혔다. 이런 입장은 중국으로부터 거센 반응을 불러일으켰다.[51]

미중 관계의 미래는 여전히 불확실하지만 두 강대국 간에 갈등이 일어날 실질적 가능성은 다분히 있다. 그러나 대한민국 정부는 갈등이 발생할 경우 어떻게 대처할 것인지를 보여준 적이 없다. 사드의 남한 배치를 둘러싼 최근의 분쟁은 좋은 사례다. 중국은 사드 설치를 명시적으로 반대하면서 남한에 보복 조치를 취해 대한민국 경제에 85억 달러의 손실을 끼쳤다.[52] 사드 배치를 둘러싼 미국과 중국의 갈등은 남한에 상당한 경제적 피해를 초래했지만, 남한은 이 현안에 효과적으로 대처할 수 없었다. 만약 미국과 중국의 관계가 계속 악화한다면 남한은 경제적 이익과 안보 가운데 하나를 선택해야 하는 난관에 처할 것이다. 미국과 중국의 관계에 갈등을 초래할 수 있는 모든 쟁점을 고려해보면, 중국을 상대하는 것은 한미동맹에 심각한 장애물이 될 수 있다.

결론

한미동맹은 상당히 진전해왔으며, 두 나라의 협력은 국제 안보 문제를 비롯해 광범위한 쟁점 영역으로 확장해왔다. 사실 한미동맹은 공동 비전 선언에서 언급한 것처럼 동맹의 범위를 넓혀왔지만, 또한 앞으로 상당한 도전 과제에 직면해 있기도 하다. 이러한 잠재적인 쟁점에 대처하기 위해 두 나라는 공동 비전 선언보다 더욱 구체적인 기본 전략이 필요할 것이며, 남한과 미국은 세부 사항의 개발과 이행에 긴밀하게 협력할 필요가 있다. 구체적 기본 전략이 없다면 양국 관계는 서로 합의한 핵심적 이익과 장기적 전략 대신 단기적 쟁점과 전술에 의해 좌우될 것이다.[53]

이 책의 주요 목표는 한미동맹이 어떻게 진화해왔는지, 그리고 이것이 동맹의 장기 지속에 대해 우리에게 무엇을 말해주는지 분석하는 것이었다. 결론을 맺으면서, 한미동맹의 진화와 관련해 세 가지 핵심 사항을 언급할 필요가 있다. 첫째, 미국과 남한을 협력하게 만들었던 위협의 성격은 시간이 지나면서 현저히 변해왔다. 처음에 미국의 남한 방어는 미국 지도자들이 소련과 중국의 합작품이라고 믿었던 공산주의의 확산을 저지하는 데 중점을 두었다. 시간이 지나면서 소련과 중국이 한국에서 전쟁을 다시 일으키는 데 관심이 없다는 게 분명해졌다. 게다가 냉전 종식으로 소련은 해체되었고 그와 함께 공산주의 팽창의 위협도 사라졌다. 아울러 남한은 이러한 과거의 적국들과 공식 외교 관계를 수립했다. 북한의 침략은 이제 단지 안보 문제일 뿐이다.

북한의 위협 역시 변했다. 북한은 항상 대규모 재래식 무력을 보유해왔지만, 지난 20년 동안 이러한 재래식 군대는 상당히 악화했다. 인민군은 대부분의 무기 체계에서 구식 기술에 의존하고 있으며, 장기간 효과적으로 전투할 수 있는 무력을 유지하는 데 필요한 부품과 연료 부족에 시달리고 있다. 북한 군대는 분명 서울을 초토화시킬 수 있는 야포, 로켓, 미사일 등으로 전쟁 초기에 가공할 만한 피해를 입힐 것이다. 이를 위해 재래식 무기 체계를 일부 향상시키기도 했다. 하지만 북한 군대는 패배하고, 김정은 정권은 종말을 고하게 될 것이다. 이러한 재래식 무기의 결핍을 부분적으로 보충하기 위해 북한은 핵, 화학 그리고 생물학 무기와 함께 이런 무기를 운반할 탄도미사일의 개발을 추구하는 선택을 했다. 결국 북한은 미국 본토에 도달할 수 있는 핵탄두를 장착한 대륙간탄도미사일을 보유할 것이고, 이는 안보 위협에 또 다른 변화를 초래할 것이다. 미국을 강타할 수 있는 능력은 누군가의 주장처럼 '국면 전환 요소(game-changer)'는 아니더라도, 억지의 역동성을 변화시킨다.

한미동맹에서 위협의 인식은 여전히 북한에 초점이 맞춰져 있지만, 한미동맹은 또한 한반도를 넘어 아시아와 세계적인 도전 과제를 포괄할 만큼 위협의 평가를 확장해왔다. 이러한 관심사에는 국제 평화 유지, 해적 퇴치 작전, 경제적 안정 그리고 기후 변화 등이 포함되어 있다. 따라서 한미동맹을 지속해온 동안 남한과 미국의 위협 인식과 공동의 안보 관심사는 상당한 진화를 거듭해왔다. 한미동맹의 존재가 지속되는 핵심적 근거는 이러한 평가들이 제공한다. 진화가 계속되면서 특히 북한이 해체되고 2개의 한국이 통일된다면, 한미동맹은 그 존재에 대해 한층 더 심사숙고하게 될 것이다.

둘째, 남한의 민주주의로의 이행은 한미동맹의 진화에 결정적 요인이었다. 1987년의 민주화로 두 나라는 정치적·경제적 가치와 체제를 공유하게 되었다. 미국은 남한이 민주주의로 이행하는 여러 과정에서 민주화를 지지하지 않았다며 남한에서 계속 비판을 받고 있다. 하지만 대한민국의 민주화로 미국은 남한에 대한 공약의 성공을 보여줄 수 있었고, 안정을 명분으로 권위주의 정권을 계속 지지하는 데 따르는 불쾌함을 없앨 수 있었다. 미국의 보호와 지원은 동아시아에서 남한이라는 강력한 민주주의 국가를 수립하는 데 기여했고, 이로써 이러한 노력에 바친 미국의 자원은 정당화된다.

하지만 민주주의는 또한 지도자의 교체와 집권당의 변경을 의미하고, 지도자의 교체는 정책 입장의 변화를 수반한다. 한미 관계의 역사에서 보면 청와대에 진보적인 대통령 그리고 워싱턴에 보수적인 행정부가 들어섰을 때, 불화 가능성이 아주 높았다. 게다가 대한민국 국민은 민주적인 정부 아래서 자신들의 의견을 한층 자유롭게 교환할 수 있게 되자, 불만을 표출하기 위해 목소리를 높이고 거리로 나섰다. 1960~1980년대에 권의주의 정권 아래서 형성되어온 반미주의는 이제 한층 자유롭게 표출되어서 한미동맹에 심각한 긴장을 초래했다. 대한민국의 경제 성장 역시 중요한 역할을 했다. 경제 성장은 힘과 자신감을 국민과 지도자들에게 심어주어 한미 간에 의견의 불일치가 있을 때 미국에 반발할 수 있도록 했다. 남한과 미국 양국에서 한미동맹에 대한 지지는 확고하지만, 이러한 태도가 변할 가능성은 항상 있다. 한미동맹은 1950년대의 후원자-고객 관계에서 좀더 수평적인 동반자 관계로 바뀌어, 남한은 미국과 갈등을 일으키더라도 자국의 입장을 강조할 능력을 갖게 되었다.

마지막으로, 경제 성장은 또한 대한민국 지도자들에게 광범위한 이해관계와 폭넓은 수단을 가져다주었다. 대한민국과 미국의 이해관계의 일치로 한반도 안보를 훨씬 뛰어넘는 쟁점에 대처할 수 있고, 남한은 자국의 방위에 더 많은 부담을 지게 되었다. 남한은 동맹 초기에는 미국의 방위 공약에 크게 의존했지만, 시간이 지나면서 현대적이고 역량을 갖춘 군대를 건설해 군사적인 임무의 많은 부분을 감당하게 되었다. 미국의 방위 공약은 대한민국의 안보에 여전히 결정적이지만, 남한은 이제 신뢰성이 불확실한 확장 억지의 보장에만 의존해서는 안 된다.

결론적으로, 한미동맹은 60년 넘게 지속해온 관계가 그렇듯이 많은 굴곡을 겪어온 장기적인 관계다. 위협의 인식, 정치적 변화 그리고 동맹국 간의 서로 다른 권력 지형을 비롯해 동맹의 여러 측면이 진화해왔다. 한미동맹은 이 모든 것을 이겨왔고, 지금으로서는 남한과 미국에 들어선 새 정부들의 혼란에도 불구하고 꽤 양호한 상태다. 그러나 과거에 그랬던 것처럼 동맹을 유지하기 위해서는 정기적인 관심과 대화가 필요할 것이다. 지평선 위로 어렴풋이 떠오르는 심각한 도전 과제가 두 나라의 지도자들을 시험대 위에 올려놓을 것이고, 동반자 관계에서도 협력은 앞에 닥친 거친 물결을 성공적으로 헤쳐나가는 데 필수적일 것이다.

부록: 북한의 남한 침투와 도발의 주요 사례, 1950~2017

날짜	내용
1950. 6. 25	북한군의 전면 남침. 유엔 안전보장이사회는 침략을 "경고 없이, 정당한 이유 없이, 철저하게 준비된 계획의 실행으로 시작된" 전쟁 행위로 규정했다. 1953년 7월 27일 한국전쟁 종결
1958. 2. 15	북한 공작원이 34명의 승객을 싣고 부산에서 서울로 향하던 대한국민항공사 여객기 납치(1958년 3월 6일, 26명만 송환)
1958. 12	7척의 어선과 42명의 선원 납치
1964. 3	2척의 어선과 26명의 선원 납치
1965. 4	북한 미그 제트 전투기 2대가 북한 해안 동쪽 50마일 근방 동해상에서 미국의 RB-47 정찰기를 '공격해 피해를 입힘'
1965. 10. 29	조개 채취 어민 109명 납치
1967. 1. 19	동해안에 배치된 북한의 해안 포대가 어선을 경비하던 대한민국의 당포함(PCE-56)을 포격해 침몰시킴(승무원 39명 사망,

	12명 부상)
1967. 11	어선 10척과 선원 81명 납치
1967. 12	어선 4척과 선원 34명 납치
1968. 1	어선 3척과 선원 31명 납치
1968. 1. 21	청와대 무장 기습 미수 사건
1968. 1. 23	미 해군 정보수집함 푸에블로호가 공해상에서 북한에 나포(사망한 1명을 제외하고 승무원 전원 1968년 12월 23일 귀환)
1968. 6	어선 5척 납치
1968. 10. 30	북한 특수군 소속 무장 군인 120명이 울진과 삼척 침투(107명 사살, 4명 생포, 3명 항복, 6명 도주)
1969. 3	북한 침투조 6명이 강원도 주문진 근처 동해안에서 경계 근무 중이던 남한 경찰관 1명 살해
1969. 4. 15	정찰 임무를 수행하던 미국 EC-121 정찰기가 청진 동남쪽 공해상에서 격추당함(승무원 31명 전원 사망)
1969. 12. 11	북한 공작원들이 51명의 승객을 태우고 강릉에서 서울로 가던 남한 여객기 YS-11을 원산으로 납치
1971. 1. 23	북한 공작원 1명이 서울에서 속초로 가던 대한항공 F-27 납치 시도
1972. 2	어선 1척 난파시킨 후 어선 5척 납치
1974. 2	북한 경비선이 남한 어선 2척을 격침시키고 어부 30명 억류
1974. 8. 15	친북 재일 한국인 문세광이 광복절 기념식이 열린 서울 국립극장에서 박정희 대통령 암살 시도(육영수 여사 살해)
1974. 11. 15	경기도 연천군 고랑포 비무장 지대에서 북한의 첫 번째 남침

용 땅굴 발견

1975. 3. 24 강원도 철원군 비무장 지대에서 북한의 두 번째 남침용 땅굴 발견

1976. 8. 18 판문점 도끼 살해 사건(미군 장교 2명이 잔혹하게 살해당하고 미군 사병 4명과 카투사 4명 부상). 8월 25일, 북한이 공동경비구역에도 군사분계선을 설정할 것을 제안. 1976년 9월 16일 발효

1976. 8. 30 어선 제3신진호 납치

1977. 7. 14 항로 이탈로 동해 근방 북한 영공으로 들어간 미군 CH-47 헬기 격추(미군 3명 사망, 생존자 1명 귀환)

1978. 2 배우 최은희와 남편 신상옥 감독을 홍콩에서 납치해 평양으로 이송. 부부는 1986년 빈에서 영화 관련 일을 하던 중 남한으로 탈출

1978. 10. 17 판문점 근처 비무장 지대에서 북한의 세 번째 남침용 땅굴 발견

1980. 1 어선 2척 납치

1980. 3 북한인 3명이 한강 하류에서 남한으로 침입 시도. 전원 사살

1980. 9. 8 어선 제2고신호 납치

1980. 12. 2 어선 태창호 납치

1981. 6 충청남도 서산 앞바다에서 북한 간첩선 격침. 공작원 9명 사살, 1명 생포

1982. 8 캐나다 경찰이 전두환 대통령의 캐나다 방문 때 북한의 암살 계획 적발

1983. 10. 9 미얀마 랑군의 아웅산 묘역에서 헌화하려던 전두환 대통령이 도착하기 몇 분 전 강력한 폭탄 폭발. 전 대통령을 수행한 남

	한 고위 관료 17명 사망, 14명 부상
1983. 12. 3	부산 다대포 해수욕장으로 침투하던 간첩선 격침(승무원 2명 생포)
1985.10	간첩선, 부산 해안에서 남한 해군에 격침
1986. 9. 14	북한 공작원들이 김포공항 도착 구역(1층)에 폭탄 설치. 공항 일부 파괴
1987. 1. 15	백령도 앞 공해상에서 조업 중이던 어선 동진27호와 어부 12명 납북
1987. 11. 29	북한 공작원들에 의해 대한항공 여객기(KAL 858) 공중 폭발(승무원 포함 탑승객 115명 전원 사망)
1989. 1. 28	백령도 북서쪽 공해상에서 조업 중이던 어선 태양37호(어부 12명 승선)와 태양38호(어부 10명 승선) 납북
1989. 5. 7	어선 1척과 선원 4명 납치
1990. 3. 3	강원도 양구군 비무장 지대에서 북한의 네 번째 남침용 땅굴 발견
1992. 10	남한의 국가안전기획부, 북한 노동당 관료 이선실이 남한에서 조직한 400명 규모의 간첩단 적발
1993. 5. 29	북한의 첫 번째 주요 탄도미사일(노동 중거리 탄도미사일) 시험(1993. 2. 25. 김영삼 대통령 취임)
1996. 9. 16	북한 인민무력부 정찰국 소속 상어급 잠수함이 강릉 대포동 해안에 침투 중 나포(1명 생포, 13명 사살, 11명 자살, 잠수함 1척 포획)
1997. 8. 2	북한 공작원 2명이 거제도 갈곶리 해안에 침투

1997. 10. 17	휴전선 부근의 대성동 마을 남한 주민 2명이 들판에서 일하던 중 강제 납북(판문점 정전위원회 회의에서 이 문제를 제기한 후 10월 20일 송환)
1998. 6. 21	북한의 유고급 잠수정이 강원도 양양군 수산리 해안에 침투 중 나포(승조원 9명 전원 자살, 잠수정 포획)
1998. 8. 31	신형 3단계 미사일 대포동 1호 시험 발사. 미사일이 일본 상공을 통과하자 동북아시아의 긴장을 부추기는 도발로 간주한 미국과 일본의 격렬한 반응 초래(1998. 11. 3. 미국 중간 선거)
1998. 12. 17	북한의 반잠수정이 여수 돌산도 해안에 침투하던 중 격침(승무원 시신 6구 발견, 반잠수정 1척 포획 및 인양)
1999. 6. 25	북한 경비정들이 북방한계선을 침범하고 대한민국 해군 함정에 먼저 발포하면서 제1연평해전 발발
2002. 6. 29	북한 경비정들이 북방한계선을 침범하고 대한민국 해군 함정을 기습 공격하면서 제2연평해전 발발
2003. 2. 24	노무현 대통령 취임식 몇 시간 전, 단거리 대함 미사일 시험 발사
2003. 3. 10	북한 실크웜 지대함 미사일 동해로 발사
2006. 3. 10	동해안 지역에서 단거리 미사일 2기 시험 발사
2006. 10. 3	북한의 1차 핵실험(2006. 11. 7. 미국 중간 선거)
2008. 3.2~28	개성공단에서 남한 노동자들을 추방하고 미사일 3기 발사(2008. 2. 26. 이명박 대통령 취임)
2009. 4. 4	은하 2호 발사(2009. 1. 5. 버락 오바마 미국 대통령 취임)
2009. 5. 25	북한의 2차 핵실험

2009. 11. 10	북한 경비정들이 북방한계선을 침범하고 대한민국 해군 함정 기습 공격
2010. 3. 26	대한민국 2함대 소속 천안함이 백령도 남쪽 2.5킬로미터 지점에서 북한의 어뢰 공격으로 침몰(승무원 46명 사망)
2010. 11. 23	북한 4군단이 해안포와 다연장 로켓포로 연평도 포격(군인 2명과 민간인 2명 사망, 군인 16명과 민간인 다수 부상)
2012. 4	로켓 발사. 금지된 장거리 미사일 대포동 2호 기술 시험으로 간주. 북한은 김일성 탄생 100주년을 기념하기 위해 인공위성을 궤도에 올리는 것이 목적이었다고 주장
2012. 12. 12	은하 3호 발사
2013. 2. 12	북한의 3차 핵실험(2013. 2. 25. 박근혜 대통령 취임)
2014. 3	북한의 중거리 탄도미사일인 노동미사일 시험 발사로 유엔 결의안 위반
2016. 1	북한의 1차 수소폭탄 실험 발표. 전문가들은 대체로 회의적
2016. 8	북한 잠수함이 동해안에서 KN-11 탄도미사일 발사. 미사일은 500킬로미터 비행 후 동해상으로 낙하
2016. 9	가장 큰 규모로 알려진 5차 핵실험 실시. 북한은 탄도미사일에 핵탄두 장착 능력을 완비했다고 주장
2017. 2. 17	바다를 향해 탄도미사일 발사. 도널드 트럼프 미국 대통령 선출 후 이런 종류의 첫 시험. 무수단 중거리 미사일 시험의 일환으로 추정되며 동해상으로 낙하

출처: Hannah Fischer, "North Korean Provocative Actions, 1950~2007," *CRS*

Report for Congress (2007); Department of Defense, *2010 Defense White Paper*, Special Appendix 2; Victor D. Cha, "The North Korea Question," *Asian Survey* 56:2 (2016): 243-269; "North Korea Profile-Timeline," *BBC News*, January 27, 2017, www.bbc.com/news/world-asia-pacific-15278612; Ju-min Park and Matt Spetalnick, "North Korea Tests Ballistic Missile: US to Avoid Escalation," *Reuters*, February 12, 2017; Sang-Hyun Lee, "Terrorism and Asymmetric War: Is North Korea a Threat?" *East Asia* 20:2 (2003), 21-47.

주

서론

1. "Mutual Defense Treaty between the United States and the Republic of Korea," The Avalon Project, Yale Law School, October 1, 1953, http://avalon.law.yale.edu/20th_century/kor001.asp. (조약의 한글본은 외교부, "대한민국과 미합중국 간의 상호방위조약", http://www.mofa.go.kr/www/wpge/m_3834/contents.do 참조—옮긴이.)
2. Terence Roehrig, "Nuclear Weapons and Extended Deterrence: The US Nuclear Umbrella over South Korea," *Political Science Quarterly* 132:4 (2017~2018), 650-681.
3. The White House, Office of the Press Secretary. "Joint Vision for the Alliance of the United States of American and the Republic of Korea," June 16, 2009, https://obamawhitehouse.archives.gov/realitycheck/the-press-office/jointvision-alliance-united-states-america-and-republic-korea. (한글본은 "한미동맹을 위한 공동 비전", 〈국가전략〉(세종연구소) 15(3) (2009) 부록, 187-191 참조—옮긴이.)
4. Brad Roberts, *The Case for US Nuclear Weapons in the 21st Century* (Stanford, CA: Stanford University Press, 2016), 66-67.

5. Gregg Brazinsky, *Nation Building in South Korea: Koreans, Americans, and the Making of a Democracy* (Chapel Hill, NC: University of North Carolina Press, 2009) 〔그렉 브라진스키 지음, 나종남 옮김, 《대한민국 만들기 1945~1987: 경제성장과 민주화 그리고 미국》(책과함께, 2011)〕.
6. Stephen M. Walt, *The Origins of Alliances* (Ithaca, NY: Cornell University Press, 1987) 〔스티븐 월트 지음, 박민형 외 옮김, 《동맹의 기원》(국방대학교 국가안전보장문제연구소, 2016)〕; Glenn Snyder, *Alliance Politics* (Ithaca, NY: Cornell University Press, 1997) 참조.
7. Rajan Menon, *The End of Alliances* (New York, NY: Oxford University Press, 2007). 또한 Ted Galen Carpenter and Doug Bandow, *The Korean Conundrum: America's Troubled Relationship with North and South Korea* (New York, NY: Palgrave Macmillan, 2004) 〔테드 게일런 카펜터·더그 밴도 지음, 유종근 옮김, 《한국과 이혼하라: 미국 보수주의의 눈으로 본 한반도와 한미동맹》(창해, 2007)〕 참조.
8. John Mearsheimer, *The Tragedy of Great Power Politics* (New York, NY: W. W. Norton, 2003) 〔존 미어셰이머 지음, 이춘근 옮김, 《강대국 국제정치의 비극》(김앤김북스, 2017)〕; Steve Chan, *Looking for Balance: China, the United States, and Power Balancing in East Asia* (Stanford, CA: Stanford University Press, 2013); David Arase and Tsuneo Akaha (eds.), *The US-Japan Alliance: Balancing Soft and Hard Power in East Asia* (New York, NY: Routledge, 2011).
9. Lawrence Kaplan, *NATO Divided, NATO United: The Evolution of an Alliance* (Westport, CT: Praeger, 2004); Gulner Aybet and Rebecca R. Moore (eds.), *NATO in Search of a Vision* (Washington, DC: GeorgetowUniversity Press, 2010); Kent E. Calder, *Pacific Alliance: Reviving US-Japan Relations* (New Haven, CT: Yale University Press, 2009).
10. Michael H. Armacost and Daniel I. Okimoto, T*he Future of America's Alliances in Northeast Asia* (Stanford, CA: Asia Pacific Research Center,

2004) and Victor Cha, *Alignment Despite Antagonism: The United States-Korea-Japan Security Triangle* (Stanford, CA: Stanford University Press, 2000) 〔빅터 차 지음, 김일영·문순보 옮김, 《적대적 제휴: 한국, 미국, 일본의 삼각 안보체제》(문학과지성사, 2004)〕.

11. Scott Snyder (ed.), *The US-South Korea Alliance: Meeting New Security Challenges* (Boulder, CO: Lynne Rienner, 2012); Gi-Wook Shin, *One Alliance, Two Lenses: US-Korea Relations in a New Era* (Stanford, CA: Stanford University Press, 2010) 〔신기욱 지음, 송승하 옮김, 《하나의 동맹 두 개의 렌즈: 새 시대의 한미동맹》(한국과미국, 2010)〕; Katharine H. S. Moon, *Protesting America: Democracy and the US-Korea Alliance* (Berkeley, CA: University of California Press, 2012).
12. Uk Heo and Terence Roehrig, *South Korea's Rise: Economic Development, Power, and Foreign Relations* (Cambridge: Cambridge University Press, 2014); Uk Heo and Terence Roehrig, "Development Power Theory: The South Korean Case," *Pacific Focus* 33:1 (2018).
13. James D. Morrow, "Alliances and Asymmetry: An Alternative to the Capability Aggregation Model of Alliances," *American Journal of Political Science* 35:4 (1991), 904-933.

1 이론과 한미동맹

1. Uk Heo and Terence Roehrig, *South Korea's Rise: Economic Development, Power, and Foreign Relations* (Cambridge: Cambridge University Press, 2014); Uk Heo and Terence Roehrig, "Development Power Theory: The South Korean Case," *Pacific Focus* 33:1 (2018).
2. Robert E. Osgood, *Alliances and American Foreign Policy* (Baltimore, MD: Johns Hopkins University Press, 1968), 17
3. Osgood, *Alliances and American Foreign Policy*, 17-18.

4. Glenn H. Snyder, *Alliance Politics* (Ithaca, NY: Cornell University Press, 1997), 4.
5. Stephen M. Walt, "Why Alliances Endure or Collapse," *Survival* 39:1 (1997), 157.
6. Patricia A. Weitsman, *Dangerous Alliances: Proponents of Peace, Weapons of War* (Stanford, CA: Stanford University Press, 2004), 27.
7. Walt, "Why Alliances Endure or Collapse," 157.
8. Osgood, *Alliances and American Foreign Policy*, 18-19.
9. 동맹의 형태에 대한 구체적 논의는 Snyder, *Alliance Politics*, 11-16 참조.
10. John S. Duffield, "Alliances," in Paul D. Williams (ed.), *Security Studies: An Introduction*, 2nd ed. (New York, NY: Routledge, 2013), 342.
11. Snyder, *Alliance Politics*, 13.
12. Christopher P. Carney, "International Patron-Client Relationships: A Conceptual Framework," *Studies in Comparative International Development* 24:2 (1989), 24-42; Christopher C. Shoemaker and John W. Spanier, *Patron-Client State Relationships: Multilateral Crises in the Nuclear Age* (New York, NY: Praeger, 1984).
13. Mark J. Gasiorowski and Seung-hyun Baek, "International Cliency Relationships and Client States in East Asia," *Pacific Focus* 2:2 (1987), 113-143; Dohee Kim, *The Evolution of the South Korea-US Relations, 1980-2008: A Multi-Method Analysis,* Ph.D. Dissertation (University of Wisconsin-Milwaukee, 2012); Dohee Kim and Uk Heo, "Factors Affecting ROK-US Relations, 1990~2011: An Empirical Analysis," *Journal of Asian and African Studies* 53:1 (2018), 115-131.
14. Hans Morgenthau, *Politics among Nations: The Struggle for Power and Peace* (New York, NY: McGraw Hill, 1948), 188 〔한스 모겐소 지음, 이호재 옮김, 《현대국제정치론》(법문사, 1992), 247〕. 〔번역은 번역서를 참조. 국제정치학의 고전인 이 저서는 저자 사후에도 톰슨(K. Thomson) 주도로 개정판을 계

속 출간했고, 한글 번역서도 2014년 《국가 간의 정치》라는 제목으로 출판되었다. 그런데 이 책의 저자들은 1948년의 초판과 (주 17에서는) 1978년의 다섯 번째 개정판을 인용하고 있다. 이런 저자들의 의도에 맞게 톰슨이 개입하기 전의 판본을 번역한 번역서를 참조했다—옮긴이.〕

15. Uk Heo and Terence Roehrig, *South Korea Since 1980* (Cambridge: Cambridge University Press, 2010).

16. Terence Roehrig, "The US Nuclear Umbrella over South Korea: Nuclear Weapons and Extended Deterrence," *Political Science Quarterly* 132:4 (2017-18), 650-681.

17. Hans J. Morgenthau, *Politics among Nations*, 5th ed. (New York, NY: Alfred Knopf, 1978), 173 〔한스 모겐소 지음, 이호재 옮김, 《현대국제정치론》 (법문사, 1992), 227〕. (번역은 번역서를 참조—옮긴이.)

18. Glenn Snyder, *Deterrence and Defense* (Princeton, NJ: Princeton University Press, 1961), 9-16.

19. John Mearsheimer, *Conventional Deterrence* (Ithaca, NY: Cornell University Press, 1983).

20. George H. Quester, *Deterrence Before Hiroshima: The Airpower Background of Modern Strategy* (New York, NY: Wiley, 1966).

21. Robert Jervis, *The Meaning of the Nuclear Revolution: Statecraft and the Prospect of Armageddon* (Ithaca, NY: Cornell University Press, 1989); Kenneth N. Waltz, "Nuclear Myths and Political Realities," *American Political Science Review* 84:3 (1990), 731-745.

22. Patrick M. Morgan, *Deterrence Now* (Cambridge: Cambridge University Press, 2003), 13-14.

23. William W. Kaufmann, *The Requirements of Deterrence* (Princeton, NJ: center for International Studies, 1954), 19.

24. Thomas C. Schelling, *Arms and Influence* (New Haven, CT: Yale University Press, 1966), 35.

25. Walt, "Why Alliances Endure or Collapse," 163.

26. Schelling, *Arms and Influence*, 43-44.

27. The North Atlantic Treaty, April 4, 1949, www.nato.int/cps/en/natolive/official_texts_17120.htm.

28. The ROK-US Mutual Defense Treaty, signed October 1, 1953, www.koreaembassyusa.org/bilateral/military/eng_military4.asp. (한미 상호방위조약의 한글본에 대해서는 외교부, "대한민국과 미합중국 간의 상호방위조약", http://www.mofa.go.kr/www/wpge/m_3834/contents.do 참조—옮긴이.)

29. Randolph Siverson and Joel King, "Attributes of National Alliance Membership and War Participation, 1815~1965," *American Journal of Political Science* 24 (1980), 1-15.

30. Brett Ashley Leeds, Andrew G. Long, and Sara McLaughlin Mitchell, "Reevaluating Alliance Reliability," *Journal of Conflict Resolution* 44:5 (2000), 686-699.

31. Jesse C. Johnson and Brett Ashley Leeds, "Defense Pacts: A Prescription for Peace?" *Foreign Policy Analysis* 7:1 (2011), 45-65.

32. Michaela Mattes and Greg Vonnahme, "Contracting for Peace: Do Nonaggression Pacts Reduce Conflict?" *Journal of Politics* 72:4 (2010), 925-938.

33. Brett Ashley Leeds, "Do Alliances Deter Aggression? The Influence of Military Alliances on the Initiation of Militarized Interstate Disputes," *American Journal of Political Science* 47:3 (2003), 427-439.

34. 미군을 수용하는 국가의 안보와 경제에서 상당한 규모의 미군 배치 효과에 대해서는 Uk Heo and Min Ye, "US Military Deployment and Host Nation Economic Growth," *Armed Forces and Society* (2018), http://journals.sagepub.com/doi/full/10.1177/0095327X17738219 참조.

35. Alexander L. George and Richard Smoke, *Deterrence in American Foreign Policy: Theory and Practice* (New York, NY: Columbia University Press, 1989), 561.

36. Bruce M. Russett, "The Calculus of Deterrence," *Journal of Conflict Resolution* 2:2 (1963), 105.

37. Paul Huth and Bruce Russett, "What Makes Deterrence Work?" *World Politics* 36:4 (1984), 496-526.

38. Robert Jervis, *The Meaning of the Nuclear Revolution: Statecraft and the Prospect of Armageddon* (Ithaca, NY: Cornell University Press, 1989), 30; Huth and Russett, "What Makes Deterrence Work?" 502.

39. Christopher J. Fettweis, "Credibility and the War on Terror," *Political Science Quarterly* 112:4 (2007-2008), 607-663; Jonathan Mercer, *Reputation in International Politics* (Ithaca, NY: Cornell University Press, 1996).

40. Paul Huth, "Extended Deterrence and the Outbreak of War," *American Political Science Review* 82:2 (1988), 436-437.

41. Brad L. LeVeck and Neil Narang, "How International Reputation Matters: Revisiting Alliance Violations in Context," *International Interactions* 43:5 (2016), 1-25.

42. Daryl G. Press, *Calculating Credibility: How Leaders Assess Military Threats* (Ithaca, NY: Cornell University Press, 2005), 1.

43. Van Jackson, *Rival Reputations: Coercion and Credibility in US-North Korean Relations* (Cambridge: Cambridge University Press, 2016).

44. 미일 동맹의 책임 전가에 대한 연구는 Jennifer M. Lind, "Pacifism or Passing the Buck? Testing Theories of Japanese Security Policy," *International Security* 29:1 (2004), 92-121 참조.

45. Mearsheimer, *The Tragedy of Great Power Politics*, 156-157 〔존 미어셰이머 지음, 이춘근 옮김, 《강대국 국제정치의 비극》, 229-230〕.

46. Walt, "Why Alliances Endure or Collapse," 156-197; Heo and Roehrig, *South Korea's Rise: Economic Development, Power, and Foreign Relations*; Heo and Roehrig, "Development Power Theory: The South Korean Case."

47. Michaela Mattes, "Reputation, Symmetry, and Alliance Design," *International*

Organization 66:4 (2012), 679-707.

48. 이러한 논의는 Michael Mandelbaum, *The Nuclear Revolution: International Politics Before and After Hiroshima* (New York, NY: Cambridge University Press, 1981), 6장과 Glenn H. Snyder, "The Security Dilemma in Alliance Politics," *World Politics* 36:4 (1984), 466-467에 의존했다.

49. Walt, "Why Alliances Endure or Collapse," 163.

50. Heo and Roehrig, *South Korea's Rise: Economic Development, Power, and Foreign Relations*; Heo and Roehrig, "Development Power Theory: The South Korean Case."

51. Paul Kennedy, *The Rise and Fall of the Great Powers: Economic Change and Military Conflict from 1500~2000* (London: Fontana Press, 1989), 439 〔폴 케네디 지음, 이일수 외 옮김, 《강대국의 흥망》(한국경제신문사, 1989), 511〕.

52. Kennedy, *The Rise and Fall of the Great Powers*, 76 〔폴 케네디 지음, 이일수 외 옮김, 《강대국의 흥망》, 101〕.

53. A. F. K. Organski, *World Politics* (New York, NY: Alfred A. Knopf, 1968).

54. Robert Gilpin, *War and Change in World Politics* (Cambridge: Cambridge University Press, 1981), 123-124.

55. Christopher Layne, "China's Role in American Grand Strategy: Partner, Regional Power, or Great Power Rival?" in Jim Rolfe (ed.), *The Asia-Pacific: A Region in Transition* (Honolulu, HA: APCSS Publications, 2004), 54-80.

56. Karen A. Rasler and William R. Thompson, "Global Wars, Public Debts, and the Long Cycle," *World Politics* 35:4 (1983), 489-516.

57. "북한 국방비, 남한의 5분의 1 …… 군사력은 2.2배", 〈중앙일보〉(2017. 8. 7), http://news.joins.com/article/21822298.

58. Uk Heo and Sung Deuk Hahm, "Democracy, Institutional Maturity, and Economic Development," *Social Science Quarterly* 96:4 (2015), 1041-1058; Uk Heo and Alexander C. Tan, "Democracy and Economic Growth in

Developing Countries: A Causal Analysis," *Comparative Politics* 33:4 (2001), 463-473; Uk Heo and Seongyi Yun, "Another View on the Relationship between Democratization and Intra-Military Division in South Korea," *Armed Forces and Society* 40:2 (2014), 382-391.

59. Heo and Roehrig, *South Korea's Rise: Economic Development, Power, and Foreign Relations*; Heo and Roehrig, "Development Power Theory: The South Korean Case."

60. Joshua Goldstein and Jon Pevehouse, *International Relations* (New York, NY: Pearson Longman, 2009) 〔조슈아 골드스타인·존 피브하우스 지음, 김연각 옮김, 《국제관계의 이해》(인간사랑, 2015)〕.

61. Alex Mintz, "The Decision to Attack Iraq: A Non-Compensatory Theory of Decision Making," *Journal of Conflict Resolution* 37 (1993), 595-618.

62. Brett Ashley Leeds and Burcu Savun, "Terminating Alliance: Why Do States Abrogate Agreements?" *Journal of Politics* 69:4 (2007), 1118-1132.

63. Heo and Roehrig, *South Korea's Rise: Economic Development, Power, and Foreign Relations*; Heo and Roehrig, "Development Power Theory: The South Korean Case."

64. Heo and Roehrig, *South Korea's Rise: Economic Development, Power, and Foreign Relations*; Heo and Roehrig, "Development Power Theory: The South Korean Case."

2 초기 한미 관계와 한미동맹의 형성

1. Ki-baik Lee, *A New History of Korea*, translated by Edward W. Wagner with Edward J. Shultz (Seoul: Ilchokak, 1984), 262-263 〔이기백, 《한국사신론》(일조각, 1997), 344-345〕.

2. Fred Harvey Harrington, "An American View of Korean-American Relations, 1866~1905," in Yur-Bok Lee and Wayne Patterson (eds.), *Korean-American*

Relations, 1866-1977* (Albany, NY: SUNY Press, 1999), 37-40.

3. US Department of State, *Treaties and Other International Agreements of the United States of America, 1776~1949, Volume 9*, compiled by Charles I. Bevans (Washington, DC: Government Printing Office, 1972), 470-476. 〔조선 측의 조약문에는 "반드시 서로 돕는다(必須相助)"라는 문구가 들어 있어 영문본과는 뉘앙스에서 차이가 있다. 고종의 미국에 대한 기대는 이 때문이기도 했다—옮긴이.〕
4. Hilary Conroy and Wayne Patterson, "Duality and Dominance: A Century of Korean-American Relations," in Yur-Bok Lee and Wayne Patterson (eds.), *Korean-American Relations, 1866-1977* (Albany, NY: SUNY Press, 1999), 2-4.
5. S. C. M. Paine, *The Sino-Japanese War of 1894-1895* (Cambridge: Cambridge University Press, 2005).
6. Conroy and Patterson, "Duality and Dominance," 3.
7. Theodore Roosevelt, "Theodore Roosevelt to Hermann Speck Von Sternberg," in Elting E. Morrison, John M. Blum, and John J. Buckley (eds.), *The Letters of Theodore Roosevelt, Volume II* (Cambridge, MA: Harvard University Press, 1951), 1394.
8. Theodore Roosevelt, "Theodore Roosevelt to John Hay, January 31, 1905," in Elting E. Morrison, John M. Blum, and John J. Buckley (eds.), *The Letters of Theodore Roosevelt, Volume IV* (Cambridge, MA: Harvard University Press, 1951), 1112.
9. Roosevelt, as quoted in Andrew C. Nahm, "American-Korean Relations, 1866~1978, an Overview," in Andrew C. Nahm (ed.), *The United States and Korea* (Kalamzoo, MI: The Center for Korean Studies, Western Michigan University, 1979), 15.
10. C. I. Eugene Kim and Han-kyo Kim, *Korea and the Politics of Imperialism, 1876~1910* (Berkeley, CA: University of California Press, 1967).
11. "Final Text of the Communique," November 26, 1943, *Foreign Relations of*

the United States, Conferences at Cairo and Teheran, 1943 (Washington, DC: GPO, 1961), 449. Hereafter, "FRUS".

12. "Bohlen Minutes for the February 8, 1945 Meeting at Yalta between Roosevelt and Stalin," *FRUS 1945*, 766-771.
13. 북위 38도에서 일본의 항복을 받는 결정을 설명하는 a memorandum/recollection of Dean Rusk, July 12, 1950. *FRUS, 1945,* VI, 1037-1039.
14. Se-Jin Kim, *Documents in Korean-American Relations* (Seoul: Research Center for Peace and Unification, 1976), 28.
15. 박명수, "중앙 집권화된 행정부와 한반도의 분단", 〈역사와실학〉 62 (2017), 221-267.
16. "광복 5년사 쟁점 재조명 〈1부〉 ⑧ 분단, 언제 굳어지기 시작했나", 〈동아일보〉 (2004. 10. 10), http://news.donga.com/View?gid=8115339&date=20041010.
17. Richard C. Allen, *Korea's Syngman Rhee: An Unauthorized Portrait* (Rutland, VT: Charles Tuttle publishers, 1960), 73-99; Andrew C. Nahm, *Korea: Tradition & Transformation* (Elizabeth, NJ: Hollym, 1989), 329-365.
18. David Rees, *Korea: The Limited War* (New York: St. Martin's Press, 1964), 16.
19. "Report by the National Security Council on the Position of the United States with Respect to Korea, NSC 8," *FRUS, 1948*, VI, 1167.
20. "Report by the National Security Council to the President: NSC 8/2," *FRUS, 1949,* VII, 976.
21. "Department of the Army telegram CX 67198," January 19, 1949. Robert K. Sawyer, "Military Advisors in Korea: KMAG in Peace and War," in Walter G. Hermes (ed.), *The United States Army Historical Series* (Washington, DC: Government Printing Office, 1962), 37의 요약을 재인용.
22. Harry S. Truman, *Memoirs, Volume Two* (Garden City, NJ: Doubleday, 1956), 328.
23. James Matray, *The Reluctant Crusade: American Foreign Policy in Korea,*

1941~1950 (Honolulu, HI: University of Hawaii Press, 1985), 173.

24. US Department of State, "Intelligence Estimate Prepared by the Estimates Group, Office of Intelligence Research," June 25, 1950, *FRUS, 1950,* VII, 148-154.
25. US Government, *Military Situation in the Far East* (Washington, DC: GPO, 1951).
26. Terence Roehrig, "Coming to South Korea's Aid: The Contributions of the UNC Coalition," *International Journal of Korean Studies* 15:1 (2011), 63-97.
27. Choong Nam Kim, *The Korean Presidents: Leadership for Nation Building* (Norwalk, CT: East Bridge, 2007), 63 〔김충남, 《대통령과 국가 경영》(서울대학교출판부, 2006), 131〕.
28. "The President of the Republic of Korea (Rhee) to President Truman," *FRUS, 1952~1954*, XV, Part I, March 21, 1952, 115.
29. John Foster Dulles, *Department of State Bulletin*, 29:742 (September 14, 1953), 341.
30. Dwight D. Eisenhower, "Annual Message to the Congress on the State of the Union," *Public Papers of the President* 1954 (1954), 8.
31. 조약의 전문에 대해서는 "Mutual Defense Treaty between the United States and the Republic of Korea," October 1, 1953, Yale Law School, Avalon Project, http://avalon.law.yale.edu/20th_century/kor001.asp 참조. (조약의 한글본은 "대한민국과 미합중국 간의 상호방위조약", 외교부, http://www.mofa.go.kr/www/wpge/m_3834/contents.do 참조—옮긴이.)
32. The North Atlantic Treaty, April 4, 1949, www.nato.int/cps/en/natohq/official_texts_17120.htm.
33. "Republic of Korea Draft of Mutual Defense Treaty between the United States and the Republic of Korea," July 9, 1953, *FRUS, 1952~1954*, XV, Part 2, 1428.
34. "Mutual Defense Treaty," *FRUS, 1952~1954*, XV, Part 2, 1430-1.

35. "Memorandum by the Director of the Executive Secretariat to the Secretary of State," October 28, 1953, *FRUS, 1952~1954*, XV, Part 2, 1569-1570.

36. US Senate, *The Vandenberg Resolution and the North Atlantic Treaty*, Hearings before the Committee on Foreign Relations, 81st Congress, 2nd session, May 11, 12, 19, and June 3, 1948; February 18, March 8, April 5, 12, 19, 21, and June 6, 1949 (Washington, DC: GPO, 1948~1949), 373.

37. *The Vandenberg Resolution*, 373.

38. Uk Heo and Terence Roehrig, *South Korea since 1980* (Cambridge: Cambridge University Press, 2010), 78.

39. John Kie-Chiang Oh, *Korean Politics: The Quest for Democratization and Economic Development* (Ithaca, NY: Cornell University Press, 1999), 34-35.

40. Kwan S. Kim, "The Korea Miracle (1962~1980) Revisited: Myths and Realities in Strategy and Development," Kellogg Institute, November 1991, https://kellogg.nd.edu/publications/workingpapers/WPS/166.pdf.

41. "Memorandum of Discussion at the 156th Meeting of the National Security Council," July 23, 1953, *FRUS, 1952~1954,* XV, Part 2, 1426.

42. Terence Roehrig, *From Deterrence to Engagement: The US Defense Commitment to South Korea* (Lanham, MD: Lexington, 2006), 173; John Kie-Chiang Oh, *Korean Politics: The Quest for Democratization and Economic Development* (Ithaca, NY: Cornell University Press, 1999), 34-35.

43. Norman D. Levin and Richard L. Sneider, "Korea in Postwar US Security Policy," in Gerald L. Curtis and Sung-joo Han (eds.), *The US-South Korean Alliance* (Lexington, MA: D. C. Heath and Company, 1983), 40-41.

44. Bruce M. Russett, "The Calculus of Deterrence," *Journal of Conflict Resolution* 2:2 (1963), 105.

45. Roehrig, *From Deterrence to Engagement*, 175.

46. Thomas C. Schelling, *Arms and Influence* (New Haven, CT: Yale University Press, 1966), 35.

47. Richard Nixon, "American Policy in the Pacific: Informal Remarks of the President Nixon with Newsmen at Guam, July 25, 1969," *Public Papers of the President, 1969* (Washington, DC: GPO, 1969), 545-549.

48. William H. Gleysteen Jr., *Massive Entanglement, Marginal Influence: Carter and Korea in Crisis* (Washington, DC: Brookings Institution, 1999), 22-23 〔윌리엄 글라이스틴 지음, 황정일 옮김, 《알려지지 않은 역사》(알에이치코리아, 2014), 43〕; Don Oberdorfer, *The Two Koreas* (New York: Basic Books, 1997), 86-87 〔돈 오버도퍼 지음, 이종길 옮김, 《두 개의 한국》(길산, 2002), 136-137〕.

49. Terence Roehrig, *Japan, South Korea, and the United States Nuclear Umbrella: Deterrence After the Cold War* (New York, NY: Columbia University Press, 2017).

50. "Memorandum of Discussion at the 326th Meeting of the National Security Council," June 13, 1957, *FRUS, 1955~1957,* XXIII, Part 2, 445.

51. "Memorandum of Discussion at the 318th Meeting of the National Security Council, April 4, 1957, 420-7; "Memorandum of Discussion at the 326th Meeting of the National Security Council," June 13, 1957, *FRUS, 1955~1957,* XXIII, Part 2, 443-454.

52. "Memorandum of Discussion at the 334th Meeting of the National Security Council," August 8, 1957, *FRUS, 1955~1957*, XXIII, Part 2, 480-489.

53. "Memorandum of Discussion at the 326th Meeting of the National Security Council," June 13, 1957, *FRUS, 1955~1957*, XXIII, Part 2, 443-454.

54. Roehrig, *From Deterrence to Engagement*, 187-188.

55. "Memorandum from the Secretary of the Army to the Secretary of Defense," June 27, 1957, *FRUS, 1955~1957*, XXIII, Part 2, 464-465.

56. Murrey Marder, "Schlesinger Sees Buildup in Soviet Arms," *Washington Post,* June 21, 1975.

57. Bruce Cumings, "The Conflict on the Korean Peninsula," in Yoshikazu

Sakamoto (ed.), *Asia: Militarization and Regional Conflict* (London: Zed Books, 1988), 105; Peter Hayes, *Pacific Powerkeg: American Nuclear Dilemmas in Korea* (Lexington, MA: Lexington Books, 1991), 102.

58. 피터 헤이즈(Peter Hayes)가 1987년 6월 워싱턴 DC에서 미군 사령관과 나눈 인터뷰. *Pacific Powderkeg*, 162-163에서 인용.

59. Fred Hiatt, "US: No Use of A-Arms Envisioned in S. Korea," *Washington Post*, December 3, 1987, A54.

60. John McBeth, "Withdrawal Symptoms: Americans Ponder the Removal of Nuclear Weapons," *Far Eastern Economic Review,* September 29 (1988), 35.

61. Susan J. Koch, *The Presidential Nuclear Initiatives of 1991~1992* (Washington, DC: National Defense University Press, 2012), http:// ndupress.ndu.edu/Portals/68/Documents/casestudies/CSWMD_CaseStudy-5.pdf.

62. Terence Roehrig, *Japan, South Korea, and the US Nuclear Umbrella: Deterrence After the Cold War* (New York, NY: Columbia University Press, 2017).

63. 한미 군 지도부는 안보협의회의와 함께 군사위원회회의(Military Committee Meeting, MCM)에서도 회동했다.

64. US Department of Defense, "Joint Communique, the 11th ROK-US Security Consultative Meeting," October 1978.

65. US White House, "Readout of the President's Call with Japanese Prime Minister Taro Aso," May 25, 2009, www.whitehouse.gov/the-pressoffice/readout-presidents-call-with-japanese-prime-minister-taro-aso; "Readout of the President's Call with Republic of Korea President Lee Myung-bak," May 25, 2009, www.whitehouse.gov/the-press-office/readout-presidents-call-with-republic-korea-president-lee-myung-bak.

66. US White House, "Remarks by President Barack Obama," April 5, 2009, www.whitehouse.gov/the_press_office/Remarks-By-President-Barack-Obama-In-Prague-As-Delivered.

67. US White House "Joint Vision for the Alliance of the United States of America and the Republic of Korea," June 16, 2009, https://obamawhitehouse.archives.gov/realitycheck/the-press-office/jointvision-alliance-united-states-america-and-republic-korea. 〔한글본은 "한미동맹을 위한 공동 비전", 〈국가전략〉(세종연구소) 15 (3) (2009) 부록, 187-191 참조—옮긴이.〕

68. US Department of Defense, "Joint Communique, 41st US-ROK Security Consultative Meeting," October 22, 2009. (국방부, "제41차 한미 안보협의회의 공동성명", http://www.mnd.go.kr/user/boardList.action?command=view&page=1&boardId=I_43915&boardSeq=o_1130000000478&titleId=null&siteId=mnd&id=mnd_010704010000—옮긴이.)

3 한국의 민주화와 한미동맹

1. George McCunne, *Korea Today* (Cambridge, MA: Harvard University Press, 1950), 85-86.

2. Gregg A. Brazinsky, *Nation Building in South Korea: Koreans, Americans, the Making of a Democracy*, (Chapel Hill, NC: University of North Carolina Press, 2007), 14-18 〔그렉 브라진스키 지음, 나종남 옮김, 《대한민국 만들기 1945~1987: 경제성장과 민주화 그리고 미국》(책과함께, 2011), 37-43〕.

3. Tracy Williams, "Rhetoric, Reality, and Responsibility: The United States' Role in South Korean Democratization," *Stanford Journal of East Asian Affairs* 4:1 (2004), 62.

4. J. Kie-Chiang Oh, *Korean Politics: The Quest for Democratization and Economic Development* (Ithaca, NY: Cornell University Press, 1999), 31.

5. Se-jin Kim, *The Politics of Military Revolution in South Korea* (Chapel Hill, NC: University of North Carolina Press, 1971), 21.

6. Uk Heo and Terence Roehrig, *South Korea since 1980* (Cambridge: Cambridge University Press, 2010).

7. Brazinsky, *Nation Building in South Korea* 〔브라진스키, 《대한민국 만들기》〕.

8. David C. Cole and Princeton N. Lyman, *Korean Development: The Interplay of Politics and Economics* (Cambridge, MA: Harvard University Press, 1971), 59.

9. William H. Gleysteen, *Massive Entanglement, Marginal Influence* (Washington, DC: Brookings Institution, 1999), 198 〔윌리엄 글라이스틴 지음, 황정일 옮김, 《알려지지 않은 역사》(알에이치코리아, 2014), 274〕.

10. James Fowler, "The United States and South Korean Democratization," *Political Science Quarterly,* 114:2 (1999), 9; Williams, "Rhetoric, Reality, and Responsibility," 62-63.

11. Williams, "Rhetoric, Reality, and Responsibility."

12. Oh, Korean Politics, 40; Sung-joo Han, *The Failure of Democracy in South Korea* (Berkeley, CA: University of California Press, 1974), 25-28.

13. Andrew Nahm, *Korea: Tradition & Transformation. A History of the Korean People* (Elizabeth, NJ: Hollym International, 1988), 430-431.

14. R. Oliver, *A History of the Korean People in Modern Times: 1800 to the Present* (Newark, DE: University of Delaware Press, 1993), 264.

15. Han, *The Failure of Democracy in South Korea.*

16. Heo and Roehrig, *South Korea since 1980*, 19-20.

17. Gregory Henderson. *Korea: The Politics of the Vortex* (Cambridge, MA: Harvard University Press, 1968), 28 〔그레고리 헨더슨 지음, 박행웅·이종삼 옮김, 《소용돌이의 한국정치》(한울, 2000), 275〕.

18. Brazinsky, *Nation Building in South Korea*, 110-113 〔브라진스키, 《대한민국 만들기》, 188-192〕.

19. Brazinsky, *Nation Building in South Korea*, 113 〔브라진스키, 《대한민국 만들기》, 192〕. (번역은 번역서를 참조—옮긴이.)

20. Henderson, *Politics of the Vortex*, 183 〔그레고리 헨더슨, 《소용돌이의 한국정치》, 277〕. (번역은 번역서를 참조—옮긴이.)

21. Oh, *Korean Politics*, 51-52에서 인용.

22. Ted Galen Carpenter and Doug Bandow, *The Korean Conundrum: America's Troubled Relations with North and South Korea* (New York, NY: Palgrave, 2004), 11.

23. Brazinsky, *Nation Building in South Korea* 〔브라진스키, 《대한민국 만들기》〕.

24. Donald Stone Macdonald, *US-Korean Relations from Liberalization to Self-Reliance: The Twenty-Year Record* (Boulder, CA: Westview Press, 1992), 215-16 〔도널드 스턴 맥도널드 지음, 한국역사연구회 1950년대반 옮김, 《한미관계 20년사(1945~1965)》(한울, 2001), 440-441〕.

25. Brazinsky, *Nation Building in South Korea*, 120-121 〔브라진스키, 《대한민국 만들기》, 205〕.

26. "Letter from the Ambassador to Korea (Berger) to Secretary of State Rusk," 15 December 1961, *FRUS 1961~1963*, XXII, 542.

27. Carter Eckert, Ki-baik Lee, Young Ick Lew, Michael Robinson, and Edward Wagner, *Korea: Old and New. A History* (Cambridge, MA: Harvard University Press, 1990), 361-362.

28. Gregg Brazinsky, "From Pupil to Model: South Korea and American Development Policy during the Early Park Chung Hee Era," *Diplomatic History* 29:1 (2005), 86-88.

29. Heo and Roehrig, *South Korea since 1980*, 23-24.

30. Jimmy Carter, "State of the Union Address of 1978," www.janda.org/politxts/State%20of%20Union%20Addresses/preface.html.

31. Gleysteen, *Massive Entanglement, Marginal Influence*, 33 〔글라이스틴, 《알려지지 않은 역사》, 63〕. 그는 "〔미국이〕 박정희에게서 정당성의 포장을 벗겨버리는 것처럼 보일 〔수는 없었을 것이다〕. ……그 결과는 예측컨대 또 다른 쿠데타와 군부 지도자일 수도 있는데, 그가 박정희보다 반드시 더 계몽되었다고 할 수는 없을 것이다"라고 언급했다.

32. Hearing of the House of Representatives Subcommittee on Asian and

Pacific Affairs of the Committee on Foreign Affairs, Security Issue: Korea and Thailand, First Session, March 22, 1979, 19.

33. Sunhyuk Kim, "State and Civil Society in South Korea's Democratic Consolidation," *Asian Survey* 37:12 (1997), 1138.

34. "December 13, 1979, US Embassy in Seoul to Department of State, Younger ROK Officer Grab Power Positions," in Gleysteen, *Massive Entanglement, Marginal Influence*, 212 〔글라이스틴, 《알려지지 않은 역사》, 293-296〕.

35. Don Oberdorfer and Robert Carlin, *The Two Koreas: A Contemporary History* (London: Hachette, 2013), 129 〔돈 오버도퍼·로버트 칼린 지음, 이종길·양은미 옮김, 《두 개의 한국》 개정판(길산, 2014), 209〕; Bruce Cumings, *Korea's Place in the Sun: A Modern History* (New York: W. W. Norton, 2005), 378 〔브루스 커밍스 지음, 이교선 외 옮김, 《브루스 커밍스의 한국현대사》(창비, 2001), 542〕. (원서는 2005년으로, 번역서는 2001년으로 명기한 이유는 번역서가 1997년에 출판된 원서의 초판을 번역한 것이기 때문이다. 2005년 개정판은 글자 그대로 업데이트한 것이어서 광주에 대한 언급은 1997년판과 동일하기 때문에 2001년의 번역서라도 출처로 인용하는 것이 독자들에게 도움이 된다고 보았다—옮긴이.)

36. Heo and Roehrig, *South Korea since 1980*, 32-33.

37. Brazinsky, *National Building in South Korea*, 234 〔브라진스키, 《대한민국 만들기》, 392〕. (번역은 번역서를 참조—옮긴이.)

38. Heo and Roehrig, *South Korea since 1980,* 33.

39. Gleysteen, *Massive Entanglement, Marginal Influence*, 4-5 〔글라이스틴, 《알려지지 않은 역사》, 29-30〕.

40. Tim Shorrock, "Debacle in Kwangju," *Nation* 263:19 (1996), 19-22; Tim Shorrock, "The Kwangju Stories: A Personal Response and Update," www.kimsoft.com/korea/shorrok.htm; Tim Shorrock, "The US Role in Korea in 1979 and 1980," www.kimsoft.com/korea/kwangju3.htm.

41. Oh, Korean Politics, 80.

42. J. Wickham, *Korea on the Brink: From the "12/12 Incident" to the Kwangju Uprising, 1979~1980* (Washington, DC: National Defense University Press, 1999), 147 〔존 위컴, 《12.12와 미국의 딜레마》(중앙M&B, 1999), 223-224〕.

43. Gleysteen, *Massive Entanglement, Marginal Influence*, 114-115 〔글라이스틴, 《알려지지 않은 역사》, 166〕.

44. Williams, "Rhetoric, Reality, and Responsibility," 67-69.

45. Gleysteen, *Massive Entanglement, Marginal Influence*, 65 〔글라이스틴, 《알려지지 않은 역사》, 105〕.

46. Scott Armstrong, "Failing to Heed the Warnings of Revolution in Iran," *Washington Post,* October 26, 1980, A1.

47. Shorrock, "Debacle in Kwangju," http://base21.jinbo.net/show/show.php?p_docnbr=20896.

48. Michael Ledeen and Williams Lewis, Debacle: The American Failure in Iran (New York, NY: Alfred A. Knopf, 1981), 242.

49. Carter, "State of the Union."

50. International League for Human Rights and the International Human Rights Law Group, *Democracy in South Korea: A Promise Unfulfilled. A Report on Human Rights in the Republic of Korea, 1980~1985* (New York, NY: The League, 1985), 4.

51. George Shultz, *Turmoil and Triumph: My Years as Secretary of State* (New York, NY: Scribner, 1993), 975.

52. International League for Human Rights and the International Human Rights Law Group, Democracy in South Korea, 17.

53. "Hearing of the House of Representatives Subcommittee on Human Rights and International Organizations of the Committee on Foreign Affairs," *Review of US Human Rights Policy*, First Session, June 28, 1983, 48.

54. Uk Heo and Seongyi Yun, "Another View on the Relationship between Democratization and Intra-Military Division in South Korea," *Armed Forces*

and Society 40:2 (2014), 382-391.

55. 김영일, "6.29 선언의 진상", 〈시사월간 윈〉(1996. 3), 52-59; "6.29 선언, 전두환의 작품", 〈월간조선〉(1989. 6); 김성익, "이것이 6.29의 진상이다", 〈월간조선〉(1992. 11), 162-169; "노태우와 나 사이에", 〈월간조선〉(1992. 8), 357-407, 〈월간조선〉(1993. 1), 290-336, 〈월간조선〉(1993. 2), 292-401.

56. Hearing of the House of Representatives Committee on Foreign affairs and its Subcommittee on Human Rights and International Organizations and Asian and Pacific Affairs, Assessing the Prospects for Democratization in Korea, First Session, May 6, June 17, 24, and 25, 1987, 15, for calls for economic sanctions and to go beyond quiet diplomacy.

57. Charles Krauthammer, "How Did Korea Ever Do It without Sen. Kennedy?" *Washington Post,* July 10, 1987, A23.

58. Don Oberdorfer, "US Intensifies Pressure on Chun," *Washington Post*, June 27, 1987, A18.

59. Selig Harrison, *The South Korean Political Crisis and American Policy Options* (Washington, DC: Washington Institute Press, 1987), 3.

60. Williams, "Rhetoric, Reality, and Responsibility," 70-72.

61. William Stueck, "Democratization in Korea: The United States Role, 1980 and 1987," *International Journal of Korean Studies* (Fall/Winter 1998), 16-24.

62. Heo and Yun, "Another View on the Relationship between Democratization and Intra-Military Division in South Korea."

63. James Fowler, "The United States and South Korean Democratization," *Political Science Quarterly* 114:2 (1999), 265-288.

64. "Address by Vice President Bush Before the Republic of Korea National Assembly," in *American Foreign Policy, Current Documents*, April 26, 1982 (Washington, DC: GPO, 1983), 1102-1105.

65. George H. W. Bush, "Remarks at the American and Korean Chamber of Commerce Luncheon in Seoul," in *Public Papers of the President, 1992~*

1993, Book I, January 6, 1992, 38 (Washington, DC: GPO, 1993).
66. Kang-ro Lee, "Critical Analysis of Anti-Americanism in Korea," *The Korean Journal of International Relations* 44:4 (2003), 74-98.
67. David Straub, *Anti-Americanism in Democratizing South Korea* (Stanford, CA: Shorenstein Asia-Pacific Research Center, 2015) 〔데이비드 스트라우브 지음, 김수빈 옮김, 《반미주의로 보는 한국현대사》(산처럼, 2017)〕.
68. Young Pyo Hong, *Sources of Anti-Americanism in South Korea*. Thesis. Naval Postgraduate School, 2008, http://calhoun.nps.edu/bitstream/handle/10945/10288/08Dec_Hong.pdf?sequence=1.
69. Uk Heo and Terence Roehrig, *South Korea's Rise: Economic Development, Power, and Foreign Relations* (Cambridge: Cambridge University Press, 2014).
70. Uk Heo and Jung-Yeop Woo, "Changing National Identity and Security Perception in South Korea," in Terence Roehrig, Jungmin Seo, and Uk Heo (eds.), *Korean Security in a Changing East Asia* (Westport, CT: Praeger Security International, 2007), 192-205.
71. 〈조선일보〉(2005. 8. 18).
72. Uk Heo and Jung-Yeop Woo, "South Korea's Response: Democracy, Identity, and Security," in Shale Horowitz, Uk Heo, and Alexander Tan (eds.), *Identity and Change in East Asian Conflicts: The Cases of China, Taiwan, and the Koreas* (New York, NY: Palgrave Macmillan, 2007), 149-164.
73. Jong-yun Bae, "South Korean Strategic Thinking toward North Korea: The Evolution of the Engagement Policy and Its Impact upon US-ROK Relations," *Asian Survey* 50:2 (2010), 335-355.
74. 홍영림, "한국 안보 위협 국가, 미국이 1위로", 〈조선일보〉(2004. 1. 12).
75. Robert S. Litwak, *Regime Change: US Strategy through the Prism of 9/11* (Washington, DC: Woodrow Wilson Center Press, 2006), 24-91.
76. Leon Whyte, "Evolution of the US-ROK Alliance: Anti-Americanism," *The*

Diplomat, July 20, 2015, http://thediplomat.com/2015/07/evolution-of-the-us-rok-alliance-anti-americanism.

77. Heo and Roehrig, *South Korea's Rise*.

78. Hakjoon Kim, "A Brief History of the US-ROK Alliance and Anti-Americanism in South Korea," *APARC* 31:1 (2010), 30, https://fsi.stanford.edu/sites/default/files/Kim-Hakjoon_FINAL_May_2010.pdf.

79. Jung-Yeop Woo, "South Korean Domestic Support for the Alliance," Asan Institute, November 1, 2016, www.theasanforum.org/south-koreandomestic-support-for-the-us-alliance.

80. 이 그래프는 여러 여론 조사를 조합해서 만들었다. 따라서 각 여론 조사의 설문지는 동일하지 않지만, 한국인의 대미 인식을 묻는 질문이 있는 한 동일한 방식으로 처리했다. 자료의 출처는 다음과 같다. 김진웅, 《한국인의 반미감정》(일조각, 1992), "한국인의 70%는 세계에서 가장 우호적인 나라로 미국을 꼽았고 1%만 미국을 싫어했다"; 1975: 유종해, "변전 30년 한국인의 의식 구조", 〈경향신문〉(1975. 8. 20), http://newslibrary.naver.com/viewer/index.nhn?articleId=1975082000329203010&editNo=2&printCount=1&publishDate=1975-08-20&officeId=00032&pageNo=3&printNo=9199&publishType=00020, "미국은 우리에게 가장 중요하고 신뢰감을 주는 동맹이다"; 1982: 박권상, "미국을 보는 눈, 한국을 보는 눈", 〈동아일보〉(1982. 4. 1), http://newslibrary.naver.com/viewer/index.nhn?articleId=1982040100209214001&editNo=2&printCount=1&publishDate=1982-04-01&officeId=00020&pageNo=14&printNo=18613&publishType=00020, "어느 나라를 제일 좋아하느냐"; 1988~2002: Eric V. Larson, Normand D. Levin, Seonhae Baik, and Bogdan Savych, Ambivalent Allies? A Study of South Korean Attitudes towards the U.S., Technical Report TR-141-SRF (Santa Monica, CA: RAND Cooperation, 2004), "Overall, do you have a very favorable, somewhat favorable, somewhat unfavorable, or very unfavorable opinion of the US?"; 2003~2015: Pew Research Center, Global Indicators Database, Opinion of the United States, www.pewglobal.

org/database/indicator/1/country/116/, "Please tell me if you have a very favorable, somewhat favorable, somewhat unfavorable or very unfavorable opinion of the United States?"

81. Dong Sun Lee, "Democratization and the US-South Korean Alliance," *Journal of East Asian Studies* 7:3 (2007), 469-499.

82. Hayam Kim and Uk Heo. "What Affects Korea-US Relations?" *Pacific Focus* 31:1 (2016), 31-55.

83. 2009년 공동 비전 성명.

84. Mark E. Manyin, Mary Beth Nikitin, Emma Chanlett-Avery, Ian E. Rinehart, and William H. Cooper, "US-South Korea Relations," *Current Politics and Economics of Northern and Western Asia* 22:1 (2013), 155.

85. The White House, "Remarks by President Obama and President Lee Myung-bak of the Republic of Korea after Bilateral Meeting," June 26, 2010, www.whitehouse.gov/the- press-office/remarks-president-obama-and-president-lee-myung-bak-republic-korea-after-bilateral-.

86. Victor D. Cha and Katrin Katz, "South Korea in 2010 Navigating New Heights in the Alliance," *Asian Survey* 51:1 (2011), 55.

87. Cha and Katz, "South Korea in 2010 Navigating New Heights in the Alliance."

88. Bates Gill, "The United States and Asia in 2015: Across the Region, US-China Competition Intensifies," *Asian Survey* 56:1 (2016), 8-18.

89. The White House, "Remarks by President Obama and President Park of the Republic of Korea in Joint Press Conference," October 16, 2015, www.whitehouse.gov/the-press-office/2015/10/16/remarks-president-obamaand-president-park-republic-korea-joint-press.

90. David E. Helvery, "Korean Unification and the Future of the US-ROK Alliance," *Strategic Forum* 291 (2016), 7.

91. Gill, "The United States and Asia in 2015," 11.

4 한미동맹의 안보 동기

1. Terence Roehrig, *From Deterrence to Engagement: The US Defense Commitment to South Korea* (Lanham, MD: Lexington, 2006), 136.
2. "Games Nations Play," *New York Times*, January 3, 2003.
3. "Getting Ready for Divorce," *Chosun Ilbo*, September 15, 2006, http://english.chosun.com/site/data/html_dir/2006/09/15/2006091561031.html.
4. Hakjoon Kim, "The American Military Government in South Korea, 1945~1948: Its Formation, Policies, and Legacies," *Asian Perspective* 12:1 (1988), 51-83.
5. Chae-jin Lee, *A Troubled Peace: US Policy and the Two Koreas* (Baltimore, MD: Johns Hopkins University Press, 2006).
6. Sang-Hyun Lee, "Terrorism and Asymmetric War: Is North Korea a Threat?" *East Asia* 20:2 (2003), 21-47.
7. Andrea Matles Savada and William Shaw (eds.), *South Korea: A Country Study* (Washington, DC: GPO for the Library of Congress, 1990), http://countrystudies.us/south-korea/9.htm.
8. Lee, *A Troubled Peace*.
9. Lee, *A Troubled Peace*.
10. "Letter from President Eisenhower to President Rhee," January 31, 1955, *FRUS, 1955~1957*, XXIII, 11-12.
11. 1951년부터 1994년까지 4429명의 북한 간첩이 남한 당국에 체포되었다. 송대성, 《한반도 군비통제》(신태양사, 1996), 137.
12. Uk Heo and Terence Roehrig, *South Korea since 1980* (Cambridge: Cambridge University Press, 2010).
13. Richard Nixon, "American Policy in the Pacific: Informal Remarks of President Nixon with Newsmen at Guam," in *Public Papers of the President,* July 25, 1969 (Washington, DC: GPO), 545-549.
14. Uk Heo and Terence Roehrig, *South Korea's Rise: Economic Development,*

Power, and Foreign Relations (Cambridge: Cambridge University Press, 2014).

15. Terence Roehrig, "North Korea and the US State Sponsors of Terrorism List," *Pacific Focus* 24:1 (2009), 82-106.
16. Hannah Fischer, *North Korean Provocative Actions, 1950~2007*, CRS Report for Congress (Washington, DC: Library of Congress, 2007); Department of Defense, "Special Appendix 2" in *2010 Defense White Paper* (Washington, DC: Department of Defense, 2010).
17. Heo and Roehrig, *South Korea's Rise*.
18. "US-DPRK Agreed Framework," October 21, 1994, www.nti.org/media/pdfs/aptagframe.pdf.
19. Joshua Berlinger, "North Korea's Missile Tests: What You Need to Know," *CNN*, December 3, 2017, www.cnn.com/2017/05/29/asia/northkorea-missile-tests/index.html.
20. 북한 핵무기 실험 및 미사일 시험과 관련한 유엔 안전보장이사회의 결의안 목록에 대해서는 다음을 참조. Arms Control Association, "UN Security Council Resolutions on North Korea," January 2018, www.armscontrol.org/factsheets/UN-Security-Council-Resolutions-on-North-Korea.
21. Zachary Cohen, Ryan Browne, Nicole Gaouette, and Taehoon Lee, "New Missile Test Shows North Korea Capable of Hitting All of the US Mainland," *CNN,* November 30, 2017, www.cnn.com/2017/11/28/politics/north-korea-missile-launch/index.html.
22. Dana Struckman, "North Korea's ICBM: They Can't Turn Los Angeles into Atomic Ash (Yet)," *National Interest*, January 18, 2018, http://nationalinterest.org/feature/north-koreas-icbm-they-cant-turn-losangeles-atomic-ash-yet-24131?page=3.
23. David Sanger and William Broad, "As North Korea Speeds Its Nuclear Programs, US Fears Time Will Run Out," *New York Times,* April 24, 2017,

www.nytimes.com/2017/04/24/world/asia/north-korea-nuclearmissile-program.html?_r=0.

24. ROK Ministry of National Defense, *2016 Defense White Paper* (2016), www.mnd.go.kr/user/mndEN/upload/pblictn/PBLICTNEBOOK_201705180357180050.pdf. (한글본은 국방부, 《2016 국방백서》 www.mnd.go.kr/user/mnd/upload/pblictn/PBLICTNEBOOK_201701130411279290.pdf 참조—옮긴이.)

25. David Blair, "North Korea v South Korea: How the Countries' Armed Forces Compare," *The Telegraph,* September 15, 2015, www.telegraph.co.uk/news/worldnews/asia/northkorea/11603665/North-Korea-v-South-Korea-How-the-countries-armed-forces-compare.html.

26. 표주연, "남북한 군사력 차이는 …… 비대칭 전력이 '관건'", 〈뉴시스〉(2016. 12. 28), www.newsis.com/ar_detail/view.html/?ar_id=NISX20150823_0010242194&cID=10301&pID=10300.

27. James Pearson, "Strength of North Korea's Military Waning as Kim Turns to Nuclear Weapons and Cyberwarfare," *The Japanese Times*, July 17, 2016, www.japantimes.co.jp/news/2016/07/17/asia-pacific/strength-north-koreas-military-waning-kim-turns-nuclear-weaponscyberwarfare/#.WNFgfW_yuUk.

28. 김태규, "〔개성공단 중단 1년③〕계속된 북핵 고도화 …… 고농축 우라늄 위협 가시화", 〈뉴시스〉(2017. 2. 10), http://www.newsis.com/view/?id=NISX20170209_0014694214. (원서는 〈중앙일보〉 기사를 인용 출처로 명기했으나 기사의 원출처가 〈뉴시스〉여서 바로잡음—옮긴이.)

29. Sanger and Broad, "As North Korea Speeds its Nuclear Programs, US Fears Time Will Run Out."

30. 유용원, "북 미사일 3종 세트에 장착할 '88cm 소형 핵탄두' 완성 단계", 〈조선일보〉(2016. 9. 10), http://news.chosun.com/site/data/html_dir/2016/09/10/2016091000189.html.

31. 이길성·조의준, "트럼프 "특이한 움직임(unusual move) 있다"는데 …… 중국군 북핵 압박 나섰나", 〈조선일보〉(2017. 4. 22).

32. 박광수, "중국, 북 식당 종업원 비자 갱신 불허 …… 사실상 '추방' 조치", 〈중앙일보〉(2017. 8. 28), http://news.joins.com/article/21879910.
33. 최원기, "중국 매체 '북한 6차 핵실험 시 석유 공급 중단'", 〈VOA〉(2017. 4. 24), https://www.voakorea.com/a/3823103.html.
34. 이길성, "중, 북 핵실험 땐 원유 공급 6개월 이상 중단 검토", 〈조선일보〉(2017. 5. 1).
35. Tim Schwarz, Barbara Starr and Zachary Cohen, "North Korea Issues Warning as US Strike Group Heads to Korean Peninsula," *CNN*, April 13, 2017.
36. Barbara Starr, Zachary Cohen and Brad Lendon, "US Navy Guided-Missile Sub Calls in South Korea," *CNN*, April 25, 2017.
37. Jae-won Kim, "Why So Calm about Nukes?" *The Korea Times*, February 13, 2013.
38. Uk Heo and Jung-Yeop Woo, "Changing National Identity and Security Perception in South Korea," in Terence Roehrig, Jungmin Seo, and Uk Heo (eds.), *Korean Security in a Changing East Asia* (Westport, CT: Praeger, 2007).
39. Jae-Ik Song, "A Study on Variables of the ROK-US Alliance and the Korean Forces Operational Control Authority: Focused on the Linkage of International and Domestic Politics," *Pacific Science Review* 15:2 (2013), 45.
40. 주한미군에 대해서는 비용 측면에서 두 가지 견해가 있다. 〈CNN〉 기사에 따르면, 주한미군 사령관 빈센트 브룩스는 미 상원 군사위원회 회의에서 남한이 인력의 약 절반을 부담하기 때문에, 미군을 한국에 주둔시키는 것이 미국에 주둔시키는 것보다 비용이 덜 든다고 말했다. Ryan Brown, "Top General: Cheaper to Keep Troops in South Korean Than US," *CNN,* April 16, 2016, www.cnn.com/2016/04/21/politics/trumptroops-korea-japan-cheaper-abroad. 반면 랜드 연구소의 한 보고서는 외국에 군대를 주둔시키는 것이 나라와 병과에 따라 병사 1인당 1만~4만 달러가 더 든다고 추정한다. RAND Corporation, *Overseas Basing of US Military Forces: An Assessment of*

Relative Costs and Strategic Benefits (Santa Monica, CA: RAND Corporation, 2013).

41. Doug Bandow, "North Korea Is Angry with America, Again! Why Has Washington Kept South Korea as a Welfare Dependent?" *Forbes,* August 4, 2014, www.forbes.com/sites/dougbandow/2014/08/04/north-korea-isangry-with-america-again-why-has-washington-kept-south-korea-as-a-welfare-dependent/.

42. 이영태, "주한미군 철수해도 좋다", 〈프레시안〉(2003. 5. 27), www.pressian.com/news/article.html?no=42905.

43. 대한민국 국방부, "주한미군의 역할과 필요성" (2002. 4. 4), http://peacekorea.org/zbxe/8589.

44. Kyong-ok Kim, "The Necessity of USFK and the Strengthening of US-ROK Relations," *Security Window*, March/April (2002), 93.

45. Eric Larson, Norman Levin, Seonhae Baik, and Bogdan Savych, *Ambivalent Allies? A Study of South Korean Attitudes Toward the US* (Santa Monica, CA: RAND Corporation, 2004).

46. 홍영림, "〔여론 조사〕 주한미군 철수", 〈조선일보〉(2002. 12. 23).

47. Larson et al., *Ambivalent Allies?*

48. Asan Institute for Policy Studies, *South Korea in a Changing World: Foreign Affairs—Results of the Asan Institute's 2012 Annual Survey of South Korean Public Opinion* (Seoul: The Asan Institute for Policy Studies, 2012), http://www.asaninst.org/contents/2012-asan-annual-survey/pdf.

49. 김지윤·강충구·이의철, 《2013년, 한국인의 주변국 인식 변화: 미·중·일·북 호감도 및 국가 관계 평가》(아산정책연구원, 2013).

50. 김남권, "미국민 70퍼센트, 주한미군 주둔 찬성 …… 역대 최고 찬성률", 〈연합뉴스〉(2016. 10. 6), https://www.yna.co.kr/view/AKR20161006178300009?section=search; 황인찬, "'주한미군 장기 주둔 필요', 미 70%〉 한 62%", 〈동아일보〉(2017. 2. 3), http://news.donga.com/3/all/20170203/82694555/1.

5 경제 성장과 한미 자유무역협정

1. Uk Heo and Seongyi Yun, "Another View on the Relationship between Democratization and Intra-Military Division in South Korea," *Armed Forces and Society* 40:2 (2014), 382-391.
2. Min Ye, Uk Heo, and Quan Li, "Economic Development and South Korea's UN PKO Participation," *Journal of Asian and African Studies* (2018).
3. Uk Heo and Terence Roehrig, *South Korea's Rise: Economic Development, Power, and Foreign Relations* (Cambridge: Cambridge University Press, 2014); Uk Heo and Terence Roehrig, "Development Power Theory: The South Korean Case," *Pacific Focus* 33:1 (2018).
4. Inbom Choi and Jeffrey Schott, *Free Trade between Korea and the United States* (Washington, DC: Institute for International Economics, 2001).
5. Andrea Matles Savada and William Shaw, *South Korea: A Country Study* (Washington, DC: Federal Research Division, 1990).
6. David Cole, "Foreign Assistance and Korean Development," in David Cole, Youngil Lim, and Paul W. Kuznet, (eds.), *The Korean Economy: Issues of Development* (Berkeley, CA: University of California Press, 1980); Wan Pu Hyok, "The History of American Aid to Korea," *Koreana Quarterly* 3:1 (1960), 71-96; Myung-Koo Kang, "South Korea's Foreign Economic Relations and Government Policies," in Saadia M. Pekkanen, John Ravenhill, and Rosemary Foot (eds.), *Oxford Handbook of the International Relations of Asia* (Oxford: Oxford University Press, 2014).
7. David Cole and Princeton Lyman, *Korean Development* (Cambridge, MA: Harvard University Press, 1971), 192-193.
8. 조윤제, "대외 여건과 한국의 경제 발전: 1950~1970년대 외자의 역할을 중심으로", 〈경제 분석〉(한국은행) 7:1 (2001), 4-9.
9. 조윤제, "한미 경제 관계의 변화와 발전", 〈지식의 지평〉 10 (2011), 47.
10. "Memorandum of Conference with President Eisenhower," September 14,

1960, *FRUS, 1958~1960*, XVIII, 691-693.

11. Savada and Shaw, *South Korea*.
12. Martin Hart-Landsberg, *Korea: Division, Reunification, and US Foreign Policy* (New York, NY: Monthly Review Press, 1998), 182-183.
13. Castells Manuel, "Four Asian Tigers with a Dragon Head: A Comparative Analysis of the State, Economy, and Society in the Asian Pacific Rim," in R. P. Applebaum and J. W. Henderson (eds.), *States and Development in the Asian Pacific Rim* (Newbury Park, CA: Sage, 1992), 33-70.
14. Meredith Woo-Cummings, *Race to the Swift: State and Finance in Korean Industrialization of Studies of the East Asian Institute* (New York, NY: Columbia University Press, 1991), 85-93.
15. Joungwon Alexander Kim, *Divided Korea: The Politics of Development, 1945~1972* (Cambridge, MA: Harvard University Press, 1975), 263-264.
16. US House Representatives, *Investigation of Korean-American Relations* (Washington, DC: US Government Printing Office, 1978), 55.
17. Gerald L. Curtis and Sung-joo Han, *The US-South Korean Alliance* (Lexington, MA: Lexington, 1983); Liou, To-hai, "US-South Korea Relations under Kim Dae-jung and Beyond," *Tamkang Journal of International Affairs* 9:2 (2005), 51-87.
18. Joseph Sang-hoon Chung, "The Economic System," in Han-kyo Kim (ed.), *Studies on Korea: A Scholar's Guide* (Honolulu, HI: University Press of Hawaii, 1980), 196.
19. 한국무역협회, 산업자원부, 《한국무역 40년 발자취와 비전》(2003), 13.
20. Un-chan Chung, "The Development of the South Korean Economy and the Role of the United States," in Gerald L. Curtis and Sung-Joo Han (eds.), *The US-South Korean Alliance* (Lexington, MA: D. C. Heath and Company, 1983).
21. Chong-Hyun Nam, "Protectionist US Trade Policy and Korean Exports,"

in Takatoshi Ito and Anne O. Krueger (eds.), *Trade and Protectionism* (Chicago, IL: University of Chicago Press, 2007), 185.

22. Chae-jin Lee, *A Trouble Peace: US Policy and the Two Koreas* (Baltimore, MD: Johns Hopkins University Press, 2006), 153.
23. George Bush, "Continuity and Change in US-Korean Relations," recited from Chae-jin Lee, *A Troubled Peace: US Policy and the Two Koreas* (Baltimore, MD: Johns Hopkins University Press, 2006), 156.
24. Lee, *A Troubled Peace*, 154.
25. Wonkyong Kim, "US-Korea Economic Relations: A (Historical) View from Seoul," in *Korea's Economy 2010* (Seoul: The Korea Economic Institute and the Korea Institute for International Economic Policy, 2010).
26. Lee, *A Troubled Peace.*
27. *Los Angeles Times*, October 18, 1989 (Lee, *A Troubled Peace*에서 재인용).
28. Kim, "US-Korea Economic Relations."
29. Kang, "South Korea's Foreign Economic Relations and Government Policies," 203-204. 한국 정부의 통계에 따르면, 2016년 남한의 대미 수출은 남한 총수출의 단 9.1퍼센트에 불과하고, 남한의 대미 수입은 전체 수입의 13.4퍼센트를 차지한다(http://stat.kita.net).
30. Mark E. Manyin, "South Korea-US Economic Relations: Cooperation, Friction, and Future Prospects," CRS report RL30566 (2002).
31. Uk Heo and Sunwoong Kim, "Financial Crisis in South Korea: Failure of the Government-led Development Paradigm," *Asian Survey* 40:3 (2000), 492-507; Uk Heo and Alexander C. Tan, "Political Choices and Economic Outcomes: A Perspective on the Differential Impact of the Financial Crisis on South Korea and Taiwan," *Comparative Political Studies* 36:6 (2003), 679-698.
32. Kim, "US-Korea Economic Relations."
33. Heo and Roehrig, *South Korea's Rise*.

34. Manyin, "South Korea-US Economic Relations."

35. Marcus Noland and Teaho Bark, *The Strategic Importance of US-South Korea Economic Relations,* NBR Special Report 4 (Washington, DC: Peterson Institute for International Economics, 2003).

36. Yong-Shik Lee, Jaemin Lee, and Kyung Han Sohn, "The United States-Korea Free Trade Agreement: Path to Common Economic Prosperity or False Promise?" *East Asia Law Review* 6:1 (2011), 111-162.

37. Soh-Jung Yoo, "China Expresses Interest in FTA with Korea," *Korea Herald,* August 4, 2005.

38. Lee, Lee, and Sohn, "The United States-Korea Free Trade Agreement".

39. 한미 FTA 저지 범국민운동본부, http://nofta.or.kr/en/category/Statements.

40. Uk Heo and Terence Roehrig, *South Korea since 1980* (Cambridge: Cambridge University Press, 2010).

41. 〈중앙일보〉(2007. 4. 5); 또한 한미 FTA 저지 범국민운동본부, http://nofta.or.kr/en/category/Statements 참조.

42. 김철민 · 이명기 · 김연수, 《농업 관련 산업의 GDP와 종사자 수 추정》(한국농촌경제연구원, 2007).

43. 〈중앙일보〉(2007. 4. 4); 권용덕, 《애그플레이션(Agflation)과 경남 농수축산업의 대응(이슈 분석 2008-5)》(경남발전연구원, 2008) 참조.

44. UNCTAD, *World Investment Report 1999: Foreign Direct Investment and the Challenge of Development* (New York, NY: UNCTAD, 1999); Sung Deuk Hahm and Uk Heo, "The Economic Effects of US and Japanese Foreign Direct Investment in East Asia: A Comparative Analysis," *Policy Studies Journal* 36 (2008), 385-402; Doug Bandow, "South Korea's Dual Dependence on America," *Policy Analysis*, May 19, 1998, https://object.cato.org/sites/cato.org/files/pubs/pdf/pa-308.pdf; Heo and Roehrig, *South Korea's Rise*; Uk Heo and Sung Deuk Hahm, "The Political Economy of US Direct Investment in East Asian NICs, 1966~2000," *International Interactions*

33:2 (2007), 119-133.

45. 한미 FTA, www.fta.go.kr/us/info/2/; 외교부, www.mofat.go.kr/ENG/policy/fta/status/effect/us/index.jsp?menu=m_20_80_10&tabmenu=t_2&submenu=s_8.

46. Pew Research Center, "Public Support for Increased Trade, Except with South Korea and China: Fewer See Benefits from Free Trade Agreement," November 9, 2010, www.people-press.org/2010/11/09/public-support-for-increased-trade-except-with-south-korea-and-china.

47. "7개 시·도청 습격 …… 현 정부 최악 시위", 〈조선일보〉(2006. 11. 23).

48. Lee, Lee, and Sohn, "The United States-Korea Free Trade Agreement."

49. *Korea Herald*, April 3, 2007; Office of the US Trade Representative, "FTA: United States and Republic of Korea Economic and Strategic Benefits," *Trade Facts*, February 2006.

50. Office of the US Trade Representative, "Free Trade with Korea: Summary of the KORUS FTA," *Trade Facts,* April 2007.

51. 합의문 전문은 www.ustr.gov/trade-agreements/free-trade-agreements/korus-fta에서 확인할 수 있다. (한글본은 외교부 누리집→외교 정책→조약 정보→양자 조약→"대한민국과 미합중국 간의 자유무역협정" 참조, http://www.mofa.go.kr/www/wpge/m_3834/contents.do—옮긴이.)

52. Bruce Klingner and Daniella Markheim, *KORUS FTA Strengthens the US Economy and Alliance with Korea* (Washington, DC: The Heritage Foundation, 2009).

53. Heo and Roehrig, *South Korea since 1980.*

54. Mark E. Manyin, Emma Chanlett-Avery, Mary Beth D. Nikitin, Brock R. Williams, and Jonathan R. Corrado, "US-South Korea Relations," CRS Report 7-5700 (2016), https://fas.org/sgp/crs/row/R41481.pdf.

55. US International Trade Commission, "Economic Impact of Trade Agreements Implemented under Trade Authorities Procedures, 2016 Report,"

June 2016, www.usitc.gov/publications/332/pub4614.pdf.

56. Troy Stangarone, "US-Korea Economic Relations and the Next US Administration," *International Journal of Korean Studies* 19:2 (2015), 27-51.

57. 미국의 대한 수입액은 한국의 대미 수출액과 동일해야 한다. 하지만 두 정부가 발표한 통계는 비슷하긴 해도 동일하지는 않다. 이것이 양측의 통계를 모두 실은 이유다.

58. Organization for Economic Cooperation and Development, "OECD Economic Surveys—Korea Overview," May 2016, www.oecd.org/eco/surveys/Korea-2016-OECD-economic-survey-overview.pdf.

59. Hyung-ki Park, "〔Ferry Disaster〕 Tragedy brings Korea to a standstill," *Korea Herald*, May 27, 2015, www.koreaherald.com/view.php?ud=20140425001220.

60. US Department of Treasury Office of International Affairs. "Foreign Exchange Policies of Major Trading Partners of the United States," April 29, 2016, www.treasury.gov/resource-center/international/exchangerate-policies/Documents/2016-4-29%20(FX%20Pol%20of%20Major%20Trade%20Partner)_final.pdf.

61. 미국 상원 재무위원장 오린 해치가 주미 한국 대사 안호영에게 2016년 3월 2일 보낸 서한.

62. USTR, 2016 National Trade Estimate Report on Foreign Trade Barriers (2016), 282; 한미 자유무역협정 제16.1조는 경쟁법의 차별적 집행을 금지하고 있지만, 협정의 분쟁 조정 절차 대상은 아니다. Manyin et al., "US-South Korea Relations."

63. US International Trade Commission (USITC), www.usitc.gov/trade_remedy/documents/orders.xls. 반덤핑과 상계관세에 대해서는 Vivian C. Jones, "Trade Remedies:Antidumping and Countervailing Duties," CRS Focus IF10018 (2008) 참조.

64. Phillip Rucker, "Trump: We May Terminate US-South Korea Trade Agreement," *Washington Post,* April 27, 2017, www.washingtonpost.com/politics/trump-

we-may-terminate-us-south-korea-tradeagreement/2017/04/27/75ad1218-2bad-11e7-a616-d7c8a68c1a66_story.html?utm_term=.11ae94d55644.

65. Everett Rosenfeld, "Trump Tough on South Korea: Threatens to Terminate Free Trade Deal, Wants Payment for THAAD Missile Defense System," *CNBC*, April 28, 2017, www.cnbc.com/2017/04/27/trump-threatens-to-terminate-free-trade-deal-with-south-korea-sayshe-wants-seoul-to-pay-for-thaad.html.

66. 김현우, "한미 FTA 개정 협상 위한 첫 특별 공동위 '이견만 확인'", 〈한국일보〉 (2017. 8. 22), www.hankookilbo.com/v/18ecd911bc3241aca07f11dba65600ce.

67. USTR, *2017 National Trade Estimate Report on Foreign Trade Barriers*, https://ustr.gov/sites/default/files/files/reports/2017/NTE/2017%20NTE.pdf.

6 변화하는 한미동맹의 군사적 차원

1. "Mutual Defense Treaty between the United States and the Republic of Korea," October 1, 1953 (Yale Law School Lillian Cold Law Library), http://avalon.law.yale.edu/20th_century/kor001.asp. (한미 상호방위조약의 한글본은 외교부, "대한민국과 미합중국 간의 상호방위조약", http://www.mofa.go.kr/www/wpge/m_3834/contents.do 참조—옮긴이.)

2. US Department of Defense, *A Strategic Framework for the Asian Pacific Rim: Looking Toward the 21st Century*, (Washington, DC: Department of Defense, 1990).

3. John Lancaster, "US Troop Cut Halting over N. Korea Arms," *Washington Post*, November 21, 1991, www.washingtonpost.com/archive/politics/1991/11/21/us-troop-cut-halting-over-n-korea-arms/7e253d4e-0666-4c68-8424- 2ec2530a9f35/?utm_term=.9a0625ce8cb7.

4. "The Global Posture Review of United States Military Forces Stationed Overseas," Testimony by Secretary of Defense Donald H. Rumsfeld to the

Senate Armed Services Committee, September 23, 2004, www.gpo.gov/fdsys/pkg/CHRG-108shrg23080/html/CHRG-108shrg23080.htm.

5. "The Global Posture Review of United States Military Forces Stationed Overseas."

6. Terence Roehrig, "South Korea: An Alliance in Transition," in Carnes Lord and Andrew S. Erickson (eds.), *Rebalancing US Forces: Basing and Forward Presence in the Asia-Pacific* (Annapolis, MD: Naval Institute Press, 2014).

7. Ashley Rowland and Hae-rym Hwang, "US, South Korea Agree to Pause Drawdown," *Stars and Stripes,* April 23, 2008, www.stripes.com/news/u-ssouth-korea-agree-to-pause-drawdown-1.77959#.WWkGOojyvIU.

8. R. Slade Walters, "US Forces Korea Transformation Update," *US Army*, January 12, 2010, www.army.mil/article/32794.

9. Sonni Efron and Mark Magnier, "Rumsfeld May Reduce Forces in S. Korea," *Los Angeles Times*, February 14, 2003, http://articles.latimes.com/2003/feb/14/world/fg-norkor14.

10. 김지은, "용산 미8군 사령부, 6월까지 평택으로", 〈한겨레〉(2017. 4. 25), http://www.hani.co.kr/arti/politics/defense/792233.html.

11. Terence Roehrig, "Restructuring the US Military Presence in Korea: Implications for Korean Security and the US-ROK Alliance," *Korea Economic Institute Academic Paper Series*, 2:1 (January 2007), 2, www.keia.org/sites/default/files/publications/Roehrig.pdf.

12. USFK, "Welcome: Transformation and Restationing," www.usfk.mil/Organization/Transformation-and-Restationing-FKSC-D-R.

13. USFK, "Memorandum of Special Understandings on Environmental Protection," January 18, 2001, www.usfk.mil/Portals/105/Documents/SOFA/A12_MOSU.Environmental.Protection.pdf.

14. Young Geun Chae, "Environmental Contamination at US Military Bases in South Korea and the Responsibility to Clean Up," *Environmental Law Reporter*,

January 2010, https://elr.info/news-analysis/40/10078/environmental-contamination-us-military-bases-south-korea-andresponsibility-clean.

15. Gamel Kim and Yoo Kyong Chang, "South Korean Activists Call for Investigation into Yongsan Oil Spills," *Stars and Stripes*, April 3, 2017, www.stripes.com/news/south-korean-activists-call-for-investigationinto-yongsan-oil-spills-1.461807#.WW0EYIjyvIU.

16. Kim and Chang, "South Korean Activists Call for Investigation into Yongsan Oil Spills."

17. Chae, "Environmental Contamination at US Military Bases in South Korea and the Responsibility to Clean Up."

18. US Department of State, "United States and the Republic of Korea Launch Strategic Consultation for Allied Partnership," January 19, 2006, https://2001-2009.state.gov/r/pa/prs/ps/2006/59447.htm.

19. 예를 들면 Rajan Menon, *The End of Alliances* (Oxford: Oxford University Press, 2008) 참조.

20. Doug Bandow, "Leaving Korea Will Unburden US Troops and Help South Korea Grow Up," *National Interests,* July 6, 2016, http://nationalinterest.org/blog/the-skeptics/leaving-korea-will-unburden-ustroops-help-south-korea-grow-16866.

21. Terence Roehrig, "Coming to South Korea's Aid: The Contributions of the UNC Coalition," *International Journal of Korean Studies* 15:1 (2011), 63-98.

22. USFK, "Mission of the ROK/US Combined Forces Command," April 17, 2017, www.usfk.mil/About/Combined-Forces-Command.

23. Terence Roehrig, *From Deterrence to Engagement: The US Defense Commitment to South Korea* (Lanham, MD: Lexington, 2006), 185-186.

24. Moo-hyun Roh, "Regaining Wartime Operational Control," *Vantage Point* 29:9 (2006), 23에서 인용.

25. 예를 들면 Jon Harper, "'Conditions' Dictate Delay in South Korea OPCON

Transfer," *Stars and Stripes*, October 26, 2014, www.stripes.com/news/pacific/conditions-dictate-delay-in-south-korea-opcon-transfer-1.310584#.WXX1q4jyvIU에서 인용한 Zachary Hosford and Michael Auslin 참조.

26. Mi Young Ahn, "Yankees Don't Go Home, Yet," *Asia Times Online*, August 15, 2006, www.atimes.com/atimes/Korea/HH15Dg01.html.

27. US House of Representatives, "General James Thurman—Statement before the House Armed Services Committee," March 28, 2012, http://i2.cdn.turner.com/cnn/2013/images/03/26/general.thurman.statement.pdf.

28. US Department of Defense, "Joint Communique, The 46th ROK-US Security Consultative Meeting," October 23, 2014, www.defense.gov/Portals/1/Documents/pubs/46th_SCM_Joint_Communique.pdf. (한글본은 국방부, "제46차 한미 안보협의회의(SCM) 공동 발표문 전문", http://www.mnd.go.kr/user/newsInUserRecord.action?newsId=I_669&newsSeq=I_8014&command=view&siteId=mnd&id=mnd_020400000000 참조—옮긴이.)

29. Anna Fifield, "Interview with Moon Jae-in, Set to Become South Korea's Next President," *Washington Post*, May 2, 2017, www.washingtonpost.com/news/worldviews/wp/2017/05/02/interview-with-moon-jae-in-setto-become-south-koreas-next-president/?utm_term=.12325d27b01f.

30. Chi-dong Lee, "Moon Seeks to Adjust US Alliance, Reinforce Independent Defense Capabilities," *Yonhap News,* May 10, 2017, http://english.yonhapnews.co.kr/news/2017/05/08/0200000000AEN20170508006100315.html.

31. Uk Heo and Seongyi Yun, "South Korea in 2017: Presidential Impeachment and Security Volatility," *Asian Survey* 58:1 (2018), 65-72; 국회 예산정책처, 〈NABO 재정 동향&이슈〉, 2017 여름호 (2), 5; "내년 국방 예산안 6.9% 증액 …… 9년만에 최고", 〈한겨레〉(2017. 8. 29), http://www.hani.co.kr/arti/politics/defense/808859.html. "복지 예산 12.9% 늘리고 성장 위한 예산은 0.7% 삭감", 〈중앙일보〉(2017. 8. 30).

32. He-suk Choi, "Moon to Raise Defense Budget to 2.9% of GDP within

Term," Korea Herald, July 18, 2017, www.koreaherald.com/view.php?ud=20170718000936.

33. Don Oberdorfer and Robert Carlin, *The Two Koreas: A Contemporary History* (London: Hachette, 2013), 312 〔돈 오버도퍼·로버트 칼린 지음, 이종길·양은미 옮김, 《두 개의 한국》 개정판(길산, 2014), 465〕; "OPLAN 5027 Major Theater War: West," www.globalsecurity.org/military/ops/oplan-5027.htm.

34. "OPLAN 5029: Collapse of North Korea," www.globalsecurity.org/military/ops/oplan-5029.htm.

35. "OPLAN 5026: Air Strikes," www.globalsecurity.org/military/ops/oplan-5029.htm.

36. Bruce B. Auster and KevinWhitelaw, "Upping the Ante for Kim Jong Il," *US News and World Report,* July 13, 2003, www.informationclearinghouse.info/article4097.htm.

37. "OPLAN 5015," www.globalsecurity.org/military/ops/oplan-5015.htm.

38. Ji-hye Jun, "JCS Refuses to Share New Wartime Plan with Assembly," *Korea Times*, October 7, 2015, http://koreatimes.co.kr/www/news/nation/2015/10/113_188207.html.

39. Anna Fifield, "In Drills, US South Korea Practice Striking North Korea's Plants, Leader," *Washington Post,* March 7, 2016, www.washingtonpost.com/world/in-drills-us-south-korea-practicestriking-norths-nuclear-plants/2016/03/06/46e6019d-5f04-4277-9b41-e02fc1c2e801_story.html?utm_term=.e90750f24928.

40. "Asahi: OPLAN 5015 has Many Factors of Guerrilla Warfare," *KBS Radio,* October 5, 2016, http://world.kbs.co.kr/english/news/news_In_detail.htm?No=113812. (저자들은 기사 출처를 2016년 10월 5일의 〈KBS Radio〉로 밝히고 있으나, 정확하게는 〈KBS World Radio〉의 2015년 10월 5일 방송 기사다—옮긴이.)

41. "OPLAN 5015," www.globalsecurity.org/military/ops/oplan-5015.htm.

42. Terence Roehrig, *Japan, South Korea and the United States Nuclear Umbrella: Deterrence after the Cold War* (New York, NY: Columbia University Press, 2017), 134-135.

43. Department of Defense, "Joint Communique: the 45th ROK-US Security Consultative Meeting," October 2, 2013, www.defense.gov/pubs/Joint%20Communique,%2045th%20ROK-US%20Security%20Consultative%20Meeting.pdf. 〔2013년 45차 안보협의회의 공동 성명의 한글본에 대해서는 국방부, "제45차 한미 안보협의회의(SCM) 공동 성명('13.10.2., 서울)", http://www.mnd.go.kr/viewer/doc.html?fn=I_581318_1_1390810204122.dtd&rs=/mbshome/mbs/mnd/synapResult/201902/ 참조—옮긴이.〕

44. Hyun-joon Choi, "US and South Korea Agreed to 'Tailored Deterrence Strategy' at Meeting in Seoul," *Hankyoreh,* October 3, 2013, www.hani.co.kr/arti/english_edition/e_international/605656.html. 〔기사의 한글 원본은 최현준, "북핵 '위협-사용 임박-사용' 3단계로 나눠 핵우산·MD 등 군사 능력 총동원 사전 억제", 〈한겨레〉(2013. 10. 2), http://www.hani.co.kr/arti/politics/defense/605600.html—옮긴이.〕

45. UNC/CFC/USFK Public Affairs Office, "ROK-US Sign Final Version of Combined Counter-Provocation Plan," March 22, 2013, www.usfk.mil/usfk/%28S%280tpzvysqf4cjmi1hxahi0b4v%29%29/press-release.rok.us.sign.final.version.of.combined.counter.provocation.plan.1025?AspxAutoDetectCookieSupport=1.

46. "S. Korea, US sign combined Operational Plan against N. Korea," *Korea Times*, March 24, 2013, http://koreatimes.co.kr/www/news/nation/2013/03/113_132631.html.

47. Robert M. *Gates, Duty: Memoirs of a Secretary at War* (New York: Knopf, 2014), 497; Victor Cha, *The Impossible State: North Korea, Past and Future* (London: Bodley Head, 2012), 489-490, note 52 〔빅터 차 지음, 김용순 옮김,

《불가사의한 국가: 북한의 과거와 미래》(아산정책연구원, 2016), 672, 주 52].

48. Elizabeth Hervey Stephen, "Policy Concerns of Low Fertility for Military Planning in South Korea," East West Center, November 2011, www.eastwestcenter.org/sites/default/files/private/api102.pdf.

49. International Institute for Strategic Studies, *The Military Balance 2017* (London: Routledge, 2017), 307.

50. Allen Cone, "South Korea Considers Buying 20 More F-35A Stealth Jets," *UPI,* September 12, 2016, www.upi.com/Defense-News/2016/09/12/South-Korea-considers-buying-20-more-F-35A-stealth-jets/3061473697715.

51. International Institute for Strategic Studies, *Military Balance 2017*, 306.

52. 대한민국 국방부, 《2016 국방백서》, 57-61.

53. 대한민국 국방부, 《2016 국방백서》, 57.

54. 박병수, "킬 체인 등 구축 2020년대 초반으로 앞당겨", 〈한겨레〉(2017. 4. 14), http://www.hani.co.kr/arti/politics/defense/790821.html.

55. Sang-hun Choe, "US Agrees to Let South Korea Extend Range of Ballistic Missiles," *New York Times,* October 7, 2012, www.nytimes.com/2012/10/08/world/asia/us-agrees-to-let-south-korea-extendmissile-range.html?_r=0.

56. Ji-hye Jun, "Military Systems to Counter N. Korea: Kill Chain, KAMD, KMPR," *Korea Times*, November 1, 2016, www.koreatimes.co.kr/www/news/nation/2016/11/205_217259.html.

57. Tim Kelly and Nobuhiro Kubo, "Exclusive: Japan to Upgrade Patriot Batteries for Olympics as North Korea Missile Threat Grows: Sources," *Reuters,* July 28, 2016, www.reuters.com/article/us-japan-northkoreapatriot-exclusive-idUSKCN1082W1.

58. Karen DeYoung, "US to Deploy Anti-Missile System to Guam," *Washington Post*, April 3, 2013, www.washingtonpost.com/world/national-security/us-to-deploy-anti-missile-system-to-guam/2013/04/03/b939ecfc-9c89-11e2-a941-a19bce7af755_story.html?utm_term=.f0c4ce33353e.

59. "미 국무부 한미일 협력, 상호 운용적 삼각 MD 개발이 초점", 〈연합뉴스〉(2015. 2. 21), https://www.yna.co.kr/view/AKR20150221004100071?section=search.

60. Megha Rajagopalan, "China Criticizes US Defense Radar in Japan," *Reuters*, October 23, 2014, www.reuters.com/article/us-china-japan-usaidUSKCN0IC16P20141023.

61. Sang-hun Choe, "South Korea and US Agree to Deploy Missile Defense System," *New York Times,* July 7, 2016, www.nytimes.com/2016/07/08/world/asia/south-korea-and-us-agree-to-deploy-missile-defense-system.html.

62. Jack Kim, "China Says South Korea's THAAD Anti-Missile Decision Harms Foundation of Trust," *Reuters*, July 25, 2016, www.reuters.com/article/us-southkorea-thaad-china-defence-idUSKCN1050Y7.

63. Terence Roehrig, "Deploying THAAD to South Korea," *IAPS Dialogue,* April 11, 2017, https://iapsdialogue.org/2017/04/11/deploying-thaad-tosouth-korea/.

64. Adriana Diaz and Shuai Zhang, "Angered by US Anti-Missile System, China Takes Economic Revenge," *CBS News,* April 7, 2017, www.cbsnews.com/news/china-retaliates-south-korea-us-thaad-missiledefense-lotte-and-k-pop/. 〔롯데 측에 따르면 99개 점포 가운데 87개가 영업 정지를 당했고, 마트 부문에서 입은 피해 1조 2000억 원을 포함해 총 2조 원가량의 피해를 입었다. "사드 보복 못 견디고 …… 11년 만에 중국 사업 접는 롯데 마트", 〈중앙일보〉(2017. 5. 11)—옮긴이.〕

65. Jiyoon Kim, John J. Lee, and Kang Chungku, "Changing Tides: THAAD and Shifting Korean Public Opinion toward the United States and China," Asan Institute, March 20, 2017, http://en.asaninst.org/contents/changing-tides-thaad-and-shifting-korean-public-opinion-toward-theunited-states-and-china.

66. "문 대통령, '사드 지시' 한미동맹 우려 불식 …… 절차적 정당성 강조", 〈연합뉴스〉(2017. 5. 31), https://www.yna.co.kr/view/AKR20170531197800001?section=search.

67. Sang-hun Choe, "South Korea Voices Support for US Antimissile System," *New York Times*, June 26, 2017, www.nytimes.com/2017/06/26/world/asia/south-korea-thaad-missile-defense.html.
68. 대한민국 국방부, 《2016 국방백서》, 60.
69. Ji-hye Jun, "3 Military Systems to Counter N. Korea: Kill Chain, KAMD, KMPR," *Korea Times,* November 1, 2016, www.koreatimes.co.kr/www/news/nation/2016/11/205_217259.html.

결론: 공동 비전과 한미동맹의 미래

1. John Power, "Donald Trump's Problem with the US-Korea Alliance," *The Diplomat*, July 23, 2015, http://thediplomat.com/2015/07/donaldtrumps-problem-with-the-us-korea-alliance.
2. The White House, "Joint vision for the alliance of the United States of America and the Republic of Korea," https://obamawhitehouse.archives.gov/the-press-office/joint-vision-alliance-united-states-america-andrepublic-korea. 〔한글본은 "한미동맹을 위한 공동 비전", 〈국가전략〉(세종연구소) 15 (3) (2009) 부록, 187-191 참조—옮긴이.〕
3. Office of the United States, "Fact Sheet: Four Year Snapshot: The USKorea Free Trade Agreement," https://ustr.gov/about-us/policy-offices/press-office/fact-sheets/2016/March/Four-Year-Snapshot-KORUS.
4. Terence Roehrig, "South Korea, Foreign Aid, and UN Peacekeeping: Contributing to International Peace and Security as a Middle Power," *Korea Observer* 44:4 (2013), 623-645.
5. 국방부, 《2010 국방백서》, 89.
6. John Hemmings, "The ROK Provincial Reconstruction Team in Afghanistan," in Scott Snyder (ed.), *Global Korea: South Korea's Contribution to International Security* (New York, NY: Council onForeign Relations Press, 2012), 45-60.

7. 국방부, 《2012 국방백서》, 94.

8. Seung-woo Kang, "Korea Beefing up Presence in PKO," *Korea Times,* July 12, 2013, www.koreatimes.co.kr/www/news/nation/2013/07/116_139642.html.

9. Terence Roehrig, "South Korea's Anti-Piracy Operations in the Gulf of Aden," in Scott Snyder (ed.), *Global Korea: South Korean Contributions to International Security* (New York, NY: Council on Foreign Relations Press, 2012).

10. Uk Heo and Terence Roehrig, *South Korea's Rise: Economic Development, Power, and Foreign Relations* (Cambridge: Cambridge University Press, 2014).

11. "아덴만 여명 …… 청해부대, 인질 전원 구출", 〈중앙일보〉(2011. 1. 22).

12. Heo and Roehrig, *South Korea's Rise*.

13. Michael D. Shear, "Trump Will Withdraw US From Paris Climate Agreement," *New York Times,* June 1, 2017, www.nytimes.com/2017/06/01/climate/trump-paris-climate-agreement.html.

14. David Cloud, "How Much Do Allies Pay for US Troops? A Lot More Than Donald Trump Says," *Los Angeles Times,* October 1, 2016, www.latimes.com/nation/la-na-trump-allies-20160930-snap-story.html.

15. Jong-sup Lee and Uk Heo, "The US-South Korea Alliance: Free-Riding or Bargaining?" *Asian Survey* 41:5 (2001), 822-845.

16. Jin-Young Chung, "Cost Sharing for USFK in Transition: Whither the ROK-US Alliance?" in Donald W. Boose, Jr., Balbina Y. Hwang, Patrick Morgan, and Andrew Scobell (eds.), *Recalibrating the US-Republic ofKorea Alliance* (Carlisle, PA: Strategic Studies Institute, 2003).

17. In-taek Hyun, *Between Compliance and Autonomy: American Pressure for Defense Burden Sharing and Patterns of Defense Spending in Japan and South Korea*, Ph.D. Dissertation, University of California, Los Angeles,

1990.

18. Uk Heo, "The Political Economy of Defense Spending in South Korea," *Journal of Peace Research* 33:4 (1996), 483-490;Uk Heo and Kwang H. Ro, "Military Expenditures and Economic Growth in South Korea and Taiwan," *International Interactions* 24:2 (1998): 201-216; Uk Heo, "Defense Spending and Economic Growth in South Korea: The Indirect Link," *Journal of Peace Research* 36:6 (1999): 699-708.

19. 국방부, 《방위비 분담. 1988》(국방부, 1989).

20. Charles Wolf and Jong-Sup Han, *Korean and US Economic and Technological Capabilities to Support Defense Burdens*, RAND Note N-3327-NA/USDP (Santa Monica, CA: RAND, 1992).

21. 박선섭·김재두·박원곤, 《주한미군 지원정책 연구》(한국국방연구원, 1998).

22. Won Gon Park, *A Challenge for the ROK-US Alliance: Defense Cost-Sharing*, EAI Asia Security Initiative Working Paper 30 (EAI, 2013).

23. 〈조선일보〉(1995. 11. 4); 〈동아일보〉(1995. 11. 4).

24. "Meet the Press," *NBC News,* January 10, 2016, www.nbcnews.com/meetthe-press/meet-press-january-10-2016-n493596.

25. Lewis Jacobson, "Donald Trump Mostly Wrong that 'We Get Practically Nothing' from South Korea for US Troop Presence," *PolitiFact,* January 10, 2016, www.politifact.com/truth-o-meter/statements/2016/jan/10/donald-trump/donald-trump-mostly-wrong-we-get-practically-nothi.

26. Ryan Browne, "Top General: Cheaper to Keep Troops in South Korea than US," *CNN,* April 21, 2016, www.cnn.com/2016/04/21/politics/trumptroops-korea-japan-cheaper-abroad.

27. Browne, "Top General."

28. Rodney Bruce Hall, *National Collective Identity: Social Constructs and International System* (New York, NY: Columbia University Press, 1999), 5.

29. Ki-jung Kim and Deok Ryong Yoon, "Beyond Mount Kumkang: Social and

Economic Implications," in Chung-in Moon and David Steinberg (eds.), *Kim Dae-jung Government and Sunshine Policy: Promises and Challenges* (Washington, DC: Georgetown University Press and Yonsei University Press, 1999).

30. Uk Heo and Jung-yeop Woo, "Changing National Identity and Security Perception in South Korea," in Terence Roehrig, Jungmin Seo, and Uk Heo (eds.), *Korean Security in a Changing East Asia* (Westport, CT: Praeger Security International, 2007).

31. "북한 사회와 인간 김정일에 관한 국민 여론 조사 결과 분석", 〈연합뉴스〉(2000. 9. 14), www.tongilnews.com/news/articleView.html?idxno=827.

32. 정명진, "세대 간 격차 핵심은 민족 문제 의식", 〈연합뉴스〉(2007. 5. 25), www.tongilnews.com/news/articleView.html?idxno=72843.

33. "〔여론조사〕 '북핵, 안보' 세대 간 인식 차이 커", 〈KBS NEWS〉(2013. 2. 13), http://news.kbs.co.kr/news/view.do?ncd=2612456

34. 정한울, "안보 이슈는 이념적 쟁점인가", 〈EAI 오피니언 리뷰〉, 2013-3 (2013).

35. 통계청, 《2015 고령자 통계》, http://kostat.go.kr/assist/synap/preview/skin/doc.html?fn=synapview348565_5&rs=/assist/synap/preview.

36. Stephen M. Walt, "Why Alliances Endure or Collapse," *Survival* 39:1 (1997), 156-179.

37. Victor Cha, "Shaping Change and Cultivating Ideas in the US-ROK Alliance," in Michael H. Armacost and Daniel I. Okimoto (eds.), *The Future of America's Alliances in Northeast Asia* (Washington, DC: Brookings Institute Press, 2004), 129.

38. Mutual Defense Treaty between the Republic of Korea and the United States of America (signed October 1, 1953), http://avalon.law.yale.edu/20th_century/kor001.asp. (한미 상호방위조약의 한글본에 대해서는 외교부, "대한민국과 미합중국 간의 상호방위조약", http://www.mofa.go.kr/www/wpge/m_3834/contents.do 참조—옮긴이.)

39. Gi-Wook Shin, *One Alliance, Two Lenses: US-Korea Relations in a New Era* (Stanford, CA: Stanford University Press, 2010) 〔신기욱 지음, 송승하 옮김, 《하나의 동맹 두 개의 렌즈: 새 시대의 한미관계》(한국과 미국, 2010)〕.
40. Barack Obama, "US Presidential Candidate Barack Obama's Views on Relations with Asia," *Comparative Connections* (October 2008), www.csis.org/media/csis/pubs/0803qobama_views.pdf.
41. Shin, One Alliance, Two Lenses, 208 (신기욱, 《하나의 동맹 두 개의 렌즈》, 295). (번역은 번역서를 참조—옮긴이.)
42. United States Census Bureau, "Foreign Trade," www.census.gov/foreigntrade/balance/c5700.html.
43. Steve Holland and David Lawder, "Exclusive: Trump Calls Chinese 'Grand Champions' of Currency Manipulation," *Reuters,* February 24, 2017, www.reuters.com/article/us-usa-trump-china-currency-exclusiveidUSKBN1622PJ.
44. Zachry Cohen, "US Targets Chinese, Russian Entities Funding North Korea's Nukes," *CNN*, August 22, 2017, www.cnn.com/2017/08/22/politics/us-treasury-sanctions-china-russia-north-korea/index.html.
45. Lesley Wroughton and Jeff Mason, "Trump Orders Probe of China's Intellectual Property Practices," *Reuters*, August 14, 2017, www.reuters.com/article/us-usa-trump-trade-china-idUSKCN1AU23N.
46. Jeremy Diamond, "Trump Hits China with Tariffs, Heightening Concerns for a Global Trade War," *CNN*, March 23, 2018, www.cnn.com/2018/03/22/politics/donald-trump-china-tariffs-trade-war/index.html.
47. 이재준, "중국, 미국 301조 조사에 '모든 필요 조치 동원' 보복 경고", 〈뉴시스〉 (2017. 8. 24), http://v.media.daum.net/v/20170824184645529.
48. "Carter Says US Will Fly, Sail, and Operate Wherever International Law Allows," *Reuters*, October 13, 2015, www.reuters.com/article/us-usaaustralia-southchinasea-carter-idUSKCN0S72MG20151013.
49. "Why is the South China Sea Contentious?" *BBC*, July 12, 2016, www.bbc.

com/news/world-asia-pacific-13748349.

50. Terence Roehrig, "Caught in the Middle: South Korea and the South China Sea Arbitration Decision," *Asian Yearbook of International Law*, 21 (2015).

51. Justin McCurry and Tania Branigan, "Obama Says US Will Defend Japan in Island Dispute with China," *Guardian*, April 24, 2014, www.theguardian.com/world/2014/apr/24/obama-in-japan-backs-status-quoin-island-dispute-with-china.

52. "중국의 '사드 보복'으로 인한 한국 경제의 손실이 8.5조라는 분석이 나왔다", 〈허프포스트코리아〉(2017. 5. 3), www.huffingtonpost.kr/2017/05/03/story_n_16405066.html.

53. Victor Cha, "What's Next for the US-Korea Alliance," *Hearing before the Subcommittee on Asia and the Pacific of the Committee on Foreign Affairs House of Representatives, 112th Congress 2nd session*, Vol. 6 (Washington, DC: GPO, 2012).

찾아보기

ㅎ